Eva Kessler

**Von der Kunst,
liebevoll zu erziehen**

Eva Kessler, bekannt durch ihre Vorträge und
Seminare, hat auf Wunsch ihrer Zuhörer auf-
geschrieben, was sie als die Essenz einer zeit-
gemäßen Kindererziehung erachtet. Nur wenn
wir verstehen, wie Kinder erleben und fühlen,
können wir sie auch richtig erziehen – souverän
und mit guten Gefühlen ihnen gegenüber.

Eva Kessler, Jahrgang 1953, ist seit 1993 in freier
Praxis als Erziehungs- und Familienberaterin in
Flintbek bei Kiel tätig. Daneben arbeitet sie als
Supervisorin für pädagogische, sozialpädiatrische,
kinder- und jugendpsychiatrische sowie heil-
pädagogische Einrichtungen in Schleswig-Holstein.
Sie leitet Fortbildungsseminare und hält Vorträge
zu pädagogischen Themen. Sie hat selbst zwei
Kinder großgezogen.

Eva Kessler

Von der Kunst, liebevoll zu erziehen

Sinnvoll Grenzen setzen und gute Laune bewahren

Verlag C. H. Beck

Mit zahlreichen Grafiken von Josefine Graf

Die erste Auflage dieses Buches erschien 2007.

Für Mitteilungen an die Autorin: www.evakessler.de

Zweite, überarbeitete und erweiterte Auflage. 2009
© Verlag C. H. Beck oHG, München 2007
Satz: Fotosatz Amann, Aichstetten
Druck und Bindung: Ebner & Spiegel, Ulm
Umschlaggestaltung: Konstanze Berner, München, unter
Verwendung einer Illustration von Josefine Graf, Kiel, und
eines Fotos © Stockdisc/Corbis
Gedruckt auf säurefreiem, alterungsbeständigem Papier
(hergestellt aus chlorfrei gebleichtem Zellstoff)
Printed in Germany
ISBN 978 3 406 59831 9

www.beck.de

Inhalt

Für meine Kinder ...

Ich danke meinen beiden inzwischen schon erwachsenen geliebten Töchtern für alles, was sie mich gelehrt haben und noch lehren.

Ich danke auch meinen Schulkindern für die intensiven acht Jahre gemeinsamer Erfahrung.

Und ich danke all den Kindern, mit denen ich gearbeitet habe, und den Kindern, deren Eltern bei mir Rat gesucht haben, deren Erzieher, Lehrer, Therapeuten oder Ärzte meine Kurse, Fortbildungsveranstaltungen oder Supervisionen besucht haben. Durch all diese Kinder lerne ich zu verstehen.

Einleitung

Die meisten Menschen, die mit Kindern leben, suchen nach Erziehungsmethoden, mit Kindern liebevoll und herzlich umzugehen. Kinder gehen sehr unbefangen und neugierig auf die Welt zu. Sie wollen Neues entdecken und ausprobieren. Gleichzeitig müssen wir sie vor Schaden schützen und ihnen beibringen, in unserer Gesellschaft zu leben und sinnvoll zu handeln. Wenn wir unsere Kinder dies lehren wollen, sind wir gezwungen, ihnen die komplizierten Regeln nahezubringen, mithilfe deren unsere Gesellschaft funktioniert. Wir haben die Aufgabe, ihnen nicht nur beizubringen, diese Regeln zu befolgen, sondern auch diese Regeln gelegentlich *nicht* zu befolgen, wenn dies für sie sinnvoller ist (ziviler Ungehorsam). Bei alledem sind wir manchmal gezwungen, ihrem Handeln Grenzen zu setzen.

Dieses Buch handelt davon, Grenzen zu setzen und «gute Laune» zu bewahren, weil viele Erwachsene beim Grenzensetzen «schlechte Laune» bekommen. Ich nutze hier den umgangssprachlichen Ausdruck «gute Laune» und meine damit eine positive, fröhliche und bejahende Grundstimmung den Kindern gegenüber. Mit «schlechter Laune» meine ich die Grundstimmung, die sich manchmal einschleicht, wenn sich Erwachsene durch Kinder gestört fühlen, ihre Ruhe haben wollen oder Konflikte vermeiden wollen, die aber durchlebt werden müssen. Erwachsene werden oft von negativen Gefühlen ergriffen, wenn sie Kindern etwas verbieten. Erziehende berichten, dass sie ein böses Gesicht machen, eine laute Stimme bekommen, Strafen androhen. Sie berichten von Ungeduld, Wut oder Schuldgefühlen, wenn sie eine Grenze setzen wollen. Sie stellen das gleiche Gefühl der Verärgerung an sich fest, das sie als Kinder an ihren eigenen Eltern erlebt haben. Mit den Fehlern früherer Generationen will aber die heutige Elterngeneration nicht erziehen. So ist es unsere Aufgabe, neue Wege zu finden, auf andere Weise mit Kindern umzugehen. Wichtig dafür ist, dass Erwachsene, die eine Erziehungsmaßnahme ergreifen, davon überzeugt sind, dass sie es gut und richtig machen, dass es also zum Nutzen des Kindes geschieht. Um dies zu erreichen, müssen wir verstehen, wie Kinder erleben und fühlen.

Wir können versuchen, aus der Perspektive der Kinder auf uns Erwachsene und auf unsere Welt zu blicken. Wir werden dann erkennen, dass wir den Kindern manchmal bestimmte Absichten unterstellen, beispielsweise Unachtsamkeit oder Faulheit, die sie gar nicht hegen. Und wir werden plötzlich erstaunt feststellen, dass die (häufig unbewussten) Verhaltensweisen von Kindern sinnvoll und intelligent sind. Sie sind auf Ziele ausgerichtet, von denen wir oft nichts ahnen. Wir werden erleichtert sein, wenn wir dies wahrnehmen können, und diese Erleichterung wird uns eine andere Einstellung zu Erziehungssituationen verschaffen. Wir werden ganz von selbst «gute Laune» bekommen.

Dieses Buch und seine grafische Gestaltung

Dieses Buch entstand als Zusammenfassung meiner Seminare und Vorträge für Eltern und Berufsgruppen, die sich mit Erziehung beschäftigen.

In solchen Veranstaltungen ist es meine Angewohnheit, Familiensituationen, über die ich spreche, in ganz und gar einfacher und unkünstlerischer Weise an einer Tafel zu skizzieren. Diese spontanen Kritzelzeichnungen stellten sich als hilfreich für meine Zuhörer heraus, um sich Situationen und Beziehungsstrukturen in der Familie bildlich vorstellen zu können.

In der Beratungsarbeit in meiner Praxis benutze ich häufig Gegenstände des alltäglichen Gebrauchs, etwa eine Zuckerdose, eine Saftflasche, eine Teekanne oder Tassen, die auf dem Tisch stehen, als symbolische Repräsentationen für Personen oder Zustände. Mit ihrer Hilfe stelle ich Szenen, Beziehungsgefüge oder Handlungsabläufe dar, die mir von Klienten beschrieben werden. Während des Beratungsgespräches schieben wir die Gegenstände auf dem Tisch hin und her. Dabei probieren wir neue Konstellationen aus oder suchen spielerisch nach neuen Möglichkeiten, mit den Situationen konkret umzugehen. Auf diese Weise nehmen die Klienten in der Beratungssitzung «das Problem», aufgrund dessen sie in die Beratungssitzung gekommen sind, nicht so wahr, als ob es in ihrem Inneren, sondern außerhalb von ihnen wäre. «Das Problem» wird zu einem handhabbaren Gegenstand, der sich nun leichter verändern lässt.

Daneben gehören auch die erwähnten Kritzelzeichnungen zu den Methoden meiner Beratungsarbeit. Ich skizziere bewusste oder unbewusste Beziehungselemente, beispielsweise Unterstellungen, Befürchtungen, Vorwürfe, Gefühle, oder auch Handlungsabläufe auf meinen Karteikarten mit Strichmännchen und symbolischen Kritzeln.

Mit all diesen systemischen Methoden versuche ich zu erreichen, dass unsichtbare Wirkungsprinzipien der Kommunikation für meine Klienten sichtbar werden.

Als ich begann, dieses Buch zu schreiben, habe ich zwei Kunststudentinnen gebeten, meine einfachen Kritzeleien in eine Form zu bringen, um sie auch im Buch verwenden zu können. Katti Galsterer verdanke ich die ersten Entwürfe. Josefine Graf gab den Entwürfen den letzten Schliff und bearbeitete sie für die einzelnen Schaubilder im Buch.

Einige kurze Bemerkungen zum Gebrauch dieses Buches

Wer das Buch von vorne nach hinten durchliest, wird feststellen, dass es einem «roten Faden» folgt. Die Kapitel bauen aufeinander auf.

Aus meiner Sicht als Autorin sind die Kapitel 25 und 26 die Kernkapitel des Buches. Sie zeigen einen neuen Weg, kindliches Verhalten zu verstehen und daraus Schlussfolgerungen für das pädagogische Handeln zu ziehen. Die Kenntnis dieser beiden Kapitel ist aus meiner Sicht Voraussetzung für ein tieferes Verständnis der meisten nachfolgenden Kapitel.

Will man jedoch nur einige Informationen über ein bestimmtes Thema erhalten, so ist es natürlich auch möglich, nur das entsprechende Kapitel nachzulesen.

Ich möchte mit diesem Buch Eltern (und auch allen professionell Erziehenden) Mut machen. Ich stelle ihnen Hintergrundinformationen zur Verfügung und zeige ihnen mithilfe vieler Beispiele, welche Möglichkeiten sie haben, die Erziehungsaufgaben zu bewältigen. Ich behaupte nicht, dass es für eine bestimmte Erziehungssituation jeweils nur eine mögliche Lösung gibt. Vielmehr möchte ich den Erwachsenen helfen, Kompetenz und Sicherheit zu erlangen, die es ihnen ermöglichen, selbst zu entscheiden, was für ihr Kind förderlich ist.

Wenn ich von «dem Erwachsenen» spreche und im weiteren Textverlauf von «er», so beziehe ich mich auf Väter und Mütter, Erzieherinnen und Erzieher, Lehrerinnen und Lehrer, auf alle weiblichen und männlichen Menschen, die Kinder erziehen. Wenn ich in einem Beispiel etwas über eine Mutter erzähle, so könnte dort auch «Vater» stehen. In unserer Gesellschaft erziehen mehr Frauen die Kinder, deshalb habe ich vielleicht mehr Beispiele von Müttern gewählt. Das Verhältnis von Mutter und Sohn spielt manchmal eine besondere Rolle, wenn Mütter ihre Erfahrungen mit Männern oder ihre Erwartungen in Bezug auf das männliche Geschlecht auf ihre Söhne projizieren. Deshalb gibt es in diesem Buch auch Beispiele, die mehr auf diese spezielle Beziehung eingehen.

1 Die Aufgabe des Erziehens

Unsere Kinder sind die Zukunft.
Eines Tages, wenn sie erwachsen geworden sind und wir unser Leben beenden, werden wir die Welt in ihre Hände legen, und sie werden viele Probleme bewältigen müssen, die wir oder unsere Vorfahren produziert haben. Es wird darauf ankommen, dass wir unser Bestes gegeben haben, um sie mit dem auszustatten, was sie brauchen, um ihr Leben zu meistern und den Aufgaben gewachsen zu sein, die auf sie zukommen. Es ist eine sehr wichtige Aufgabe, Kinder erziehen zu dürfen, denn damit gestalten wir die Zukunft. Wir können uns beschenkt fühlen, wenn wir Kinder bekommen, und wir sollten sie so liebevoll und aufmerksam erziehen, wie es uns nur irgend möglich ist.

Sich für Kinder entscheiden

Seit einigen Jahrzehnten sind wir Bewohner der westlichen Welt immer besser dazu in der Lage, uns frei zu entscheiden, ob wir Kinder bekommen wollen. Wenn wir uns für sie entscheiden, so lassen wir uns bewusst auf ein interessantes, lebendiges, vielseitiges, aber auch manchmal anstrengendes Vorhaben ein, das mindestens achtzehn Jahre lang unsere volle Aufmerksamkeit und alle unsere Begabungen, Kräfte und schöpferischen Ideen fordert. Wir müssen uns der Verantwortung bewusst sein, die mit dieser Entscheidung verknüpft ist. Unsere Kinder brauchen unser waches Interesse, unsere Hingabe und Präsenz, unsere Liebe und Anerkennung. Selbstverständlich müssen wir auch unseren Beruf meistern und andere Aufgaben erfüllen, aber unsere Kinder sind der Mittelpunkt unseres Lebens in diesen achtzehn Jahren ihrer Kindheit.

Sich einlassen

Um ein Familienleben zu gestalten, das Kinder fördert und mit dem die Erwachsenen zufrieden sein können, ist es hilfreich, wenn die Eltern folgende Tatsachen akzeptieren können:

- Perfektionismus ist nicht angebracht.
- Der Wunsch nach Ruhe und Ordnung ist verfehlt.
- Konfliktscheu und Harmoniesucht von Eltern erschweren gedeihliches Aufwachsen von Kindern.
- Kinder sind darauf angewiesen, dass Eltern das Leben nach den existenziellen Bedürfnissen der Kinder ausrichten. (Kontakt ist eines dieser existenziellen Bedürfnisse.)
- Eltern müssen sich voll und ganz auf ihre Kinder einlassen. Diese sind darauf angewiesen, dass die Eltern sehr viel Zeit mit ihnen verbringen und dass sie sich in dieser Zeit ihnen bewusst zuwenden.
- Es ist die Aufgabe der Eltern, Entscheidungen zum Wohle der Kinder zu fällen und dafür die Verantwortung zu übernehmen.
- Es ist sinnvoll, dass Eltern bestimmte Regeln, Rhythmen und Beständigkeit in das Familienleben bringen, damit sich Kinder orientieren können. Eltern müssen damit umgehen lernen, dass Kinder sich aus verschiedenen, oft berechtigten Gründen nicht immer an diese Strukturen anpassen können. Die Strukturen müssen von den Eltern immer wieder den veränderten Bedingungen der Entwicklung der Familie angepasst werden.

Wenn ein Paar vor dem Kinderkriegen schon längere Zeit zusammengelebt hat, so hat es in der Regel bestimmte Gewohnheiten ausgebildet (etwa was Sauberkeit und den Besitz von Gegenständen betrifft) und einen bestimmten Rhythmus in sein Leben gebracht (z. B. wie viel Zeit man für sich selbst beansprucht). Das Leben «funktioniert» sozusagen «perfekt». In dem Moment, wo diese beiden Menschen Eltern werden, wird diese Ordnung völlig durcheinandergebracht, und zwar dauerhaft (siehe Kap. 35).

Auch Paare, die zuvor viele Jahre getrennt gelebt haben, ehe sie sich nun zur Familiengründung zusammenfinden, werden sich umstellen müssen. Sehr junge Eltern, die noch bereit sind, unkonventionell zu leben, haben oft weniger Schwierigkeiten, Gewohnheiten umzustellen. Eher tun sie sich damit schwer, ein beständiges Leben zu führen und Verantwortung für Kinder zu übernehmen.

Alle Menschen, die Eltern werden, durchleben während der Schwangerschaft und in der ersten Zeit nach der Geburt eine Krise.* Nicht nur äußerlich, sondern vor allem innerlich sind wir in dieser Zeit einem unumgänglichen Umwandlungsprozess unterworfen. Wer sich für diese Veränderung entscheiden kann, wird die Krise als aufregend und interessant erleben. Wer hingegen im Trauerzustand um die verlorene Selbstbestimmtheit stecken bleibt oder Ängste vor der Zukunft entwickelt, wird sie schmerzlich durchleiden. Unser Kind wird in seiner Kindheit schrittweise immer wieder durch Krisen und große Veränderungen gehen, und wir als Eltern werden fast immer mehr oder weniger davon mit betroffen sein. Wenn wir uns immer wieder für diese Veränderungsprozesse öffnen, sie bejahen und bereit sind, uns selbst auch zu verändern, können wir etwas begreifen vom tiefen Sinn des Lebens und seinen Wandlungsprozessen. Wir Erwachsenen haben manchmal Ängste vor Veränderung, vor dem Verlust dessen, was wir haben, oder dessen, was so bleiben soll, wie es ist. Eine unserer Lebensaufgaben ist es aber, uns den Wandlungen hinzugeben, immer wieder das Errungene loszulassen. Wer dies bejaht, hat die Chance, diese Prozesse wach und interessiert wahrzunehmen und sie sogar zu genießen. Eine andere Lebensaufgabe ist es daneben auch, die Veränderungsprozesse aktiv mitzugestalten und dafür zu sorgen, dass sie sich in gesunder Weise ereignen können.

Blickt man in dieser Weise auf das Erziehen von Kindern, wird man feststellen, dass die Elterngeneration wie ein Vermittler zwischen der Großelterngeneration und der Kindergenera-

---

* Meyers Taschenlexikon: Krise (griech.), Wendepunkt einer Entwicklung, Entscheidungssituation

tion steht. Die mittlere Generation trägt entscheidend dazu bei, welche Werte, Normen, Haltungen, Umgangsformen und Wissensinhalte weitergegeben werden. Dies geschieht in der Regel hauptsächlich unbewusst: Die erwachsen gewordenen Kinder übernehmen viele Dinge so, wie sie von ihren Eltern vorgelebt worden sind, und geben sie an ihre Kinder weiter. Nicht jede Generation muss sozusagen «das Rad neu erfinden».

Wenn die Elterngeneration das Tradierte nicht mehr als richtig ansieht oder sogar darunter gelitten hat, so bricht diese Generation in irgendeiner Weise mit der Tradition (dem Weitertragen). Das Durchschneiden der Generationenkette ist ein bewusster Akt, der oft mühsam errungen werden muss. Ich glaube, dass das Verwandeln eines Teils des zunächst unbewussten generationenübergreifenden Handlungsstroms in ein bewusstes neues Handeln einer der schwierigsten Veränderungsprozesse ist, den Menschen vollbringen können.

Die Generationenkette

Über Generationen hinweg zeigte sich, dass Menschen, die als Kinder nicht liebevoll behandelt wurden, als Erwachsene auch nicht liebevoll mit ihren Kindern umgehen konnten. Es ist an der Zeit, diesen Teufelskreis zu durchbrechen. Dies ist nicht nur eine individuelle Aufgabe, sondern auch eine gesellschaftliche.

Menschen, die das wollen, können es leisten, wenn sie es als doppelte Aufgabe verstehen. Einerseits müssen sie das Kind, welches sie selbst einmal waren und das als Erinnerung und Erfahrung in ihnen auch dann noch lebt, wenn sie schon Erwachsene geworden sind, «verstehen, trösten und liebevoll versorgen» (siehe Kap. 39). Andererseits haben sie gleichzeitig ihre aktuelle Aufgabe der liebevollen Versorgung der nächsten Generation zu erfüllen. Der erstgenannte Teil der Doppelaufgabe ist ein Nachholprozess, dem es in manchen Fällen guttun kann, wenn er von einer Therapie begleitet wird. Er ist auch ein Stellvertretungsvorgang, in dem wir bestimmte Aufgaben, die unsere Eltern an uns nicht gut erfüllt haben, nun gewissermaßen nachträglich an ihrer Statt übernehmen. Dies gelingt uns, indem wir uns nicht mehr nur wünschen, dass unsere Eltern uns so liebevoll behandelt hätten, wie wir nun unsere Kinder behandeln, sondern uns selbst auch tatsächlich liebevoll behandeln. Diese Doppelaufgabe braucht die Geduld der kleinen Schritte. Wenn sie gelingt, dann können wir zu Recht mit Stolz von uns behaupten, dass wir uns selbst verändert haben.

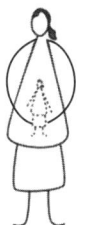

Das Kind von damals «verstehen,
trösten und liebevoll versorgen»

Wenn wir Kinder erziehen, haben wir die wunderbare Chance, sie bei ihren Verwandlungen zu begleiten, uns selbst zu verändern und gleichzeitig mitzuerleben, wie sich mit der nächsten Generation auch die Welt verändert.

Es gehört zu den Tatsachen dieses Veränderungsprozesses, dass Kinder frischen Wind, Lebendigkeit, Freude und viele Überraschungen ins Leben bringen. Es kann sehr aufregend und zutiefst sinnvoll und erfüllend sein, mit Kindern zu leben.

Erziehungsziele

Die Aufgabe des Erziehens umfasst das Begleiten und Fördern der Kinder in ihrer körperlichen, seelischen und geistigen Entwicklung zum Erwachsenwerden.

19

Ich formuliere im Folgenden, welche übergeordneten Erziehungsziele ich aus der Perspektive des Elternseins für die wichtigsten halte:

Es geht darum,

- das Leben miteinander zu leben;
- Freude mit- und aneinander zu erleben;
- das Kind in seinen vielschichtigen Begabungen und Wesenszügen liebevoll und anerkennend wahrzunehmen, so dass es lernen kann, seine schöpferischen Kräfte zu Zielen zu führen;
- Schwierigkeiten, Probleme, Konflikte und Krisen zu bejahen und miteinander zu durchleben, damit das Kind daraus Vertrauen in das Leben und in die eigenen Möglichkeiten schöpfen kann. Aus diesen Erfahrungen kann es für spätere Situationen lernen;
- das Kind im Rahmen seiner Möglichkeiten liebevoll und schrittweise zu Selbständigkeit und Autonomie und auch zur Achtung der Würde und Autonomie anderer zu führen.

Sehr bewusst und eindringlich möchte ich die ersten beiden Ziele – miteinander leben und sich aneinander freuen – in den Vordergrund stellen. Damit möchte ich dem weit verbreiteten Irrtum entgegenwirken, Kinder seien Wesen, die einem ständigen Verbesserungsprozess unterworfen werden müssten. Eltern ziehen daraus den falschen und schädlichen Schluss, ihre Erziehungsaufgabe bestünde darin, ununterbrochen ihre Kinder korrigieren und kritisieren zu müssen. So wird Erziehung zu einer Leistungsanforderung an die Eltern, die sie dann an ihre Kinder weitergeben. Manche Eltern nehmen dadurch eine grundsätzliche Vorwurfshaltung gegenüber ihren Kindern ein und vergiften das Zusammenleben der Familie mit permanentem «Meckern». Dies ist *nicht* unsere Aufgabe. Wir Eltern sind Mitmenschen, Begleiter und Förderer, nicht Trainer (siehe Kap. 39).

Aus dem bisher Gesagten lässt sich schlussfolgern, dass Menschen sich nur dann entscheiden sollten, Kinder zu erziehen,

20

wenn sie gern mit Kindern zusammenleben wollen und all die widrigen Umstände in Kauf nehmen wollen, die natürlicherweise damit verbunden sind. Sie sollten es nur tun, wenn sie bereit sind, den Kindern viel Zeit zu widmen, und zwar in wacher, aktiver Begegnung. Und sie sollten willens sein, aus ihren Erfahrungen mit ihren Kindern zu lernen und sich selbst zu verändern.

Alles dies können Eltern besser leisten, wenn sie sich nicht selbst vergessen. Deshalb ist es für die ganze Familie gut, wenn die Erwachsenen selbst dafür sorgen, dass ihre Bedürfnisse nach Ruhepausen und Entspannung auch befriedigt werden und es ihnen gut geht. Dann ist die Wahrscheinlichkeit am größten, dass es der ganzen Familie gut geht. (Diesen Aspekt des familiären Lebens beleuchte ich besonders in Kap. 39.)

Der gesellschaftliche Aspekt

Vielleicht mögen manche Eltern beim Lesen dieses Buches meine eindeutige Parteinahme für die Bedürfnisse der Kinder als zu einseitig empfinden. Wie steht es mit den Bedürfnissen der Eltern?

In der Tat ist es höchste Zeit, dass unsere Gesellschaft nicht nur mehr Verständnis für die Kinder, sondern auch für die schwierige Lebenssituation moderner Eltern aufbringt.

Die soziale Gemeinschaft, die wir Familie nennen, ist in den letzten Generationen immer mehr geschrumpft. Die wichtigen Aufgaben der Familie, die früher auf viele Erwachsene verteilt werden konnten, lasten nun häufig nur noch auf zwei Personen oder sogar auf einer. Eltern fühlen sich zerrissen zwischen beruflichen Herausforderungen und den familiären Aufgaben. Viele Eltern sind alleinerziehend und müssen gleichzeitig den Lebensunterhalt der Familie verdienen. Sie haben kaum Zeit für sich selbst und ihre eigenen Bedürfnisse.

Deshalb brauchen Eltern heute von allen Seiten Unterstützung, damit sie diesen verschiedenen Aufgaben gewachsen sein können. Für berufstätige und/oder alleinerziehende Eltern und auch für Eltern mit zwei oder mehr kleinen Kindern ist neben der vielen Arbeit die nervliche Belastung, Tag und Nacht im Dauereinsatz zu sein, eine große Kraftprobe.

Unsere Gesellschaft muss auf politischer Ebene neue Entscheidungen fällen, um Rahmenbedingungen zu schaffen, die Eltern unterstützen. Unsere sozialen und pädagogischen Einrichtungen müssen an die veränderten Bedingungen angepasst werden. Darüber hinaus gilt: Nicht nur Eltern, Pädagogen und Politiker, sondern wir alle sind dafür verantwortlich, dass es Kindern in unserer Gesellschaft gut geht. Firmen, Organisationen, alle Arbeitgeber sind dazu aufgerufen, Arbeitsbedingungen zu schaffen, die Vereinbarkeit von Berufstätigkeit und Elternschaft fördern. Großeltern, Tanten und Onkel, Nachbarn, Freunde und alle im Bewusstsein sozialer Verantwortung lebenden Menschen im Umfeld einer Familie sollten unterstützen und auch würdigen, was Eltern leisten. Unsere Gesellschaft hat noch nicht begriffen, welch eine Freude damit verbunden ist, gemeinsam für Kinder zu sorgen. Depressionstendenzen bei Erwachsenen, Vereinzelung und Vereinsamung ließen sich verringern, wenn Kindererziehung nicht mehr nur Sache der Kleinfamilie wäre, sondern uns alle angehen würde.

2 Vom Sinn des Grenzensetzens

Die Leser dieses Buches möchten gewiss zuallererst wissen, ob, wie und wann es sinnvoll ist, in der Erziehung von Kindern Grenzen zu setzen, und wie man es einrichten kann, dass Kinder diese Grenzen auch verstehen und akzeptieren. Und so sage ich als Erstes: Ja, es ist sinnvoll, Kindern Grenzen zu setzen, damit sie lernen, sich in unserer Welt zurechtzufinden. Kinder brauchen große Spielräume, um sich und die Welt auszuprobieren und um sich in ihren vielschichtigen Begabungen zu entfalten und zu erfahren. Es ist auch sinnvoll, dass diese Spielräume begrenzt sind, um die Kinder zu beschützen.

Wenn es Erwachsene ganz und gar versäumen, Kindern zur Orientierung sinnvolle Grenzen aufzuzeigen, werden Kinder sehr unsicher. Damit sie ihren Halt nicht verlieren, verhalten sie sich dann so, dass die Erwachsenen gezwungen werden, ihnen Grenzen zu setzen. Wenn die Erwachsenen es trotzdem nicht tun, verhalten Kinder sich auffällig, zerstörerisch, wütend, ängstlich oder werden krank.

Manchmal ist es auch nötig, die Umgebung vor den Fehlern der Kinder zu schützen. Kinder sind erst in der zweiten Hälfte der Kindheit in der Lage, sich in andere Menschen hineinzuversetzen. Sie sind darauf angewiesen, dass wir ihnen zeigen, wenn sie Schaden anrichten. In unserer Gesellschaft wird dieser Punkt aber häufig überbewertet. Die materialistische Einstellung vieler Menschen bewirkt, dass Kindern Grenzen gesetzt werden, wo es wichtiger wäre, ihnen Erfahrungsräume zu verschaffen. Überall bauen die Erwachsenen Mauern und Zäune oder stellen Regeln auf, die zeigen, dass sie grundsätzlich davon ausgehen, dass Kinder stören oder dass man befürchten muss, sie könnten Schaden anrichten. Die Erwachsenen sollten viel genauer prüfen, ob es wirklich sinnvoll und nötig ist, Grenzen zu errichten.

Im Folgenden werde ich wichtige Fragen nach dem Wie, Wann und Warum des Grenzensetzens beantworten. Vor allem wird es immer wieder darum gehen, wie Erwachsene innerlich liebevoll und gelassen bleiben können, während sie Kindern Grenzen aufzeigen. Ich werde auch beschreiben, wie man als Erwachsener die Wahrscheinlichkeit erhöhen kann, dass Kinder gesetzte Grenzen auch einhalten.

Es ist für uns Erwachsene keine leichte Aufgabe, den Widerspruch auszuhalten, dass wir Grenzen setzen und unsere Kinder diese Grenzen überschreiten. *Beides* ist sinnvoll. Wenn wir diesen Widerspruch bejahen können, dann wird uns das grenzüberschreitende Verhalten von Kindern nicht verärgern. Deshalb beginne ich mein Buch damit, dafür Verständnis zu wecken, dass Kinder manchmal «sinnvoll» Grenzen überschreiten.

3 Grenzen überschreiten beweist Neugier und Mut

Würden wir uns in unserer Gesellschaft Kinder wünschen, die sich ausschließlich an die Erwartungen und Regeln der Erwachsenen anpassen? Würde diese Art von Erziehung selbständige, individuelle Menschen hervorbringen? Nein, wir würden sie auf diese Weise zu Jasagern, Nachahmern, kurz zu uneigenständigen Menschen erziehen.

Kinder überschreiten Grenzen, weil sie noch nicht wissen, nach welchen Regeln unsere Gesellschaft funktioniert. Sie machen Fehler, irren sich, sind desorientiert, belastet oder krank. Das Überschreiten von Grenzen kann ein Zeichen von Übermut, falscher Einschätzung der Situation oder ihrer Möglichkeiten sein. Die Fehler der Kinder weisen darauf hin, dass sie etwas noch nicht verstehen und lernen wollen oder dass etwas in ihnen oder in ihrem Umfeld nicht so ist, wie sie es brauchen.

Grenzen überschreiten ist für Kinder aber auch der gesunde, intelligente Weg, um eigene Erfahrungen mit dem Funktionieren der Gesellschaft und der Kommunikation der Menschen zu machen. Grenzen überschreitende Kinder beweisen gesunde Neugier, das Verborgene, Verbotene, Geheime zu erfahren. Sie wollen erleben, welche Folgen es tatsächlich hat, wenn sie tun, was die Erwachsenen nicht wollen, dass sie es tun. Worte der Erwachsenen müssen durch eigene Erfahrungen der Kinder bestätigt werden. Oft kann man erst dann davon sprechen, dass ein Kind etwas gelernt hat.

Keine Entdeckung, keine Erfindung, keine neuen Erkenntnisse im wissenschaftlichen und gesellschaftlichen Bereich wäre jemals zustande gekommen, wenn die Menschen nicht die Neugier und den Mut gehabt hätten, bisher bestehende Regeln und Grenzen zu überschreiten. In früheren Jahrhunderten haben viele kluge Frauen und Männer sogar ihr Leben riskiert, wenn

Albrecht Dürer: «Die Vertreibung aus dem Paradies», Holzschnitt, 1510; Photo: akg-images

sie überkommenes Wissen in Frage gestellt haben. Galileo Galilei etwa wäre beinahe auf dem Scheiterhaufen verbrannt worden, weil er gewagt hatte zu behaupten, dass die Erde sich um die Sonne dreht und nicht umgekehrt. Und auch heute noch braucht man viel Mut, wenn man etwas völlig Neues und Ungewohntes denkt und sagt; denn das Erste, was einem dann häufig begegnet, ist Skepsis, Ablehnung oder sogar Diffamierung.

Ein Grenzen überschreitendes Kind macht also nicht nur (vermeintlich oder tatsächlich) einen Fehler, sondern zeigt auch Mut, Tatkraft, Individualität, Selbständigkeit, Phantasie, Neugier, Intelligenz, Eigenwillen, Selbstsicherheit und viele Qualitäten mehr, die wir Erwachsenen eigentlich als positive Erziehungsziele bezeichnen würden. So gesehen können wir uns also auch freuen, wenn unsere Kinder Grenzen überschreiten.

4 Vom Sinn des Grenzenüberschreitens

In vielen Situationen lässt sich entdecken, mit welch außerordentlich hoher, aber eben noch ganz unbewusster Intelligenz Kinder Grenzen überschreiten, um ihre Lebensfragen zu stellen, die sie auf andere Weise nicht stellen können. Eltern könnten darüber staunen und gerührt sein. Sie würden dann nicht mehr verärgert auf Grenzüberschreitungen reagieren, sondern sich im Stillen über die gesunde Entwicklung der Kinder freuen, nach außen hin aber gelassen, achtungsvoll und bedacht reagieren. Ich möchte dies am Beispiel von Grenzüberschreitungen im Bereich der Fäkal- und Sexualsprache erläutern.

Schimpfwörter – Kinder stellen Fragen

Im zweiten Kindergartenjahr und im zweiten Schuljahr wählen gut entwickelte Kinder sprachliche Grenzüberschreitungen, um Fragen des gesellschaftlichen Zusammenlebens zu klären, bei denen Studenten der Germanistik und Soziologie im Hauptstudium «die Köpfe rauchen»: Soziolekt und Semantik sind die Fachbegriffe, unter denen sie über schichtenspezifische Sprachmuster, Kontextabhängigkeit der Sprache, Tabus in der Gesellschaft und ihre sprachliche Vermittlung nachdenken.

Ein vier- oder fünfjähriges Kind schreit der Erzieherin nach: «Fick dich!» Ein achtjähriges Schulkind ruft Grimassen schneidend und wild durch den Klassenraum hüpfend: «Wichser!» Beide Kinder kennen noch nicht genau die Bedeutung der Wörter, die sie aussprechen.

Warum tun sie es und warum jeweils im zweiten Jahr?

Wenden wir uns zunächst dem zweiten Teil der Frage zu. Um Grenzen überschreiten zu können und damit wichtige Fragen an den Erwachsenen zu richten, brauchen Kinder Vertrauen in die Situation, Vertrauen in die Gemeinschaft und Vertrauen zu dem Erwachsenen. Im ersten Jahr erobert sich das Kind einen Platz in der Gruppe der Gleichaltrigen und lernt die Erwachsenen kennen und einzuschätzen. Erst wenn dieser Prozess gelungen und abgeschlossen ist und das Kind genügend Vertrauen aufgebaut hat, wagt es, Grenzen zu überschreiten. Daran wird klar, dass das Grenzenüberschreiten von Kindern auch ein Vertrauensbeweis ist und ein sicheres Zeichen dafür, dass der Erwachsene vom Kind als kompetent angesehen wird, um ihm zu helfen, Lebensfragen zu beantworten.

Kommen wir zur Frage des Warum. Oberflächlich betrachtet spüren Kinder, dass sie mit der Verwendung bestimmter Wörter eine starke Wirkung bei den Erwachsenen auslösen können. Darüber hinaus erwartet das Kind in der Reaktion des Erwachsenen auch echte Antworten auf drei Fragenkomplexe. Ich formuliere diese Fragen so, wie sie aus der Perspektive des Kindes erlebt werden:

1. Was bedeuten diese Wörter? In welchen Sinnzusammenhang gehören sie? Welche Erfahrungen, Bewertungen und Gefühle gehören zu diesen Wörtern?
2. Warum benutzen meine Eltern/Erzieher diese Wörter nicht, oder benutzen sie sie nur mir gegenüber nicht?
3. Wie ist die starke Wirkung zu erklären, die ich erziele, wenn ich solche Wörter sage? Warum sehen die Erwachsenen in ihrer Reaktion irgendwie ganz anders aus, wenn diese Wörter ausgesprochen werden, als wenn ich «Bügeleisen» oder «Tisch» oder «Stuhl» sage oder eine andere Grenze überschreite?

Der Impuls des Kindes, das Tabu zu durchbrechen, ist unbewusst. Ich versuche diesen Impuls in Worte zu fassen:

Das Kind weiß inzwischen schon, wie man mit Messer und Gabel umgeht, wann man «guten Tag» oder «danke» sagt und wie man sich ein Butterbrot schmiert. Das Kind ahnt aber, dass die Erwachsenen Geheimnisse haben, die es erfahren muss, um ein kompetenter Zeitgenosse werden zu können. Da sie ihm diese Geheimnisse bisher jedoch vorenthalten haben, muss es durch unerwünschte Verhaltensweisen in ihre Geheimsphäre eindringen und an ihren Reaktionen Teilantworten darauf ablesen, was sie geheim halten und warum. Da es aus der Reaktion eines Erwachsenen aber nur sehr wenig herauslesen kann, muss es viele, viele Male an viele Personen indirekte Fragen richten. Das ist ein kluger Weg, um langfristig ein Mitwissender zu werden.

Vom Umgang mit Tabus

Ein Tabu ist eine Grenze, über die nicht gesprochen wird. Nicht nur Sexualität und Fäkalsprache, sondern auch Tod und Krankheit gehören zu den Tabus in unserer Gesellschaft. Auch in Familien gibt es Tabus, die in der speziellen Geschichte der Familie entstanden sind, beispielsweise das nicht bestandene Abitur eines Elternteils oder ein abgetriebenes Kind.

In meiner Beratungspraxis zeigt sich, dass die Erwachsenen oft gar nicht bemerken, mit welchen Tabus sie leben: zum Beispiel die verborgene Wut des Vaters auf seinen Chef, die unterdrückte Traurigkeit der Mutter über ihre Ehe, die verdrängte Trauer über den Tod eines Kindes, die unausgesprochene Enttäuschung des Lehrers über seinen Beruf.

Ein Tabu zeichnet sich ja gerade dadurch aus, dass über ein bestimmtes Thema nicht gesprochen wird und dass auch über die Tatsache des nicht darüber Sprechens nicht gesprochen wird. Wie Kinder dennoch schon sehr früh spüren, dass ein bestimmter Bereich im Familienleben oder in der Gesellschaft tabuisiert ist, werde ich ausführlich in Kapitel 6 erläutern.

Was Kinder tun, um hinter die Geheimnisse der Erwachsenen zu kommen, ist sehr unterschiedlich. Manche Tabus werden von Kindern gewahrt. Ein Beispiel aus meiner eigenen Kindheit macht dies deutlich:

Ich bin 1953 geboren. Meine Eltern hatten den Zweiten Weltkrieg erlebt. Weder meine drei Geschwister noch ich wären jemals auf den Gedanken gekommen, unsere Eltern nach Geschehnissen im Krieg zu fragen oder überhaupt das Wort Krieg auszusprechen. Niemals haben uns unsere Eltern explizit verboten, über den Krieg zu sprechen, dennoch wussten wir alle vier, dass das Thema tabuisiert war. Als wir älter waren, haben wir uns aber außerhalb der Familie ausgiebig über den Krieg informiert, weil es für uns wichtig war zu erfahren, was unsere Eltern erlebt hatten.

Andere Tabus oder Lebenslügen der Erwachsenen werden von Kindern aufgespürt und durch provozierendes Verhalten gebrochen. An den Reaktionen der Erwachsenen auf den Tabubruch versuchen die Kinder etwas darüber abzulesen, warum dieses Tabu besteht, welche Geschehnisse oder Gefühle damit verbunden sind und welche Tatsachen verheimlicht werden. Erwachsene signalisieren durch ihr unbewusstes nonverbales Verhalten, dass sie nicht direkt gefragt werden wollen. Würden Kinder Erwachsene dennoch direkt fragen, kämen von ihnen abweisende oder abwiegelnde Antworten, etwa «Frag mich das ein anderes Mal, ich habe jetzt keine Zeit». Oder die Eltern geben nonverbale, unbewusste Zeichen von Scham oder Unwohlsein und sagen: «Das verstehst du noch nicht.» Selbst wenn Eltern sehr sachlich antworten, zum Beispiel: «Ein Kondom braucht man, wenn man eine Schwangerschaft verhüten will», so erfährt das Kind zwar etwas über die Sache, aber noch nichts darüber, was die Eltern konkret mit der Sache machen. Und es erfährt auch nicht, warum das Thema Sexualität tabuisiert wird. Das Kind hat aber sehr viele Fragen. Ich formuliere einige:

- Wie sieht ein Kondom aus?
- Wann und wo kaufen meine Eltern Kondome?
- Wie wird es benutzt?
- Wie fühlt es sich an, es zu benutzen?
- Wann und wie benutzen meine Eltern Kondome?
- Wie bewerten meine Eltern den Gebrauch von Kondomen?
- Welche Erfahrungen haben sie damit gemacht?
- Warum erfahren Kinder nichts darüber, dass, ob und wann die Eltern sie benutzen?
- Warum liegen Kondome nicht auf dem Küchentisch oder im

Badezimmerregal, sondern werden eher verborgen aufbewahrt?

- Warum ist es meinen Eltern peinlich, vor anderen über Kondome zu sprechen? etc.

Wenn ein Thema in einer Familie tabuisiert ist, dann ist das Verfahren der Provokation für Kinder und Erwachsene zwar mühsam und oft auch schmerzlich, aber in der Regel erfolgreicher, als die Eltern direkt zu fragen.

Wenn Eltern das Thema für sich selbst bewusst enttabuisiert haben, können sie jede Bemerkung, jede Frage und jede Provokation eines Kindes beim Mittagstisch, beim Spielen oder bei irgendeiner anderen Gelegenheit in der Familie nutzen, um Kinder über alle diese Fragen aufzuklären. Erzieherisch rate ich deshalb dazu, dass sich Erwachsene mögliche Tabus in der Familie bewusst machen. Wenn man sich den Grund, der einmal zu dem Tabu geführt hat, oder den gesellschaftlichen Zusammenhang, in dem es entstanden ist, klarmacht, kann das zunächst unangenehm sein (weil Scham, Angst oder ähnliche Gefühle auftreten können), aber es führt zur Integration der tabuisierten Bereiche in das normale Leben.

Einige Bemerkungen zur Sexualerziehung

Viele Eltern denken, Sexualerziehung fände erst in einem Alter statt, wenn die Kinder «schon größer» sind und danach fragen. Dann wundern sich diese Eltern, dass das «Schon größer» nicht kommt, und sie fragen sich besorgt, wann «der richtige Zeitpunkt» dafür sei.

Sexualitätserziehung ist ein Teil des Lebens der Familie und findet an jedem Tag in jedem Alter der Kinder statt. Während des Tischgespräches, beim Baden, beim Spielen, überall gehört dieses Thema dazu. Eltern sollten jede Gelegenheit nutzen, diesen Bereich des Lebens zu benennen und mit einzubeziehen in den natürlichen Fluss von Gesprächen und Handlungen. Der offene Umgang mit diesem Thema gelingt den Erwachsenen dann, wenn sie bewusst mit der Tabuisierung des Themas umgegangen sind und diese aufgelöst haben. In diesem Fall finden Eltern die geeigneten Worte, mit denen sie die Kinder aufklären wollen. Dann können Kinder direkt fragen und bekommen direkte Antworten.

Sollten Provokationen auftreten, wissen Eltern sofort, dass dahinter eine Frage steckt. Hier ein Beispiel: Ein Kind sagt zu seiner Mutter: «Du Hure». Die Mutter nimmt den provozierenden Anteil der Beschimpfung ebenso wahr wie den Frageanteil. Gegenüber dem provozierenden Anteil setzt sie eine Grenze, für den Frageanteil gibt sie eine Antwort. Die Mutter reagiert spontan. Sie könnte beispielsweise einen oder zwei der folgenden Sätze sagen:

- «Ich möchte nicht, dass du zu mir Hure sagst.»
  (Grenzsetzung)
- «Huren sind eine Berufsgruppe, die …»
  (altersgemäße Erklärung)
- «Ich möchte keine Hure sein, weil …»
  (subjektive Stellungnahme und Bewertung)
- «Eigentlich ist Hure ein Schimpfwort für Prostituierte.»
  (Erklärung zum Sprachgebrauch)
- «Der Beruf einer Prostituierten ist in unserer Gesellschaft …
  (gesellschaftliche Situation) usw.

Das Kind kann Fragen stellen, und es entsteht ein Gespräch. Wenn der Erwachsene in das Gesicht des Kindes blickt, erkennt er an seiner Miene, ob es noch eine Frage hat, die es vielleicht nicht recht formulieren kann. Dann kann der Erwachsene von sich aus weiter darüber erzählen. Zeigt das Gesicht des Kindes aber eine «Sättigung», so sollte der Erwachsene das Gespräch beenden, sonst wirkt er auf das Kind bedrängend, und es hört nicht mehr gerne zu.

Provokationen durch sexualisierte Sprache können Fragen zur Sexualität beinhalten, oder sie werden von Kindern benutzt, um starke Reaktionen bei Erwachsenen auszulösen. Die Erwachsenen müssen also sehr genau beobachten und den Kontext der Situation mitberücksichtigen, um herauszufinden, welches Ziel die Provokation hat. Fragen, die sich auf die Sexualität beziehen, sollten beantwortet werden. Provokationen gegenüber sollte ein Erwachsener eine gelassene Grundhaltung einnehmen und eine adäquate Grenze setzen. Dabei braucht der Erwachsene weder aufgeregt, persönlich betroffen noch moralisch zu reagieren. Fast immer hilft Humor! (Nie hilft Zynismus oder Ironie!)

Auch größere Kinder und Jugendliche benutzen fäkal- und sexualsprachliche Ausdrücke, um Reaktionen bei Erwachsenen hervorzurufen. Wichtige Fragen der Jugendlichen können dahinterstecken. Manchmal ist es ein Kräftemessen mit dem Erwachsenen, ein «Machtspiel» oder Ausdruck des Widerstandes gegenüber einer Entmutigung, Verletzung oder Enttäuschung, die ein Erwachsener ausgelöst hat. Immer geht es um etwas, das sie mit Worten nicht ausdrücken können. Manchmal ist es eine Frage, die sich auf die Paarbeziehung der Eltern bezieht oder auf ein Thema, das Eltern aussparen, weil sie unsicher sind oder es ihnen peinlich ist.

Ein schneller Rat wie «Wenn dein Kind dich mit sexualisierter Sprache provoziert, dann antworte …» ist also nicht hilfreich. Eltern brauchen für die Lösung eines solchen Problems Zeit. Sie können sich fragen, welche Frage des Kindes wohl dahinterstecken mag oder welche Information das Kind braucht oder an welcher Stelle der Erwachsene sich öffnen muss und die Beziehung und das Vertrauen zum Kind verbessern kann (mehr über provozierendes Verhalten in den Kap. 29–32).

Beispiele von Grenzüberschreitungen aus dem Bereich der Sexualsprache zeigen besonders deutlich, dass Kinder Grenzen überschreiten, um zu lernen. Und sie zeigen auch, welche klugen Strategien Kinder unbewusst dafür wählen. Im Weiteren werde ich an vielen Beispielen erläutern, dass alle Grenzüberschreitungen von Kindern einen verständlichen Sinn haben. Wenn wir Erwachsenen den Sinn entschlüsseln, finden wir geeignete Erziehungsmaßnahmen.

5 Der Widerstand des Kindes gegenüber dem Erwachsenen

Kinder überschreiten nicht nur Grenzen, die die Erwachsenen gesetzt haben, sondern sie handeln auch gegen die Erwartungen der Erwachsenen, indem sie sich widersetzen. Der Widerstand des Kindes gegen die erziehenden Erwachsenen zieht sich wie ein roter Faden durch die gesamte Kindheit. Aus der Sicht der Erwachsenen ist diese Tatsache lästig und anstrengend. Kinder haben kein grundsätzliches Interesse, Erwachsene zu verärgern. Der Widerstand hat andere, sinnvolle Ziele.

Der Unterschied

Bin ich als Kind kooperativ und angepasst an die Erwartungen der Eltern, erfahre ich etwas darüber, dass ich so bin, wie sie mich wollen. Bin ich im Einklang mit meinen Geschwistern und Freunden, so erfahre ich etwas darüber, dass ich so bin wie alle anderen. Manchmal ist es für ein Kind sehr wichtig, dass es in sich das Gefühl stärkt, dass es so ist wie die anderen. Es fühlt sich dann dazugehörig.

In anderen Phasen braucht das Kind mehr das Gefühl, einzigartig zu sein. Wenn ich ganz anders bin als alle anderen, erfahre ich etwas über mich selbst und den Unterschied zwischen mir und den anderen. Dieser Unterschied ist für die Identitätsbildung des Kindes sehr wichtig. (Auch durch Geschwisterstreit kann das Kind Aspekte dieses Unterschiedes erfahren.)

Durch den Widerstand des Kindes gegen den Erwachsenen spürt es diesen Unterschied besonders deutlich.

... so sein wie alle anderen...   ... einzigartig sein...

Ab dem Alter von zwei Jahren haben Kinder die Kraft, dies zu erleben. Und je älter sie werden, desto mehr haben sie den Mut, zur Not einen hohen Preis dafür zu zahlen, nämlich den zeitweiligen oder sogar dauernden Verlust der Anerkennung, Wertschätzung und Liebe der erwachsenen Bezugspersonen. (In den Kap. 16, 19 und 30 werde ich auf diese Gefahr ausführlich eingehen.)

Das Ich

Manchmal haben Kinder den Mut zum Widerstand, spüren und üben ihr Ich-Gefühl, verlieren sich dann aber einseitig in einem Standpunkt. Für dieses Üben brauchen Kinder viele Situationen. Ein stabiles Ich-Gefühl entsteht erst im Laufe einer ganzen Kindheit.

Ein lebendiges Beispiel dafür ist der «trotzende» Dreijährige, der wiederholt auf dem Fußboden liegt, strampelt und schreit, weil er die rote Hose anziehen will und nicht die blaue.

In diesem Alter geht es den Kindern nur vordergründig um die Hose. Es geht vielmehr darum, dass sich das Kind als einzelnes Individuum erleben möchte. Wir Erwachsenen können uns den Zustand des ganz kleinen Kindes nicht mehr vorstellen: Säuglinge und Kleinkinder erleben sich noch ganz mit der Umgebung und den Bezugspersonen verbunden. Sie können noch nicht exakt zwischen Umgebung und Ich trennen. Durch den vehementen Widerstand erleben sie sich plötzlich getrennt von den anderen. Dies ist eine schmerzliche und zugleich erhebende Erfahrung: «Ich bin ein eigenes Ich!» Der erste Schritt dieser gesunden und notwendigen Entwicklung zum Ich-Sein wird dadurch gefestigt, dass die Kinder diese Erfahrung in vielen

«Trotzszenen» machen. Der zweite Schritt besteht darin, dass die Kinder nun die mit dem Ich-Gefühl verbundene Willenskraft und Wirkungsmacht erproben wollen. Ihre unbewusste Frage könnte man in folgende Worte fassen: «Wie kann ich die von mir unterscheidbare Außenwelt durch mein Handeln beeinflussen?» Wenn ein Kind etwa in die Hände klatscht und gleichzeitig eine Tür zufällt, so fragt sich das Kind: «Hat mein Händeklatschen bewirkt, dass die Tür zugefallen ist?» Es klatscht dann mehrmals in die Hände, um zu überprüfen, ob es selbst diese Wirkung verursacht hat. Ganz ähnlich verhält es sich mit der roten und der blauen Hose. Das Kind überprüft, ob und wie es seinen Willen benutzen kann.

Wenn die Eltern wüssten, dass ihr Kind sie nicht ärgern will, sondern nur sein Ich wirksam erleben will, könnten sie gelassener reagieren. Sie könnten dem Kind eine Grenze setzen, aber das Üben seiner Willenskraft innerlich akzeptieren.

Eltern brauchen viel Wissen über die kindliche Entwicklung, aber auch Gelassenheit, Toleranz und Humor, um in diesen Situationen liebevoll zu bleiben und dem Kind gleichzeitig den richtigen Weg zu weisen. Obwohl es sinnvoll ist, Grenzen zu setzen, sollten Eltern nicht gnadenlos stur reagieren, wenn Kinder im Widerstand sind. Es gibt Situationen, in denen es klüger ist, einen Kompromiss einzugehen oder nach einer Möglichkeit zu suchen, die es erlaubt, dass beide Parteien, das Kind und der Erwachsene, Recht haben können. (Im Wirtschaftsleben nennt man eine solche Konfliktlösung eine Win-Win-Lösung.) Am Widerstand des Kindes lernen Eltern und Kinder gemeinsam, partnerschaftliche, sich gegenseitig wertschätzende Beziehungen zu entwickeln.

Aus dieser Perspektive ist es also durchaus gesund und normal, wenn Kinder Widerstand leisten und Konflikte zwischen Kindern und Erwachsenen ausgetragen werden.

Identität

Ein Beispiel, das in meiner Praxis immer wieder in ähnlicher Weise auftritt, soll veranschaulichen, welch unterschiedliche Ziele Kinder manchmal verfolgen, wenn sie Widerstand leisten: Ein Junge wächst mit seiner Schwester bei seiner alleinerziehenden Mutter auf. Zu dem Umfeld des Jungen gehören zwei Omas, eine Tante, eine Kinderfrau und ausschließlich weibliche Erzieherinnen im Kindergarten. Die Mutter hat in ihrem Leben unangenehme Erfahrungen mit männlicher Gewalt gemacht und erzieht ihren Sohn bewusst zu friedlichem Verhalten. Die Mutter beschreibt ihren Sohn bis zu seinem fünften Lebensjahr als fröhlich, lieb und bereitwillig, den Erwartungen der Mutter zu entsprechen. Plötzlich im Alter ab fünf Jahren zeigt sich der Junge laut, aggressiv und widersetzt sich täglich in vielen Situationen den Anweisungen der Mutter und der anderen Erziehenden. Die Mutter ist besorgt. Sie erkennt keine Gründe, die das Verhalten des Sohnes erklären könnten. Sie hat Angst, dass er sich zu einem «Macho» entwickelt. Sie verfällt in den Fehlschluss zu befürchten, dass aggressives Verhalten vielleicht schon in den Genen jedes Mannes verankert sein könnte.

Bis zum Alter von etwa fünf Jahren orientieren sich Kinder, relativ unabhängig von ihrem Geschlecht, hauptsächlich durch Nachahmung an den erwachsenen Bezugspersonen. Ihr Interesse ist es, an den Erwachsenen abzulesen, wie man sich *als Mensch* verhält.

Der Sohn in unserem Beispiel aber befindet sich in dem Alter, in dem es ihn zu interessieren beginnt, wie man nicht nur ein Mensch wird, sondern ein Junge (geschlechtsspezifische Identität). Und er hat klug geschlossen: Alle weiblichen Menschen in seiner Umgebung verhalten sich überwiegend nach Harmonie strebend und aufeinander abgestimmt. Wenn er sich also *als* (einziger) *Junge* erleben und von den anderen als solcher erkannt werden will, muss er sich ganz anders als diese weiblichen Wesen verhalten. Er muss sich deutlich unterscheiden. Vielleicht hat er Bilderbüchern, Filmen, Erzählungen der Bezugspersonen oder Verhaltensweisen von anderen Jungen im Kindergarten entnommen, dass Männlichkeit in unserer Gesellschaft eher an den Klischees von kraftvollem oder sogar aggressivem Auftreten erkannt wird. Oder er hat einfach ein dem Harmoniestreben der Frauen entgegengesetztes Verhalten gesucht und gefunden. Er probiert nun aus, wie seine Mutter und alle anderen weiblichen Bezugspersonen auf ihn reagieren, wenn er sich ganz anders als sie verhält. Er strengt sich sehr an, sich von ihnen zu unterscheiden. Und er wird bestätigt: Alle seine weiblichen Bezugspersonen sind erschrocken über sein «machohaftes» Verhalten. Über die klischeehaften Vorstellungen, die es in unserer Gesellschaft gibt, wird er von ihnen als Angehöriger des männlichen Geschlechts erkannt. Nun hat er mit ihrem Missfallen zu kämpfen, kann aber an ihren Reaktionen ablesen, dass sie ihn als Jungen ansehen. Seine Geschlechtsidentität kann sich nun zuordnen.

Der Junge verhält sich verständlich. Die Mutter kann lernen, ihre verallgemeinernde Einstellung zu Männern zu überdenken. Sie kann seine geschlechtsspezifische Entwicklung fördern, wenn sie die männliche Identität und die Unterschiede zu ihrer Tochter durch andere Merkmale hervorhebt. Wenn sie Merkmale von Männlichkeit an ihm findet, die sie lieben kann, kommt er nicht in den absurden Konflikt, sich zwischen Jungesein und Mutters Liebe entscheiden zu müssen. Es ist in diesem Alter auch wünschenswert, dass die Mutter ihrem Sohn ermöglicht, mit männlichen Bezugspersonen regelmäßig und intensiv Kontakt zu haben. Dann könnte er erfahren, dass sich Männlichkeit nicht durch aggressives Verhalten zeigen muss. Und gleichzeitig sollte die Mutter seinem aggressiven Verhalten gelassen und konsequent zugleich Einhalt gebieten.

Es zeigt sich, dass Kinder Unterschiede erzeugen, um sich als einzigartig erleben zu können. Das Kind kann sich besonders gut als eigenständiger, individueller Mensch erfahren, wenn es sich durch Widerstand den anderen Menschen entgegenstellt. Das Kind erlebt: Im Widerstand bin ich ganz ich selbst, das ist ein erhebendes, intensives Gefühl, aber es macht mir auch Angst, denn im Widerstand bin ich auch allein und schutzlos.

Der Widerstand im Jugendalter

Widerstand dient in jedem Lebensalter der Entwicklung und Aufrechterhaltung einer autonomen Identität. In der Pubertät wird er vom Kind am meisten geübt. Es geht den Jugendlichen nicht darum, den Erwachsenen zu verletzen oder vor den Kopf zu stoßen, sondern der Jugendliche geht so oft in den Widerstand zu Haltungen, Meinungen und Entscheidungen der Erwachsenen, weil er sich übt, einen Standpunkt einzunehmen, der nur seiner ist. Manchmal sind die Standpunkte des Jugendlichen für sich genommen absurd oder extrem. Der Erwachsene weiß, dass der Jugendliche in einer anderen Situation niemals einen solchen Standpunkt einnehmen würde. Der Jugendliche will fühlen, dass er sich vom Erwachsenen stark unterscheidet. In diesem Unterschiedensein, in dieser Andersartigkeit möchte er sich eigenständig fühlen und unabhängig vom Erwachsenen bestehen können. So gesehen ist der Widerstand des Jugendlichen gegenüber seinen Eltern ein wichtiger Teil des Ablösungsprozesses. Der Jugendliche muss vorübergehend den Werten, Überzeugungen und Entscheidungen der Eltern Widerstand leisten, um zu üben, ein ganz anderer Mensch, ein eigenes Ich zu werden. Wenn der Jugendliche durch diese Phase gegangen ist, kann er später entscheiden, welche Überzeugungen der Eltern vielleicht doch für ihn gültig sind und welche nicht. Übungspartner sind alle Bezugspersonen, die bereit sind, diesen anstrengenden, aber notwendigen Prozess mit dem Kind zu durchleben (siehe Kap. 16 u. 22).

Erwachsene sollten in dieser Entwicklungsphase ihrer jugendlichen Kinder die Kunst beherrschen, einerseits standfest bei den Grenzsetzungen zu bleiben, die sie zum Wohle der Jugendlichen entschieden haben. Andererseits sollten sie innerlich den Widerstand der Jugendlichen akzeptieren und ihr Bestreben, eigenständig zu sein, anerkennen und unterstützen. Diese Gratwanderung kann nicht einem sturen Schema folgen, sondern muss stets in der Situation neu «ertastet» werden. Im Zweifel brauchen Eltern und andere Erziehende hier viel Humor und die Souveränität, nicht um jeden Preis Recht haben zu wollen.

Manchmal gelingt es sogar, den Jugendlichen die Chance zu geben, eine konkrete Erfahrung machen zu können. Eltern verbieten beispielsweise den Konsum von Alkohol. Auf einem Fest macht der Jugendliche die konkrete Erfahrung, welche Auswirkungen erhöhter Alkoholgenuss auf ihn hat. Mithilfe einer solchen Erfahrung können Jugendliche dann erleben (nicht nur hören), warum der Erwachsene eine Grenze gesetzt hat (siehe «logische Folgen» in Kap. 18).

In unserer Gesellschaft gilt es als selbstverständlich, dass die Erwachsenen die Kinder lehren, sich an die Regeln der Gesellschaft anzupassen. Aber auch das Neinsagen muss in der Kindheit gelernt werden.

Wenn der Jugendliche die Chancen erhalten hat, seine Willenskraft und seine Eigenständigkeit durch den Widerstand gegen die ihn liebenden und ihn bejahenden Erwachsenen zu erproben, dann kann er in einer Lebenslage, in der dies nötig ist, Widerstand leisten, um Leben und Gesundheit zu schützen. Dann kann er eher Nein sagen zu Drogen, Radikalismus und Gewalt, unsozialem Verhalten, Ignoranz und Unmenschlichkeit.

6 Die besondere Art, wie Kinder ihre Eltern wahrnehmen

Schon im ersten Lebensjahr, bevor sie gelernt haben, sich mit Worten zu verständigen, wenden Kinder eine Form der intensiven Beobachtung an, die notwendig ist, um Kontakt, Ernährung, Pflege und den Erhalt des noch sehr verletzlichen Lebens zu sichern.

Die hohe Bedeutung der nonverbalen Kommunikation

Diese nichtsprachliche Art der Verständigung funktioniert untrüglich, sicher und schnell: Ein millimeterfeines Heben der Augenbraue der Mutter zeigt dem Kind beispielsweise, dass die Mutter mit irgendeiner Sache nicht einverstanden ist. Eine leichte Rötung der Wange des Erwachsenen lässt auf Erregung schließen. Eine minimale Verschiebung der Mundwinkel nach unten lässt das Kind ahnen, dass der Erwachsene traurig oder unglücklich ist. Die Kinder lernen, auf geringfügige Veränderungen der Körperhaltung und der Mimik, aber auch der Höhe, der Modulation und Melodie der Stimme zu achten. Schon innerhalb des ersten Lebensjahres erreicht der Säugling durch Versuch und Irrtum eine untrügliche Sicherheit im Lesen der nonverbalen Signale seiner Bezugspersonen. Dieses Wissen der Kinder über die feinen, individuellen Zeichen im nichtsprachlichen Ausdruck ihrer Eltern geht auch nach dem Spracherwerb nicht verloren. Das Wissen der Kinder und ihr Umgang mit den nonverbalen Informationen, die sie an den Erwachsenen ablesen, sind unbewusst, aber sehr intelligent und wirkungsvoll. Die Kinder erfahren zwar, dass den Erwachsenen die verbale Sprache wichtiger ist als die Körpersprache. Sie lernen aber auch, dass die Körpersprache ein verlässlicherer Ausdruck der Stimmung der Erwachsenen ist als die verbale Sprache.

Oft sagen Eltern: «Mein Kind hört nicht!» und sind sehr unzufrieden damit. Wüssten diese Eltern, dass ihr Kind sehr wohl hört, aber mehr auf die Art und Weise des Sprechens und auf alle anderen Zeichen achtet als auf die trügerischen Worte, so könnten sie mit ihren Kindern zufriedener sein. Sie könnten dann auch selbstkritischer auf die Art ihres Umgangs mit dem Kind blicken. «Elterntaube» Kinder können oft die Wiederholungen, Unwahrheiten oder Moralpredigten ihrer Eltern nicht mehr ertragen und hören deshalb nicht mehr auf ihre Worte. Sie sehnen sich nach echter, liebevoller Begegnung.

Verborgene Botschaften

Erwachsene haben viele Strategien entwickelt, mithilfe der Sprache Gefühle zu unterdrücken und sich Tatsachen nicht einzugestehen, zu vernebeln, zu verharmlosen, zu lügen oder sogar Macht auszuüben. Sie tun dies in der Regel nicht bewusst, um ihre Kinder irrezuführen. Sie handeln unbewusst, weil sie im Laufe ihres Lebens lernen mussten, dass es meistens mehr Schutz für die Persönlichkeit bietet, seine wahren Gefühle zu verbergen. Kinder durchschauen diese Strategien.

Folgendes Beispiel aus meinem eigenen Leben zeigt, dass die Fähigkeiten der Kinder, aus den nonverbalen Zeichen der Eltern zu lesen, sich bis ins Erwachsenenalter erhalten. Meine 24-jährige Tochter studierte 900 km von meinem Wohnort entfernt. Wir sahen uns deshalb während des Semesters nicht oft. Kurz bevor sie mich in den Ferien besuchen wollte, telefonierten wir. Sie fragte mich, wie es mir gehe. Ich antwortete mit der üblichen Floskel: «Mir geht es gut.» Ich verbarg, dass es mir nicht gut ging. Ich wollte es ihr erst erzählen, wenn wir uns sehen würden. In den ersten Minuten unseres Zusammentreffens eine Woche später, noch ehe ich ihr etwas erzählt hatte, schimpfte sie liebevoll mit mir: «Ich möchte nicht, dass du mich anlügst, Mama. Du sagtest am Telefon, dass es dir gut ginge, und ich hörte an deiner Stimme, dass das nicht stimmte.» Wieder einmal musste ich erfahren, dass unsere Kinder so viel mehr von uns wahrnehmen, als wir ahnen.

Hier ein weiteres Beispiel dafür, wie Kinder herausfinden, welche verborgenen Botschaften in den Äußerungen von Erwachsenen enthalten sind und wie sie mit diesen Botschaften umzugehen lernen. Ein achtjähriger Sohn wird von seiner kochenden Mutter anlässlich des bevorstehenden Abendessens aufgefordert: «Könntest du bitte eine Flasche Mineralwasser aus dem Keller holen?» Seine Antwort: «Nein!» Daraufhin bekommt seine Mutter einen Wutanfall über seine «Frechheit» und seinen «Egoismus». Sie wird laut und ungehalten und zwingt ihn schließlich, das Wasser aus dem Keller zu holen. Der Sohn zeigt sich uneinsichtig und trotzig, er holt die Flasche Wasser nur widerwillig aus dem Keller.

Aus der Sicht der Mutter stellt sich die Situation so dar: Sie ist in Eile, sie hat viel Arbeit. Sie erhofft sich Hilfe von ihrem Sohn. Sie hat sich angewöhnt, Höflichkeitsformeln zu benutzen, wie «Könntest du bitte …», weil sie ihren Kindern gutes Benehmen vorleben will. Außerdem möchte sie sich nicht autoritär verhalten. Vielleicht möchte die Mutter mit dieser höflichen Form sogar gerade den Widerstand des Sohnes verhindern. Gleichzeitig sind ihr Tonfall und ihre Mimik und Gestik fordernd, drängend und dulden keinen Widerspruch. Sie zeigt, dass sie mit Selbstverständlichkeit erwartet, dass er folgsam reagiert. Ihr ist der Widerspruch zwischen der Bedeutung ihrer Worte und ihrem Verhalten in diesem Augenblick nicht bewusst.

Der Sohn nimmt die Situation aus seiner Sicht wahr. Er hat gleichzeitig zwei Botschaften erhalten: eine höfliche, offene verbale Frage und einen nonverbalen Befehl (in der Lautstärke und Intonation der Stimme). Er interpretiert die Worte der Mutter als offene Frage, auf die man mit Ja oder Nein antworten kann. Und er ignoriert den unmissverständlichen Befehlston. Damit stellt der Sohn der Mutter eine kluge und mutige Frage. Er handelt so, als wollte er sagen: «Ich habe bisher immer deine Erwartungen an mich aus deinen nonverbalen Botschaften herausgehört und darauf folgsam reagiert. Nun möchte ich ausprobieren, wie du reagierst, wenn ich deine Worte ernst nehme und den Befehl überhöre.» Er handelt zwar bewusst, aber man wird ihm nicht gerecht, wenn man behaupten würde, dass er das Ziel hätte, die Mutter zu ärgern. Er handelt vielmehr mit dem Ziel zu erfahren, was passiert, wenn er diesen Widerspruch aufdeckt. Dabei nimmt er die Verärgerung seiner Mutter in Kauf.

Im Alter von acht oder neun Jahren beginnen Kinder sehr bewusst, auf Einzelheiten in Situationen zu achten. Sie bemerken plötzlich Dinge, auf die sie vor diesem Alter noch nicht *bewusst* geachtet haben, zum Beispiel den fehlenden Knopf an der Jacke des Lehrers oder die im Vergleich zur eigenen etwas hellere Haarfarbe der Schwester. So identifizieren sie Menschen, Dinge und Tatsachen als die feststellbare, gesicherte Welt, in der alles seinen Platz hat. Dadurch, dass die Kinder den Dingen und den anderen Menschen einen Platz zuerkennen, entdecken sie im *Unterschied* zu den anderen auch sich selbst und ihre Bedeutung und ihren Platz in der Welt, in der Familie und in jeder einzelnen Situation.

Der achtjährige Junge in dem Beispiel nimmt sehr genau wahr: Die Frage der Mutter ist widersprüchlich. Er hat den Mut, sie damit zu konfrontieren. Er ist noch nicht erwachsen und kann die Situation noch nicht verbal kommentieren. Er reagiert, wie es Kinder oft tun, durch provozierendes Verhalten, um herauszufinden, was hinter den Worten der Erwachsenen verborgen ist. Dies erzeugt nicht selten Konflikte.

«Könntest du» (Möglichkeitsform)
«bitte» (eine Bitte)
«?» (eine Frage, auf die man mit
Ja oder Nein antworten kann)
Tonfall: Befehl
(mehrdeutig)

«Ich möchte bitte, dass du eine
Flasche Mineralwasser aus dem
Keller holst.»
(eindeutig)

45

Ich rate Eltern in solchen Situationen, ihren Standpunkt noch einmal zu überdenken. Die Mutter riskiert keinerlei Gesichtsverlust, wenn sie sich bei ihrem Sohn entschuldigt und ihm darin Recht gibt, dass er sie lediglich «beim Wort genommen» hat. Dies könnte ein wohltuend versöhnlicher Abschluss eines lehrreichen Konfliktes sein.

Die Verständigung von Eltern und ihren Kindern läuft in der Regel so ab, dass Kinder mehr darauf achten, *wie* etwas gesagt wird. Erwachsene dagegen legen mehr Wert darauf, dass die Kinder hören, *was* sie gesagt haben. Manchmal beobachtet man Kommunikationsprozesse zwischen Kindern und Eltern, die so anmuten, als ob die einen «Chinesisch» und die anderen «Russisch» sprechen würden. Man könnte sich dann eigentlich wundern, dass dennoch manchmal Verständigung entsteht. Das liegt aus meiner Sicht sehr oft daran, dass die Kinder bereit sind, obwohl sie «Russisch» hören wollen, auch auf das «Chinesische» zu achten. Eltern können die Kommunikation klarer gestalten und zu mehr Verständigung führen, wenn sie mehr darauf achten, wie sie mit ihren Kindern sprechen.

7 Die Grenze als Schutz

Um über sinnvolle Grenzsetzung nachzudenken, benutze ich ein Bild: Stellen wir uns einen Garten vor. Er ist von einem Gartenzaun umgrenzt. In diesem Garten kann ein kleines Kind viele Entdeckungen machen und viel Neues erleben. Wenn auch noch andere Kinder mitspielen, dann ist dieser Garten der ideale Spielraum, um viele wichtige Erfahrungen zu machen. Den Zaun wird das Kind kaum bewusst wahrnehmen. Allenfalls wird der Zaun dem Kind das Gefühl geben, gut geschützt zu sein vor dem Autoverkehr, einem bissigen Hund oder anderen Gefahren.

Gartenzaun

Der Zaun wird von dem Kind so lange nicht als Einschränkung seines Spielraums wahrgenommen, wie es noch Interessantes zum Spielen und Lernen (Spielen ist Lernen) in dem Garten vorfindet. Und wir wissen, dass Kinder von einem Spiel erst genug haben, wenn es von ihnen Hunderte Male wiederholt und variiert wurde. Erst wenn das Kind im Prozess des Lernens neue Reize und neue Lernerfahrungen braucht, wird es plötzlich den Zaun wahrnehmen und ihn als Begrenzung, als Einschränkung seines Spielraums erleben. Dann wird das Kind am Zaun stehen und neugierig in das Gebiet jenseits des Zaunes blicken. Erziehungsaufgabe ist es nun, *bevor* das Kind aus gesundem Forscherdrang über den Zaun klettern würde, seinen Erlebnisraum sinnvoll zu erweitern. Das Kind soll nun Neues erleben können und weiterhin gut beschützt sein. Kein Vater, keine Mutter würde einfach den Gartenzaun öffnen und das Kind auf die Straße laufen lassen.

Die Eltern nehmen das Kind an die Hand und zeigen ihm ein Stück mehr von der Welt. Wenn es schon größer ist, lassen sie es über den Zaun klettern und bleiben als «Schutzengel» im Hintergrund. Sie lassen das Kind neue, ungefährliche Erfahrungen machen und greifen nur im Notfall ein.

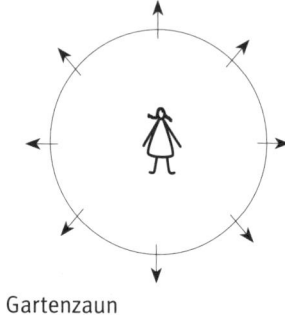

Gartenzaun

Der Gartenzaun steht für Grenzen, die wir als Erziehende setzen. Der grundlegende Sinn einer Grenze ist also Schutz – Schutz vor Gefahr für das Kind oder Schutz für andere Menschen, Lebewesen und Dinge vor dem fehlerhaften Handeln des Kindes. Jede Grenzsetzung, die ein Erwachsener vornimmt, um für ein Kind und seine Umgebung Schutz zu gewährleisten, gibt dem Kind Halt und Orientierung.

8 Sicherheit und Geborgenheit

Kleine Kinder lieben kleine Räume. (Größere Kinder brauchen mehr Platz; siehe Kap. 9.) Sie bauen sich Höhlen und kuscheln sich hinein. Sie schlafen gern in Zelten, wünschen sich einen Baldachin über ihrem Bett oder eine Ecke, die sie mit Vorhängen zu einem kleinen gemütlichen Innenraum gestalten können. In großen Räumen dagegen fällt es kleinen Kindern oft schwer, sich zu orientieren. Manche Erstklässler wollen noch eine Zeitlang an der Hand der Eltern in den Klassenraum gebracht werden, weil die langen Schulflure ihnen Angst einflößen.

Stellen wir uns vor, Grenzsetzungen sind wie unsichtbare Wände, die Kindern überschaubare Räume geben, in denen sie sich gut zurechtfinden. Einerseits geben zu enge Grenzen zu wenig Spielraum. Andererseits machen zu große Räume unsicher und ängstlich.

Ein trauriges Beispiel aus meiner Praxis mag dies veranschaulichen. Ein fünfjähriges Mädchen zeigte erschreckende Symptome: Es stellte alle Gegenstände, Möbel und Spielsachen, die es besaß, an den Wänden seines Zimmers entlang auf. Kein Gegenstand durfte in der Mitte des Raumes liegen, kein Gegenstand durfte von seinem Platz weggenommen werden oder weggerückt werden, auch nicht einen Zentimeter. Das Mädchen wirkte tyrannisch. Es schrie und tobte, wenn jemand es wagte, diese strenge Ordnung zu verändern.

Es stellte sich heraus, dass dieses Mädchen Eltern hatte, die nicht in der Lage waren, für ihr Kind elterliche Entscheidungen zu fällen, geschweige denn eine Grenze zu setzen. Sie konnte beispielsweise ihren Vater dazu zwingen, ihr eine brennende Zigarette zu geben. Die Eltern waren auch nicht fähig, das Kind dazu zu bringen, ein für seine Gesundheit nötiges Medikament zu nehmen. In dieser Situation erlebte das Kind eine Welt, in der von den Eltern keine Sicherheit gegeben wurde. So blieb dem Kind keine andere Wahl, als sich selbst eine sichere Welt zu bauen und sie vor jeglichen Eingriffen zu schützen. Das Symptom stellte sich als einzig mögliche und nötige Selbsthilfe gegenüber einer unsicheren Welt heraus.

Nehmen wir ein harmloseres Beispiel: Eine Mutter hat ein Mittagessen gekocht. Auf dem Weg vom Kindergarten nach Hause äußert das Kind den Wunsch, ein Eis zu essen. Die Mutter würde dem Kind das Eis gönnen, aber sie weiß, dass das Kind nach dem Verzehr eines Eises satt wäre und dann nicht mehr zu Mittag essen würde.

Im Beratungsgespräch in meiner Praxis zeigt sich die Vielschichtigkeit der Situation. In der Mutter meldet sich in solchen Momenten die Erinnerung an ihre eigene Kindheit, und zwar besonders das Gefühl der Enttäuschung, das sie als Kind hatte, weil ihre Mutter ihr nur selten Süßigkeiten gegönnt hat.

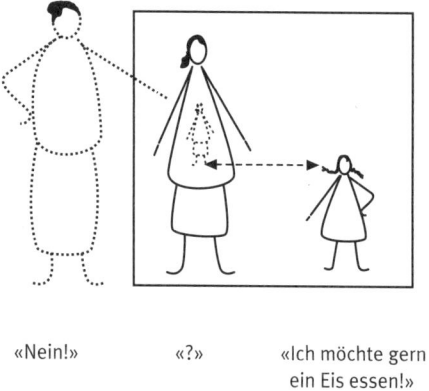

«Nein!»   «?»   «Ich möchte gern
                           ein Eis essen!»

Die Erinnerungsstimme in der Mutter solidarisiert sich mit dem Wunsch der Tochter und ignoriert alle Vernunftargumente der erwachsenen Frau. Sie empfände sich als böse, würde sie dem Kind den Wunsch nicht erfüllen, und hätte Schuldgefühle. Um dennoch adäquat zu handeln, muss sich die Mutter auf ihr Erwachsensein und ihre mütterliche Verantwortung konzentrieren. Und sie darf nicht das Bedürfnis haben, um jeden Preis den

Frieden wahren zu wollen oder vom Kind bejaht zu werden. Das Schuldgefühl wird entlastet, wenn die Mutter dem Kind einen späteren Zeitpunkt nennen kann, an dem das Kind ein Eis essen darf.

«Heute Nachmittag kaufe ich dir ein Eis!»

Das Kind verspürt in sich zwei sehr unterschiedliche Wünsche. Oberflächlich betrachtet wünscht sich das Kind ein Eis und versucht mit den gebotenen Mitteln, dieses Ziel zu erreichen. Viel elementarer aber ist das Bedürfnis des Kindes nach Geborgenheit. Dieses Bedürfnis ist auf die Entscheidung der Eltern zum Wohle des Kindes angewiesen. Die Mutter hat mehr Wissen, Erfahrung und Überblick und muss Verantwortung dafür übernehmen, dass dem Kind nicht langfristig Schaden zugefügt wird durch kurzfristigen Genuss. Wenn die Mutter alles erlauben würde, auch das, was dem Kind schaden würde, so wäre das Kind nicht gut beschützt. Deshalb benötigt das Kind eine Mutter, die bereit ist, sich unbeliebt zu machen, wenn es darum geht, das Kind zu schützen. Situationen wie die beschriebene lassen sich auch als unbewusster Test des Kindes betrachten, mit dem Ziel, herauszufinden, ob es eine unbestechliche Mutter hat. Die Mutter sollte also eine klare Entscheidung gegen das Eis (vor dem Essen) fällen und dies in knapper, unmissverständlicher Form zum Ausdruck bringen. Manchmal zeigen Kinder nach einer enttäuschenden, verwehrenden Antwort auf ihre Wünsche erstaunliche, unerwartete Reaktionen. Sie jaulen einen Moment frustriert und spielen dann sogar besonders fröhlich weiter. Sie fühlen sich geborgen.

Auch mit älteren Kindern kann man Ähnliches erleben. Als

meine Kinder in der Pubertät waren, gab es manchmal Situationen wie folgende: Eine meiner Töchter telefonierte mit einer Gleichaltrigen. Die Person am anderen Ende der Telefonleitung lud meine Tochter zu einer Party ein. Plötzlich sagte meine Tochter ins Telefon: «Ich muss mal eben meine Mutter fragen.» Sie drückte dann die Hand auf den Telefonhörer, so dass die Gesprächspartnerin nicht hören konnte, was sie nun zu mir (flehentlich blickend) sagte: «Mama, sag bitte, dass ich nicht zu der Party gehen darf!» Wenn ich dann unwillig den Kopf schüttelte, weil ich nicht lügen wollte, wurde das flehentliche Blicken stärker und das Wort «bitte» vehementer. Wenn ich dann leise «na gut» sagte oder nickte, nahm meine Tochter die Hand vom Hörer. Ich musste dann mit lauter Stimme sagen: «Nein, das geht nicht!» Innerlich musste ich schmunzeln, weil deutlich wurde, dass meine jugendliche Tochter noch nicht den Mut fand, Nein zu sagen. Sie bediente sich meiner Stimme, um sich vor unliebsamen Erlebnissen zu schützen. Ich gab meinen Kindern diese Geborgenheit, forderte sie aber doch nach dem Telefonat auf, den Mut zu entwickeln, selbst Nein zu sagen.

Kinder benötigen bis ins Pubertätsalter hinein von uns Erwachsenen Entscheidungen für die Rahmenbedingungen, in denen sie leben. Dadurch geben wir den Kindern die Sicherheit, die sie brauchen, um sich innerhalb der Rahmenbedingungen gut zu entwickeln und zu entfalten.

9 Zuordnungssysteme

Die systemische Familientherapie und -beratung macht sich neben vielen anderen hilfreichen Gesichtspunkten auch die Tatsache zunutze, dass die Bedeutung einer Person in einer Gemeinschaft häufig durch den Ort, an dem sie sich überwiegend aufhält, durch bestimmte Gegenstände oder Attribute sichtbar wird. Umgekehrt stellt man in Beratung, Therapie und Supervision Gegenstände oder stellvertretende Personen im Raum so auf, dass die «Stellung» der Person in der Gemeinschaft symbolisch dargestellt wird. Dieses Vorgehen gibt oft viele nützliche Hinweise darauf, wie sich jemand in seinem Beziehungsgefüge fühlt und was er benötigt, um die Kommunikation mit anderen Menschen zu verbessern. (Siehe das Beispiel über die Beratung des Vaters, der mit seinen Kindern eine Autofahrt unternimmt in Kap. 36.)

Positionen

In unserer gesellschaftlichen Tradition gibt es viele Beispiele, die zeigen, dass örtlichen Positionierungen symbolische Bedeutungen zuerkannt werden: Das Schloss eines Königs stand häufig auf einem Berg, der König selbst saß auf einem erhabenen Thron, Familienoberhäupter saßen an der Stirnseite der Familientafel. Eine alte gesellschaftliche Regel sah vor, dass der Mann links neben seiner Frau zu gehen habe, dass jüngere Menschen hinter den älteren gehen sollten. Heute sitzen viele Chefs oder Ärzte hinter großen Schreibtischen, die ihre hervorgehobene Stellung repräsentieren sollen. So sollte es Eltern nicht wundern, wenn etwa der Beifahrersitz im Auto der Familie ein von den Kindern heiß umkämpfter Platz ist.

In manchen Mehrgenerationenfamilien gibt es beeindruckende Beispiele für die harmonisierende Wirkung einer Person an «ihrem Ort» auf alle anderen. Die Küche mancher Großmütter ist zugleich Informationsbörse, Begegnungsort, Zufluchtsstätte oder Therapiezimmer. Dabei steht der Ort (z. B. die Küche) für die Integrationskraft der Großmutter, weil sie diese Aufgabe hauptsächlich an diesem Ort ausführt und verkörpert und dafür Anerkennung erfährt.

Bestimmte symbolische Merkmale als zu bestimmten Personen zugehörig anzuerkennen, ist gleichzeitig ein Anerkennen der Person selbst. Dies gilt nicht nur für Orte, sondern auch für bestimmte Gegenstände oder Tiere, die im ausschließlichen Besitz eines Familienmitgliedes sind, etwa das Klavier, welches der Enkel direkt von seinem Großvater geerbt hat, der Hund, der nur auf die Tochter hört, oder die Schirmmütze, die der Dreizehnjährige allenfalls zum Schlafen abzunehmen bereit ist. Diese Gegenstände werden zeitweise oder dauerhaft von Kindern so in Besitz genommen, dass sie gewissermaßen zu ihrer Identität dazugehören. Sie helfen dem Kind, innere Stabilität zu erlangen. Dies sollte von allen anderen Familienmitgliedern geachtet werden.

Kinder suchen ihren Platz in der Welt. Sie fragen sich, wofür sie gebraucht werden und was ihr Lebenssinn ist. Antworten auf diese wichtigen Fragen bekommt das Kind in jeder Reaktion eines anderen Menschen auf seine Person. Bis zur Pubertät erhält es die wichtigsten Reaktionen von den Familienmitgliedern. Zuordnungsprinzipien in der Familie, die die Bedeutung der einzelnen Familienmitglieder innerhalb der Gemeinschaft veranschaulichen, helfen den Kindern, ihre Identität zu finden. Ein Beispiel dafür ist die Sitzordnung am Esstisch der Familie.

Der Familientisch

Der Familientisch ist der Ort, an dem sich die Mitglieder der Familie täglich mehrmals zusammenfinden und einander wahrnehmen. In den meisten Familien finden am Tisch die wichtigsten Gespräche der Familie statt, etwa darüber, was war und was sein wird und wer was wann tut oder nicht tut. Während der

Tischgespräche werden Berichte über Erlebnisse ausgetauscht und Aufgaben verteilt. Nebenbei werden gleichzeitig verbal und nonverbal Kommentare zu den anwesenden Personen gegeben. Dadurch fühlen die Familienmitglieder, dass sie wahrgenommen und ernst genommen werden. Es wird ihnen eine Bedeutung zugesprochen. Diese Bedeutung kennzeichnet die Rollen der Familienmitglieder im gegenwärtigen Augenblick. Die Rollen sind ständiger Veränderung unterworfen. Sie werden ständig neu ausgehandelt. Ein Vater sieht zum Beispiel eines seiner Kinder an und sagt: «Du siehst heute so müde aus, hast du schlecht geschlafen?» oder «Du bist heute mit dem Tischabdecken dran» oder «Du warst heute Nachmittag der beste Fußballspieler deiner Gruppe.»

Abgesehen vom verbalen und nonverbalen Austausch der Personen bei Tisch ist schon allein die Sitzordnung ein Zuordnungssystem, das den Familienmitgliedern einen zu ihnen gehörenden Platz gibt. Mit diesem Platz ist nicht nur der Stuhl gemeint, auf dem die Person sitzt, sondern auch der symbolische Ort, der ihr mit diesem Platz zuerkannt wird.

«Du warst heute Nachmittag der beste Fußballspieler.»

Es gibt viele sinnvolle Kriterien, nach denen die Eltern für jedes Familienmitglied einen passenden Platz am Tisch aussuchen können.

Ein Elternpaar beschließt beispielsweise, nebeneinander zu sitzen. Dies kann etwa ihre Solidarität, ihre Zusammengehörigkeit oder ihre Einigkeit zum Ausdruck bringen. Ein anderes Elternpaar sitzt sich gegenüber, um sich durch den Blickkontakt gut verständigen zu können. Ein Vater kann beispielsweise beschließen, dass sein ältester Sohn (der schon in der Pubertät ist) ihm gegenübersitzen soll, damit der Sohn sich als Ältester im direkten Dialog mit dem Vater ernst genommen fühlt. Eine Mutter wird das jüngste Kind rechts neben sich setzen, um es gut füttern zu können. Wenn ein Kind bei Tisch sehr unruhig ist, ist es unter Umständen hilfreich, es auf einen Platz zu setzen, der sich in einer Ecke des Raumes befindet, oder es zwischen seine Eltern zu setzen oder auch so, dass es rechts neben demjenigen Elternteil Platz nimmt, der das Kind leichter beruhigen kann.

Eine Mutter berichtete, dass ihr Sohn nach der Schule beim Essen nichts von der Schule erzählen wolle, sondern abgewandt und schlecht gelaunt wirke. Er saß der Mutter gegenüber und fühlte sich «durchbohrt» von ihren Blicken und von ihren Fragen. Als die Mutter ihn neben sich setzte, veränderte sich die Situation beachtlich. Die Mutter hörte auf, ihn auszufragen, und der Sohn erzählte von selbst Erlebnisse aus der Schule.

Bekommt ein Kind über längere Zeit einen festen Platz am Familientisch, so erhält es über diese Platzzuordnung unausgesprochen eine bestimmte Bedeutung in der Familie. Wenn die Eltern für das Kind einen Platz wählen, der der Stellung des Kindes in der Familie angemessen ist, so kann sich das Kind an diesem Platz «zu Hause» fühlen. Es kann emotionale Sicherheit darüber gewinnen, dass es innerhalb des Familienlebens auch in den Beziehungen einen «festen Platz» hat. Ändern sich die Familienverhältnisse oder entwachsen die Kinder bestimmten Bedürfnislagen (z. B. wenn sie nicht mehr gefüttert werden müssen), dann kann es erforderlich sein, dass die Eltern sich eine neue Zuordnung überlegen müssen.

Ist ein Vater etwa unter der Woche aufgrund seiner beruflichen Situation abwesend, so sollte die Mutter vermeiden, dass ein Kind sich beständig auf den Stuhl des Vaters setzt. Es würde sonst die Gefahr bestehen, dass dieses Kind unbewusst teilweise in die Rolle des Vaters schlüpft. Dies ist für jedes Kind eine Überforderung. Vor allem die ältesten Kinder haben manchmal den Wunsch, dies zu tun, wenn man sie nicht daran hindert. Systeme (wie z. B. die Familie) haben die Tendenz, eine entstandene Lücke wieder auszufüllen. Damit ist natürlich nicht nur der leere Stuhl gemeint, sondern auch die Rolle, die der Vater in der Familie hat.

Auch eine sehr kleine Familie, etwa eine Zwei-Personen-Familie, kann durch eine bewusste Gestaltung des Sitzens am Esstisch das Ziel erreichen, die Bedeutung der Personen hervorzuheben. Das Älterwerden des Kindes lässt sich beispielsweise durch einen neuen Stuhl oder eine Veränderung der Sitzposition oder der Blickrichtung deutlich machen.

Kommen Gäste zu Besuch, so veranschaulicht der Umgang mit den «Stammplätzen» die Wertschätzung der Kernfamilie. Es lohnt sich nicht nur, eine Sitzordnung für die Kernfamilie zu bestimmen, sondern sich im Leben einer Familie auch immer wieder Gedanken darüber zu machen, welche Bedeutung etwa die Großeltern, Onkel und Tanten für die Familie haben und wie dies durch ihr Auftreten und ihre Positionierung innerhalb der Familie symbolisiert wird (z. B. bei Familienfesten).

Die Entscheidung, für die Familienmitglieder den angemessenen Platz auszusuchen, erfordert von den Eltern eine liebevolle Wahrnehmung der Mitglieder der Familie, der Entwicklungssituation jedes der Kinder und der Beziehungen untereinander. Ein guter, bedachter Austausch der Eltern und eine allparteiliche* Grundhaltung allen Familienmitgliedern gegenüber erleichtern den Eltern diese verantwortungsvolle Aufgabe.

Trennung der Eltern und Patchworkfamilien

In modernen Patchworkfamilien hilft die beschriebene Art des Umgangs mit dem Familientisch dabei, den Mitgliedern der aus Teilfamilien zusammengefügten Familie eine neue Ordnung zu geben, die Halt und Orientierung vermittelt. Jedes Familienmit-

---

* Dieser Ausdruck wurde von dem bekannten systemischen Familientherapeuten Gunther Schmidt geprägt. Er meint damit eine Grundhaltung, die ein Mensch (beispielsweise ein Elternteil) einnimmt, der sich innerlich in die Perspektive aller Familienmitglieder hineinversetzen und deshalb alle individuellen Standpunkte als berechtigt ansehen kann. Aus dieser Grundhaltung ergeben sich Lösungswege, die der Sowohl-als-auch-Struktur folgen und nicht der Entweder-oder-Struktur.

glied bekommt durch die Zuordnung eines Platzes eine eindeutige Bedeutung innerhalb der neuen Familie.

Wenn etwa ein leiblicher Vater wegen einer Trennung den Vaterstuhl freiwillig oder unfreiwillig aufgibt, so zeigen die Kinder Verunsicherung, weil sie viele wichtige Fragen nicht beantwortet bekommen. Eine der wichtigsten Fragen lautet: «Sind wir Kinder nicht wichtig genug für euch, dass ihr für uns zusammenbleiben könntet?» Manche Kinder haben sogar die Frage, ob sie schuld daran sind, dass sich die Eltern getrennt haben. Erst allmählich können Kinder aus vielen kleinen Botschaften der Eltern ablesen, dass Erwachsene sich trennen, weil ausschließlich die Beziehung der Erwachsenen gescheitert ist.

Ein getrennt lebender leiblicher Vater erlebte zum Beispiel folgende Szene: Bei dem vierzehntägigen Treffen mit ihm steigen die Kinder aus dem Zug. Der Vater freut sich sehr auf sie und erwartet eine stürmische Begrüßungsszene. Die Kinder aber nehmen den Vater gar nicht zur Kenntnis und unterhalten sich stattdessen weiter ganz heftig über ein Spiel. Die Kinder scheinen zu sagen: «Du bist für uns Luft.» Der Vater fühlt sich provoziert. An dem unbewussten Verhalten der Kinder lassen sich Fragen ablesen: «Sind wir vierzehn Tage lang Luft für dich gewesen? Wir sind jetzt nicht auf Knopfdruck mit dir vertraut.» Der Vater täte gut daran, sich in den vierzehn Tagen zwischen den Treffen jeden Tag innerlich mit den Kindern zu beschäftigen. Er könnte öfter mit ihnen telefonieren, Karten senden oder durch kleine Aufmerksamkeiten zeigen, dass er innerlich aktiv an ihrem Leben teilnimmt, auch in den Zeiten, in denen sie sich nicht sehen. Solche Aufmerksamkeiten könnten etwa darin bestehen, dass der Vater bei einer Klassenarbeit abends telefonisch nachfragt, wie sie gelungen ist, oder dem Kind sagt, dass er «Daumen gehalten» hat.

Haben die Kinder auch im neuen Leben des getrennt lebenden Elternteils einen festen und wichtigen Platz, und zwar sowohl in seinem Herzen als auch in seiner Wohnung und in seinem Alltagsleben, dann können sich Kinder nach anfänglicher Trauer auch gut mit dem Leben in zwei getrennten Familien arrangieren.

Wenn ein Familienmitglied durch Trennung, zeitweise oder

dauernde Abwesenheit oder Tod nicht anwesend ist, so ist sein Stuhl noch da, aber er bleibt leer. Wenn zum Beispiel ein Vaterstuhl leer ist, so ist das etwas anderes, als wenn es diesen Stuhl nicht mehr geben würde.

Derjenige, der den Vaterstuhl in der Familie innehat, hat das Recht und die Aufgabe, das Familienleben mit der Mutter zusammen zu gestalten und den Kindern durch Entscheidungen Orientierung und Schutz zu geben.

Kommt etwa ein neuer Partner der Mutter in die Familie, so nimmt er nicht unbedingt auf dem leeren Vaterstuhl Platz. Äußerlich sitzt er zwar möglicherweise auf diesem Stuhl, aber innerlich hat er die neue Position in der Familie noch nicht eingenommen. Meistens dauert es eine ganze Weile, ehe die Mutter bereit ist, dem neuen Partner den Vaterstuhl anzuvertrauen. Sie muss erst sicher sein, dass der neue Partner sich als würdig und fürsorglich genug erweist, ehe sie ihm den Stuhl anbietet.

Auch der Partner braucht Zeit, um sich zu entschließen, die Verantwortung und die Aufgaben, die mit diesem Stuhl verbunden sind, auf sich zu nehmen.

Erst wenn die Mutter dem neuen Partner den Vaterstuhl anvertraut und erst wenn der neue Partner die Entscheidung fällt, sich auf den Vaterstuhl zu setzen, ist der Vaterstuhl neu besetzt. Wenn beide diesen Schritt auf eine echte Entscheidung gründen (siehe Kap.11), dann vermittelt dies den Kindern Geborgenheit.

Die Kinder benötigen auch dann manchmal noch etwas Zeit, um dem neuen Partner der Mutter den Vaterstuhl zuzugestehen. Das soll aber nicht heißen, dass er jemals «der Vater» wird. Vater ist und bleibt der leibliche Vater. Wird der leibliche Vater nach einer Trennung in seiner Bedeutung für die Kinder von der Mutter und dem neuen Partner anerkannt und behält er das Recht, mit den Kindern in Kontakt zu bleiben und bei wichtigen Entscheidungen mitzuwirken, so gelingt es den Kindern nach einer Phase der Trauer meist ohne Probleme, dem neuen Partner der Mutter das Recht auf den Vaterstuhl einzuräumen.

Häufig «testen» die Kinder den neuen Vaterstuhlinhaber, ob er ihr Vertrauen verdient. Meistens geben sie ihm viele Chancen! Ein beredtes Beispiel für eine noch nicht gelungene Umbesetzung des Vaterstuhls erzählte mir in meiner Beratung der neue Partner einer Mutter. Die neue Konstellation existierte seit vier Jahren. Die neuen Partner hatten geheiratet, und es war vor zwei Jahren ein gemeinsames Kind geboren worden. Die drei Söhne der Mutter aus erster Ehe provozierten zunehmend den neuen Partner. Er selbst räumte sich das Recht, «sich einzumischen», nicht ein, das heißt, er hatte sich noch nicht auf den Vaterstuhl gesetzt. Die Söhne provozierten ihn in alltäglichen Situationen: «Du darfst uns nicht erziehen! Misch dich nicht ein!» Diese Sätze sind als Fragen zu verstehen: «Bist du zu Besuch? Hast du dich auch für uns entschieden oder nur für unsere Mutter und euer gemeinsames Kind? Hast du für die ganze Familie den Vaterstuhl eingenommen?» Der Vater war ratlos und zog sich immer mehr verärgert zurück. Die Mutter verhinderte unbewusst ebenfalls das Platznehmen des neuen Partners auf dem Vaterstuhl, indem sie aus Sorge um den Familienfrieden nicht wünschte, dass sich der verärgerte Partner einmischte.

Eine eindeutige Grenzsetzung bei einer Grenzüberschreitung (Provokation) ist aber keine Einmischung, sondern eine sinnvolle Reaktion des betroffenen Erwachsenen. Diese Hemmung des neuen Partners im neuen Familiensystem ist verständlich, muss aber von beiden Erwachsenen überwunden werden.

In dem konkreten Fall ging es so weit, dass die Söhne den neuen Partner nicht zurückgrüßten, wenn er ihnen einen guten Morgen wünschte. «Du bist für uns Luft! Du hast dich nicht positioniert, also bist du für uns nicht da!», schienen sie zu sagen.

Kurzfristig Konflikte zu vermeiden heißt an dieser Stelle, langfristig Konflikte heraufzubeschwören. Die kurzfristigen Konflikte würden zum Beispiel folgendermaßen aussehen: Der neue Partner sagt entschieden und eindeutig: «Ich möchte, dass du mich grüßt, wenn ich dich grüße.» Er sollte dann die Reaktion des Kindes nicht auf die «Goldwaage legen». Er bleibt gelassen und verhindert, dass die Situation eskaliert, indem er sich auf keinen Fall auf einen Schlagabtausch von Argumenten einlässt. Er wechselt das Thema, oder er dreht sich um und geht seiner Wege, ohne beleidigt zu sein. Am nächsten Morgen grüßt der Erwachsene das Kind herzlich und erwartet mit Selbstverständlichkeit den Gegengruß. Kommt der Gegengruß, so freuen sich beide – der Bann ist gebrochen. Kommt er nicht, so wiederholt sich die Szene ohne jede Eskalation.

Eine Situation, in der Kinder lange Kämpfe veranstalten, kommt häufig dann vor, wenn das Kind schon über neun Jahre alt ist und sein altersspezifischer Widerstandsgeist sich ausprobieren will oder wenn das Kind noch eine andere Beziehungsfrage klären muss, etwa die Frage: «Was tust du, wenn ich dir nicht gehorche? Bist du auch dann noch vertrauenswürdig?»

Ein besonders schwieriger Fall ist dann gegeben, wenn die Mutter nicht verhindert hat, dass das Kind auf dem zwischenzeitlich leeren Vaterstuhl Platz genommen hat. Dies geschieht manchmal, wenn die Mutter sich selbst eher kindlich als erwachsen fühlt und ein älteres Kind in die Rolle des Partnerersatzes schlüpft. Dann erlebt das Kind den neuen Partner als Konkurrenz.

An der Tatsache, dass der neue Partner Verantwortung für sie übernimmt, merken die Kinder, dass er sich auf den Vaterstuhl gesetzt hat. Sie entnehmen es kleinen, selbstverständlichen, alltäglichen Gesten des Schutzes, der Anerkennung, des Interesses oder des Mitgefühls. Sie spüren es aber besonders an seiner Bereitschaft zu Grenzsetzung oder Konflikt. Und sie genießen besonders, wenn sie erleben, dass er bestimmte Ziele ausschließlich deshalb aktiv verfolgt, um mit ihnen gemeinsam Freude zu haben. Dies ist nicht so sehr eine Frage von Liebe oder Zuneigung, sondern von Bejahung und Zugehörigkeit. Wenn Kinder spüren, dass der Erwachsene sich ihnen zugehörig fühlt, dann schenken sie ihm auch ihr Vertrauen.

Dass ihre Mutter dem neuen Partner den Vaterstuhl anvertraut, merken Kinder daran, dass die Mutter nicht mehr zwischen dem Partner und den Kindern «puffernd» vermittelt. Ein Indiz dafür ist etwa, wenn sie gelassen bleibt und nicht mehr eingreift, wenn der Partner mit den Kindern Konflikte austrägt.*

*Alles hier Gesagte ist exemplarisch am Vaterstuhl dargestellt und gilt selbstverständlich auch für den Mutterstuhl, eine neue Partnerin des Vaters oder eine getrennt lebende Mutter.

Gesprächssituationen

Den richtigen Platz einzunehmen erleichtert auch die Kommunikation der Menschen. In Situationen, in denen Menschen miteinander reden, um sich über Sachverhalte auszutauschen, zu verhandeln, Abmachungen zu treffen oder Konflikte auszutragen, geht es nicht nur um die Sache. Unterschwellig geht es immer auch um die Beziehung dieser Menschen. Die Anordnung, in der die miteinander Sprechenden sitzen oder stehen, ist nicht unbedeutend für die Stimmung und das Gelingen des Gesprächs. Es ist sehr wichtig, dass zwischen den Sprechenden ein guter Blickkontakt möglich ist. Sich frontal gegenüberzusitzen, kann manchmal aber auch zu einem konfrontativen Gesprächsstil beitragen.

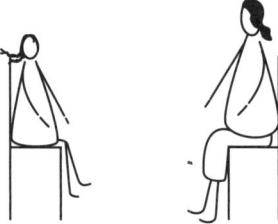

Besser ist es, halb nebeneinander- oder sich halb gegenüberzusitzen, so dass man mühelos in die Augen des Gesprächspartners blicken, der Blick aber auch auf einem Gegenstand im Raum ruhen kann.

Sitzen die Gesprächspartner eher nebeneinander und blicken gemeinsam auf etwas Drittes, etwa auf die Sache, um die es geht, so entsteht im Gespräch stärker das Gefühl der Gleichwertigkeit und Gemeinsamkeit der Personen. Die Blicke sagen dann: «Es gibt da (außerhalb von uns) ein Problem. Du bist aber nicht das Problem.» Wenn es keine Sache gibt, auf die man blicken kann wie etwa bei einem defekten Spielzeug, sondern es um ein abstraktes Problem geht, so ist es trotzdem sehr hilfreich, wenn die Sprechenden sich halb gegenüber und halb nebeneinander positionieren. Werden dann Vorwürfe, Beschwerden, Kritik oder Wünsche geäußert, so projizieren die Blicke nicht alles Unheil auf den Gesprächspartner, sondern die Gegenstände im Raum können diesen Part übernehmen. Auch die Gestik kann dies unterstreichen. Eine Mutter sitzt beispielsweise neben ihrer Tochter und weist mit der Hand auf den leeren Fußboden vor ihren Füßen. Sie sagt: «Ich komme nach Hause und stolpere über all die Schuhe im Flur. Lass uns gemeinsam darüber nachdenken, wie wir das verändern.» Eine solche räumliche Positionierung von Problemen und Fragestellungen vermittelt den Sprechenden das Gefühl, dass das Problem eine Sache und kein Mensch ist und dass das Problem von beiden gemeinsam gelöst werden kann. Eine solche Vorgehensweise ist sehr hilfreich in Gesprächen mit Kindern und Jugendlichen, aber auch in Gesprächen zwischen Eltern, zwischen Eltern und Erziehern oder zwischen Eltern und Lehrern.

Das Zimmer

Auch das eigene Zimmer ist ein zuerkannter Ort, ein Refugium, im System der Familie. Wenn alle Mitglieder der Familie ein eigenes Zimmer oder eine eigene Ecke haben, die nur ihnen gehört, gibt diese Zuordnung auch eine verlässliche Struktur. Zu dieser Struktur sollten Regeln gehören, die deutlich festlegen, welche Rechte und Pflichten das einzelne Familienmitglied in Bezug auf diesen Ort hat. Diese Regeln kann man im Familienrat (siehe Literaturverzeichnis: Gordon) aushandeln (siehe auch Kap. 35). Je mehr Rechte und je weniger Pflichten dem Familienmitglied in Bezug auf sein Zimmer eingeräumt werden können, desto mehr gibt dieser Ort der betreffenden Person Schutz. An dieser Stelle wird deutlich, wie problematisch es aus pädagogischer Sicht sein kann, ein Kind zur Strafe in sein Zimmer zu schicken. Denn das Zimmer soll ja ein Schutzraum und kein Strafraum sein. Lässt der Erwachsene dem Kind die Möglichkeit, sich etwa nach einem Konflikt in sein Zimmer zurückzuziehen, so bleibt die Bedeutung des Zimmers als Refugium erhalten. Spätestens im Pubertätsalter sollten Eltern dem Zimmer der anderen Familienmitglieder vollständige Immunität zuerkennen und es nicht mehr unerlaubt betreten. (Zur Ordnung im Kinderzimmer siehe Kap. 35.) Einen tatsächlichen, aber auch einen seelischen und geistigen Ort zu haben, den man sich so gestalten kann, wie man will, und an dem man ganz geborgen ist, gibt Kindern und Erwachsenen gleichermaßen das Gefühl von Sicherheit und innerer Ruhe. Die Anerkennung dieses Ortes steht symbolisch auch für die Anerkennung der Person.

Neben dem Familientisch und dem eigenen Zimmer ist die Geschwisterkonstellation ein anderes Ordnungssystem, welches Kindern Sicherheit und eine eindeutige Zuordnung gibt.

Die Geschwisterkonstellation

Es ist sozusagen das Schicksal, das uns auf einen bestimmten Platz in der Geschwisterreihenfolge unserer Familie setzt. Das Beziehungsgefüge der Familie, in das man hineingeboren wird, verschafft uns die ersten Erfahrungen mit anderen Menschen. Diese Erfahrungen prägen zu einem nicht unerheblichen Teil unsere Einstellung zum Leben, zu uns selbst und zu den anderen Menschen. Was wir mit unseren Geschwistern erlebt haben, beeinflusst etwa unsere Art, wie wir mit Konkurrenz und Neid, aber auch mit Solidarität und Zusammengehörigkeit umgehen. Viele Erkenntnisse aus der Erforschung der Geschwisterkonstellation deuten darauf hin, dass diese einen Einfluss auf die Identitätsbildung und damit auf die gesamte Lebens- und Beziehungsgestaltung hat. Man kann die Geschwisterpositionen grob in drei Kategorien einteilen, nämlich erstgeborenes, mittleres oder jüngstes Kind zu sein. Jede Position beinhaltet Chancen und Einschränkungen für die Persönlichkeit des Kindes. Eltern können die Geschwisterkonstellation in ihre Erziehungsmaßnahmen einbeziehen und dadurch ihre Kinder in ihrer einzigartigen Entwicklung stärken. Sie können beispielsweise versuchen zu verhindern, dass ein Kind dadurch entmutigt wird, dass ein anderes Kind es «überholt» oder «entthront».

Normalerweise ist die Geschwisterposition, die ein Kind innehat, der «Ort», von dem aus das Kind seinen eigenen Standpunkt entwickelt. Eltern können viel zur seelischen Stabilität des Kindes beitragen, wenn sie diesen «Ort» des Kindes anerkennen. Dadurch fühlt sich das Kind richtig eingeordnet in den Zusammenhang der Familie. Die Zuordnung von Rechten, Pflichten, Erlaubnissen und Grenzen anhand der Kriterien des Alters und der Geschwisterposition kann Kindern eine gute Hilfestellung geben, sich eindeutig von den anderen Kindern zu unterscheiden und sich damit als einzigartig zu erleben.

Besonders zwischen dem ersten und zweiten Kind in einer Geschwisterreihe müssen die Positionen manchmal mühsam errungen werden. Es gibt zwischen ihnen häufig Streit oder Konkurrenzkampf, dessen Ziel es ja gerade ist, sich zu unterscheiden. Dies ist ein natürlicher Vorgang. Das zweite Kind, das in eine Familie kommt, hat dann größere Chancen, als eigenständiger Mensch anerkannt und beachtet zu werden, wenn es sich vom ersten deutlich unterscheidet. Hätte es gleiche Eigenschaften, Begabungen und Neigungen wie das älteste Kind, so bliebe dieses dem jüngeren durch sein Alter immer überlegen. Die Eltern würden dem Zweitgeborenen nicht so viel Aufmerksamkeit widmen, wenn es dem Erstgeborenen zu ähnlich wäre. Diese Gefahr ist besonders dann gegeben, wenn zwischen den Kindern nur ein Jahr Abstand ist, sie das gleiche Geschlecht haben und sie vielleicht auch noch sehr ähnlich aussehen.*

---

* So ist es auch für die gesunde Entwicklung von Zwillingen ratsam, dass Eltern bei ihnen mehr Unterschiede in der Erziehung machen, als dies in unserer Gesellschaft üblich ist. Häufig ahnen die Erwachsenen nicht, welche negativen Folgen aus romantischen Vorstellungen über die symbiotische Verbindung von Zwillingen entstehen können, wobei Uneigenständigkeit noch eine harmlose

Erst das Anderssein garantiert dem zweiten Kind seinen ganz eigenen Platz in der Familie. Deshalb entwickeln sich Zweitgeborene häufig schon von Natur aus völlig anders als ihre älteren Geschwister. Häufig entsteht sogar eine Polarität zwischen erstem und zweitem Kind. Eltern sagen manchmal: «Der Unterschied zwischen den beiden Kindern ist so groß, dass man gar nicht vermuten würde, dass sie aus derselben Familie stammen.» Wenn Eltern in meiner Beratungspraxis so etwas sagen, schließe ich daraus, dass die beiden Kinder gesunde Wege gefunden haben, um ihre eigene unverwechselbare Wesensart auszubilden. Wenn dies nicht von selbst gelingt, können Eltern durch gezielte Verstärkung der Unterschiede diese Entwicklung fördern. Der Unterschied zwischen den Kindern wird für sie am deutlichsten erlebbar, wenn sie streiten. Diese Auseinandersetzungen sollte man nicht vermeiden, denn sie gehören zum normalen Spielen. Es geht darum, dass die Kinder diese Konflikte durchleben und überwinden lernen. Eltern haben hier nur die Aufgabe, die Bewältigung dieser Konflikte den Kindern zuzutrauen und sich möglichst nicht einzumischen, wenn sie sehen, dass keines der Kinder daran einseitig leidet (siehe auch Kap. 30).

In früheren Generationen glaubte man größere Gerechtigkeit walten zu lassen, indem man die Kinder einer Familie möglichst gleich behandelte. Heute weiß man, dass man damit den Streit unter den Kindern eher anstachelt als besänftigt und die Identitätsbildung eher erschwert. Die Aufgabe der Eltern besteht vielmehr darin, die Unterschiede unter den Kindern anzuerkennen und zu fördern, ohne die Kinder in einen Konkurrenzkampf zu führen. Die Erwachsenen machen im Leben der Familie die Unterschiede deutlich und leiten daraus Folgerungen für das alltägliche Zusammenleben ab. Die Kinder können sich daran orientieren und müssen nicht mehr streiten, als nötig ist.

Folge ist. Zwillinge finden leichter zu ihrer eigenen Identität, wenn sie beispielsweise nicht in dieselbe Kindergartengruppe oder Schulklasse gehen und nicht völlig gleich angezogen sind. Voraussetzung für solche Maßnahmen ist allerdings, dass die Zwillinge von sich aus Tendenzen zeigen, sich unterscheiden und trennen zu wollen. Dies tritt entwicklungsgemäß manchmal schon im Kindergarten auf, in der Regel aber vor dem ersten Schuljahr.

Ein Vater sagt zum Beispiel zu seinem ältesten Sohn: «Du darfst ab sofort jeden Tag eine halbe Stunde länger aufbleiben als Tim, weil du älter bist. Wenn der Zeiger auf deinem Wecker auf dieser Zahl steht, machst du das Licht selbst aus.» Wenn der Älteste einen solchen Satz von seinem Vater hört, wird er stolz auf seine Selbständigkeit sein, und er wird sich als zuverlässig erweisen. Er wird sich deutlich in der Rolle des Ältesten bestätigt fühlen und sich in dieser Rolle «zu Hause» fühlen, weil sie ihm kraft seines Alters zusteht und sie ihn nicht überfordert. Dies stärkt sein Selbstbewusstsein. Der jüngere Sohn wird diese Anordnung zunächst als ungerecht empfinden. Es ist sein gutes Recht, sich lauthals darüber zu beschweren. Wenn er aber von den Eltern glaubhaft hört, dass er, wenn er ebenso alt sein wird wie sein älterer Bruder jetzt, dieselbe Erlaubnis erhält (und er dies dann auch tatsächlich erlebt), wird er sich in seiner Rolle in der Familie auch wohl fühlen. Wichtig ist, dass der Zweitgeborene spürt, dass die Eltern sich in der Gestaltung des Unterschieds sehr sicher sind. Wenn die Eltern eine Entscheidung fällen, hinter der sie voll und ganz stehen, weil sie gerecht ist, dann fühlt sich das Kind in dieser Ordnung geborgen.

In ähnlicher Weise kann man das Taschengeld nach Alter staffeln. Man kann nach Alter entscheiden, wie oft und wie lang ein Kind fernsehen oder wann es ins Kino gehen darf, wann ein Kind eine eigene Uhr bekommt, ein eigenes Fahrrad, ein eigenes Zimmer, ab wann ein Kind allein mit dem Bus von der Schule nach Hause fahren kann und vieles mehr.

Eltern können auch in Bezug auf die Pflichten der Kinder in der beschriebenen Weise vorgehen. Sie treffen eine Vorauswahl, welche Pflichten zu welchem Alter der Kinder passen, und lassen ihre Kinder dann innerhalb der Altersgruppe, beispielsweise im Familienrat, eine Pflicht wählen.

Die Unterschiede, die Eltern auf diese Weise erzeugen, dürfen keine Bewertungen enthalten, sondern nur die tatsächlichen Unterschiede wahrnehmbar machen. Solche Unterschiede können sich neben dem Alter auch aus dem Geschlecht, den Neigungen, Begabungen und anderen Eigenheiten der Kinder ergeben. In der Regel kann in einer Familie in kürzester Zeit ein gerechtes

System von Zuordnungen entstehen, innerhalb dessen jedes Familienmitglied das Gefühl hat, dass sich Grenzen setzende und Freiraum gewährende Zuordnungen, Pflichten und Privilegien in Bezug auf die eigene Position die Waage halten. Und auch wenn der Einzelne auf die anderen Familienmitglieder blickt, erkennt er, dass Erlaubnisse und Pflichten, Grenzen und Spielräume gerecht und altersspezifisch verteilt sind.

10 Wirkungsvolle Grenzsetzungen

Kindern fällt es dann leicht, Grenzen zu akzeptieren, wenn diese Grenzen auf klaren, eindeutigen und sicheren Entscheidungen des Erwachsenen basieren. Sie erleben einen entschiedenen Erwachsenen als die dringend benötigte Führungspersönlichkeit, die ihnen Geborgenheit, Halt und Orientierungsmöglichkeit gibt und ihnen erlaubt, mit allem Noch-nicht-Können und Noch-nicht-Wissen Kind sein zu dürfen. Auch wenn ein Erwachsener dem Kind noch gar nicht gesagt hat, dass er eine Entscheidung gefällt hat, kann jedes Kind dies blitzschnell und deutlich am Verhalten und der Mimik des Erwachsenen ablesen (siehe Kap. 6).

Das nonverbale Ausdrucksverhalten eines entschiedenen Erwachsenen

Aus der Perspektive des Kindes sehen *entschiedene* Erwachsene in der Regel folgendermaßen aus:

Der Gesichtsausdruck ist meistens eher ernst, konzentriert, bestimmt, aber er muss keinesfalls böse sein. Die Augen des Erwachsenen schauen direkt in die Augen des Kindes und verweilen dort für die Dauer der Mitteilung. Die Schultern des Erwachsenen sind locker (nicht hochgezogen), seine Körperhaltung ist aufrecht, seine Muskulatur fest, aber nicht verspannt. Der Körper ist ganz und gar dem Kind zugewandt. Die Stimme ist kräftig, aber nicht laut und in der tiefsten Stimmlage dieses Menschen. Die Art und Weise des Sprechens ist langsam, bestimmt, manchmal sogar mit etwas Nachdruck und staccato-artig, das heißt, es treten kurze Pausen zwischen den Wörtern auf: «Du – gehst – jetzt – ins – Bett!». Er sagt *nur* einen oder maximal zwei Sätze, etwa: «Nach dem Essen bekommst du ein Eis» oder: «Du musst jetzt leise sein, weil das Baby schläft».

Um der Entscheidung sprachlich Nachdruck zu verleihen, sagen die Italiener am Ende der Entscheidungsmitteilung «basta», die Deutschen sagen manchmal «Punkt». Eine Entscheidung wirkt also in einem Handlungsverlauf wie ein Punkt in einem Satz. Sie beendet eine unsichere oder unentschiedene Situation und leitet Klarheit und Sicherheit ein.

Die gestischen Bewegungen des entschiedenen Erwachsenen, der Grenzen setzt, sind meistens senkrechte kurze Auf- und Abbewegungen der Hände oder des gestreckten Zeigefingers, punktförmige Druckbewegungen auf einen Tisch oder auch punktförmige Auftippbewegungen mit dem Fuß. Oder die erwachsene Person steht sehr ruhig vor dem Kind, ohne sich zu bewegen.

Nach der Entscheidungsmitteilung blickt der Erwachsene noch einen Moment in die Augen des Kindes, als wolle er darin ablesen, dass die Worte akustisch und inhaltlich auch angekommen sind. In nicht eskalierenden Situationen mit großen Kindern reicht diese Form der Entscheidungsmitteilung aus. Dann wendet sich der Erwachsene einem anderen Thema zu. Vorausgesetzt, der Erwachsene fällt die Entscheidung zum Wohle des Kindes (siehe auch «Prüfung der Motive des Erwachsenen» in Kap. 13), ist es nicht nötig, zu diesem Thema noch etwas zu sagen. Das entschiedene Abwenden setzt einen Schlussstrich unter die Entscheidungsmitteilung und bekräftigt die Entschiedenheit. Jedes weitere Sprechen darüber verwässert die Entschiedenheit des Erwachsenen nur und stellt die Entscheidung erneut in Frage. Gerade an der Tatsache, dass wir Erwachsenen manchmal viele, viele Sätze sagen, erkennen unsere Kinder, dass wir nicht *wirklich* entschieden sind. Wir selbst können uns daraufhin beobachten und feststellen, dass wir aus Schuldgefühl oder Unsicherheit zu vielen Erklärungen oder Rechtfertigungen greifen (siehe Kap. 36).

Wenn ein Erwachsener entschieden hat, dass ein kleines Kind eine Handlung tun oder unterlassen soll, so blickt der Erwachsene so lange mit voller Präsenz das Kind an, bis die Handlung vollzogen bzw. unterlassen ist. Bei sehr kleinen Kindern oder in Situationen mit trotzenden oder provozierenden Kindern ist es manchmal nötig, dass der Erwachsene handelnd dazu beiträgt, die Entscheidung in die Tat umzusetzen. Wenn zum Beispiel ein Kind mit einem Hammer auf den Tisch schlägt, so hält der Erwachsene die Hände des Kindes fest (mit festem Griff, ohne Gewalt, ohne Moralpredigt) und nimmt dem Kind den Hammer weg. Beim Aufräumen etwa hilft der Erwachsene mit, um dem Kind die Entscheidung zum Aufräumen zu veranschaulichen.

Die Präsenz und wache, entschiedene Haltung des Erwachsenen (nicht das Reden des Erwachsenen) zeigt dem Kind die Eindeutigkeit der Grenzsetzung.

Erwachsene, die nur mit halber Aufmerksamkeit bei der Sache sind und nebenbei eine andere Tätigkeit ausführen, erreichen nicht, dass sich dem Kind die Entscheidung so mitteilt, dass es sie in die Tat umsetzen kann.

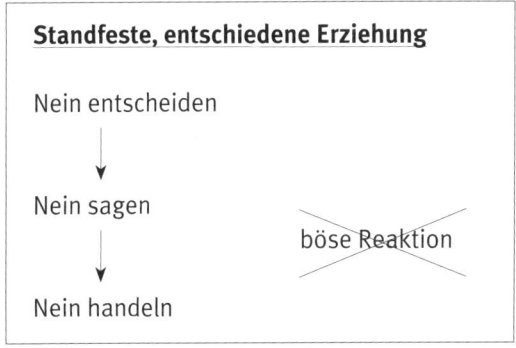

Standfeste, entschiedene Erziehung

Nein entscheiden

↓

Nein sagen

böse Reaktion

↓

Nein handeln

Das böse Gesicht

Besonders zu beachten ist der Gesichtsausdruck des Erwachsenen. Ich beschrieb, dass der Gesichtsausdruck eines entschiedenen Erwachsenen bestimmt ist, aber nicht böse zu sein braucht. Dieser Hinweis ist mir wichtig, weil frühere Generationen meinten, nur ein böser Erwachsener könne wirkungsvoll Grenzen setzen. Dies ist ein Irrtum. Die Wut half ihm lediglich dabei, entschieden zu sein, aber wirkungsvoll war beim Kind die Entschiedenheit und nicht das Böse. Wir können also getrost das böse Gesicht als Relikt früherer Erziehungskonzepte ansehen und es heute gegen das entschiedene Gesicht eintauschen. Nur ein Erwachsener, der *berechtigt* emotional erregt ist, bildet hier eine Ausnahme. Das braucht er aber nur zu sein, wenn er *persönlich* betroffen ist, etwa weil ein Kind ihn körperlich verletzt hat. Dann sieht er selbstverständlich erschrocken aus. Diese echte, berechtigte Erregung soll das Kind dann auch wahrnehmen. In den seltensten Fällen aber sind wir Erwachsenen berechtigt, unsere Wut am Kind auszulassen.

«Sei doch mal still!»

Wenn wir wütend sind, haben wir oft Gründe, die mit dem Kind gar nichts zu tun haben. Das Kind liefert uns lediglich einen Anlass, der eine zu einem anderen Thema gehörende Wut an die Oberfläche bringt.

«Man darf doch nicht ...!»

Wenn ein Kind ein anderes ärgert oder einen anderen Fehler macht, braucht der Erwachsene nicht persönlich betroffen zu sein. Seine Empörung wäre moralischer Art. Moralische Empörung über Fehler von Kindern ist aber erzieherisch nicht nützlich, im Gegenteil: Sie provoziert Widerstand.

Ein ruhiges, bestimmtes «Nein» genügt.

Es ist falsch, davon auszugehen, dass jemand, der sich wie hier beschrieben verhält, automatisch auf das Kind überzeugend wirkt. Man kann Eltern keine Regieanweisung für Körperhaltung und Stimme geben. Vielmehr ist es eine Tatsache, dass jeder Erwachsene sich intuitiv und selbstverständlich wie beschrieben verhält, *wenn er entschieden ist.* Daran wird deutlich, dass jede Grenzsetzung einer verantwortungsbewussten, klaren *Entscheidung* bedarf, um wirksam zu sein.

11 Entscheidungen

Entscheidungsvorgänge werden von Erwachsenen häufig als quälend empfunden. Dies liegt vor allem daran, dass jeder Lösungsversuch Nachteile birgt und der Erwachsene ein starkes Verantwortungsgefühl hat, für sein Kind «die richtige» Lösung finden zu wollen. Der Erwachsene braucht diese kognitive Arbeit des Abwägens in Entscheidungsprozessen. Vorschnelle Entscheidungen erzeugen nämlich häufig eine Kette von Fehlern und Rechtfertigungen der Fehler. (Vielen Erwachsenen fällt es dann schwer, eine fehlerhafte Entscheidung zuzugeben und sich beim Kind zu entschuldigen. Dies aber wäre eine gute Lösung für beide.)

Oft sind das Problem von Entscheidungen die sich daraus ergebende Konsequenz sowie deren Einhaltbarkeit. Manchmal möchte der Erwachsene Nein sagen, kann die Konsequenz aber nicht kontrollieren (z. B. dass das Kind in der Schulpause keine Süßigkeiten isst). Oder der Erwachsene möchte Nein sagen, aber das Kind tut ihm leid. Der Erwachsene wird dadurch schwach und wirkt unentschieden oder uneindeutig.

Häufig möchte der Erwachsene dem Kind eine eindeutige Reaktion zeigen, möchte aber vermeiden, dass er dadurch selbst auf etwas verzichten müsste. Hierfür ein Beispiel: Kündigt ein Erwachsener an, dass die Familie sofort das Restaurant verlassen wird, wenn sich das Kind störend verhält, so müssen alle Familienmitglieder darunter leiden, wenn die Ankündigung wahr gemacht wird. In der Regel werden solche Ankündigungen nicht wahr gemacht, auch dann nicht, wenn das Kind sich in der Tat störend verhält. Das Dilemma ist nur zu lösen, indem sich die Erwachsenen vorher bewusst entscheiden, wer wann wie die besagte Konsequenz eintreten lässt. Ansonsten darf sie gar nicht erst angekündigt werden.

Dieses Beispiel zeigt das Dilemma, in das Eltern beim Grenzensetzen manchmal kommen. Daneben weist aber eine solche Situation auf etwas anderes hin: Es geht hier um ein «Machtspiel», das Kind ist gezwungen, mit seinem Stören auf etwas aufmerksam zu machen. Anderenfalls stören nämlich Kinder im Restaurant nicht. Bei «Machtspielen» ist das Setzen der Grenze aber nur der unwichtigere von insgesamt zwei Schritten zur Lösung. Die Eltern müssen ergründen, warum das Kind stört. (Die Auflösung von «Machtspielen» wird in Kap. 32 genauer beschrieben.)

Das Hin und Her

Eine Entscheidung benötigt manchmal etwas Zeit. Zunächst folgen die Gedanken eines entscheidungswilligen Menschen einer starken Hin- und Herbewegung von Pro- und Kontrastandpunkten. Viele Fragen werden gestellt und probeweise Antworten gefunden und wieder verworfen.

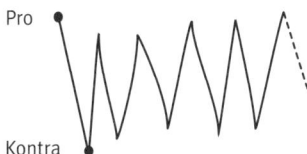

Kinder können am nonverbalen Verhalten des Erwachsenen unmissverständlich ablesen, dass er noch nicht entschieden ist. Und sie leiden so existentiell an diesem Zustand des Erwachsenen, dass sie es meistens nicht lange aushalten können. Dieser Zustand verwandelt nämlich den Erwachsenen für die Dauer der Entscheidungsfindung in ein hilfloses, nicht wissendes, unorientiertes Wesen. Wenn aber der Erwachsene hilflos und unorientiert erscheint, wo findet das Kind (vor allem ein kleines Kind) dann den Halt und die Geborgenheit, die es so nötig für seine gesunde Entwicklung braucht wie Atemluft und Essen? Das Kind wird also aus purer Angst und Unsicherheit oder aus Ungeduld unruhig, stellt bohrende Fragen oder verwendet raffinierte Überredungskünste, um den Entscheidungsprozess voranzutreiben.

Dem Erwachsenen erscheint das Kind frech, ungeduldig oder störend, provozierend oder fordernd, und er denkt, das Kind habe nur seinen «egoistischen» Vorteil im Sinn. Das Kind aber benötigt nur eine Entscheidung, wie auch immer sie ausfällt. Manche Szenen, die sich in Familien bei Entscheidungssituationen häufiger wiederholen, wirken auf einen Außenstehenden wie ein intensives, ernstes «Spiel» von Provokationen bis zum Wutanfall. Auch hier geht es dann um mehr als nur die Entscheidung, es geht um die Beziehung als solche (siehe Kap. 32). Kann ein Erwachsener aus irgendwelchen Gründen wirklich keine Entscheidung fällen, so sollte er das Problem zeitlich verlagern. Er sagt dann zum Beispiel, dass er sich bis zu einem bestimmten Zeitpunkt (und er nennt diesen Zeitpunkt) entschieden haben wird. Dann wird der Erwachsene dadurch zu einer entschiedenen Person, dass er wenigstens schon einmal eine Entscheidung darüber gefällt hat, wann er die Sache entscheiden wird. Das ist für Kinder besser, als wenn ein Erwachsener Ja sagt und eigentlich Nein meint oder den Prozess der Entscheidung uferlos hinauszögert.

«Auf den Punkt kommen»

Wenn der Erwachsene eine Entscheidung fällt, ist dies für ihn wie ein Sprung.
Es ist kein Vorgang mehr, sondern ein punktförmiges Erleben, ein «Jetzt». Der Erwachsene hat nun einen Stand*punkt*. Die Gedanken, das Hin und Her, haben diesen Sprung nur vorbereitet, der Sprung selbst ist nicht gedanklich, sondern emotional willentlich.

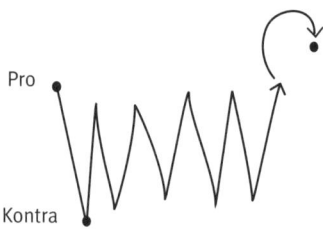

Die Gedanken selbst haben die Tendenz, immer weiter innerlich zu streiten. Deshalb übernimmt unser emotional gesteuerter Wille den Entscheidungssprung. Ist er erfolgt, so zeigt unser Körper sofort und ganz von selbst alle Zeichen der Entschiedenheit (wie ich es in Kap. 10 beschrieben habe). Wir wirken standfest. (In Kap. 14 werde ich genauer beschreiben, wie Eltern zu einer gemeinsamen Entscheidung finden können.)

Die Bedeutung der Entscheidungsfähigkeit von Eltern für den gesunden Entwicklungsverlauf von Kindern ist groß. Kinder fühlen sich sicher, wenn ihre Eltern für sie in liebevoller und verantwortungsbewusster Weise Entscheidungen fällen.

Entscheidungen zum Wohle der Kinder

Häufig werde ich gefragt, warum sich heute so viel mehr Kinder unorientiert und provozierend verhalten. Meine Antwort lautet:

Die autoritäre Erziehung war für Kinder schädlich. Wir sollten heute auf keinen Fall in autoritärer Weise erziehen. Ein einziges Element in der autoritären Erziehung aber haben wir noch nicht genügend in unsere Form des Erziehens umgewandelt, und das ist die Entschiedenheit. Autoritäre Eltern waren entschieden. Daran konnten (und leider mussten) die Kinder sich orientieren. In der Zeit nach 1968 wollten Eltern nicht mehr machtvoll erziehen. In der Gegenbewegung zur autoritären Erziehung versuchten Eltern antiautoritär zu sein. Sie wollten keine Entscheidungen mehr für ihre Kinder fällen. Dies hat Kinder extrem verunsichert. Der Schluss daraus ist aber nicht, dass wir zur autoritären, machtvollen Erziehung zurückkehren müssen, sondern Eltern sollen sich vielmehr ihrer Aufgabe bewusst werden, zum Wohle der Kinder Entscheidungen zu fällen.

Viele Eltern fühlen sich gerade dann unsicher, wenn eine Entscheidung ansteht. Sie denken, wenn sie eine eindeutige Entscheidung mitteilen, wären sie autoritär. Der Unterschied zwischen einer entschiedenen Erziehung und einer autoritären liegt aber darin, dass autoritäre Eltern oft aus anderen Motiven heraus Entscheidungen gefällt haben als zum Wohle der Kinder. (Sie entschieden z. B. aus der Motivation, man müsse Kinder bestrafen, oder nach dem Wahlspruch: «Kinder soll man sehen, aber nicht hören», oder nach dem anderen Wahlspruch: «Solange du deine Füße unter meinen Tisch setzt, musst du nach meiner Pfeife tanzen» etc.) Dabei haben autoritäre Eltern manchmal ihren Kindern die zur Entscheidung anstehende Frage entschieden beantwortet, womit sie den Kindern eine Orientierung gegeben haben, aber diese Antwort war oft für die Kinder nicht nachvollziehbar. Gleichzeitig wurden die Kinder durch Zwänge unterdrückt. Sie konnten ihre eigenen Lösungswege nicht ausprobieren und sich nicht in ihren Begabungen entfalten.

Die Sicherheit, die durch den Wegfall der autoritären Methode mit verschwunden ist, muss durch die neue Sicherheit ersetzt werden, die bei unseren Kindern entsteht, wenn wir Erwachsene wohlwollende Entscheidungen fällen. Dann spüren Kinder in einer Grenzsetzung Sicherheit ohne Machtausübung.

Verantwortung

Das Setzen von sinnvollen Grenzen gibt Kindern und Jugendlichen Geborgenheit. Für Kinder ist es wichtig, dass Erwachsene für Entscheidungen Verantwortung übernehmen, denn sie sind älter und wissen aus Erfahrung mehr über die Folgen von Handlungen.

Gelingt es einem Elternteil gar nicht, Verantwortung für sein Kind zu übernehmen, so tragen Kinder oft viel zu früh selbst die Verantwortung. Sie fühlen und verhalten sich dann unbewusst «elterlich» zu ihren Eltern, statt dass sie das Kind sein dürfen, das sie wirklich sind. Sie werden um ihr berechtigtes Kindsein betrogen. Das hat weitreichende Folgen, die der Familie schaden können. In meiner Beratungspraxis beschreiben Familien, wie Kinder durch Symptome auf eine solche Überforderung aufmerksam machen. Manchmal fallen Kinder, die schon länger keine Babys mehr sind, in der Nacht in den Babyzustand zurück (Bettnässen, ins Bett der Eltern wollen etc.). Sie drücken damit unbewusst aus: «Wenn ich am Tag schon ganz erwachsen sein muss, muss ich es in der Nacht ausgleichen und wenigstens nachts Kind sein.»

Oder Eltern berichten, dass ihre Kinder in ihrer Entwicklung «Rückschritte» gemacht haben und sich so verhalten, als ob sie wesentlich jünger wären. Auch diese Symptome zeigen manchmal, dass Kinder es benötigen, dass die Erwachsenen stärker als bisher ihre Rolle als Verantwortliche wahrnehmen, so dass die Kinder Kinder sein dürfen.

Etwas größere Kinder machen auch durch Verhaltensauffälligkeiten auf ihr Problem aufmerksam, das darin besteht, dass ihre Eltern zu wenig aus dem erwachsenen, verantwortungsvollen Bewusstsein heraus Entscheidungen für ihre Kinder fällen. Meistens versuchen sie ihre Eltern durch «Provozieren» wütend zu machen. Das ist eine sehr intelligente, zugleich unbewusste Strategie. Wut ist nämlich die Energie, die einen erwachsenen Menschen entscheidungsfähiger macht oder geradezu zu einer Entscheidung zwingt. In der Wut sagen dann die Eltern plötzlich: «Jetzt ist aber Schluss!» Das Kind ist dann zwar ungerechterweise das Opfer der Wut, aber der Erwachsene ist endlich «auf den Punkt gekommen» und gibt dem Kind wenigstens durch die Hilfe der Wut die Sicherheit, die es benötigt. Leider bringt die Wut die Eltern nicht nur in den Erwachsenenzustand, sondern macht sie eben auch zu den typisch «bösen» Eltern. Für eine normale Entscheidung benötigt man aber eigentlich nur den klaren Verstand des Erwachsenen und eine gesunde Willens- und Handlungskraft, *aber keine Wut.*

12 Das Begründen von Grenzsetzungen

In unserer demokratischen Welt ist es für uns selbstverständlich, dass wir unser Handeln gegenüber anderen Menschen begründen können. Aber wir lieben es nicht, wenn uns jemand in Rechtfertigungsdruck bringt. Genau so sollten wir es in der Kindererziehung halten. Für *uns selbst* ist es wichtig, dass wir unser Handeln als begründet erleben, denn dann fühlen wir uns berechtigt in unserem Tun. Wenn wir uns berechtigt fühlen, zeigt unser nonverbales Verhalten dies besonders deutlich: Wir wirken dann sicher, authentisch, klar, eindeutig. Ein solches Auftreten hat eine überzeugende Wirkung auf unsere Kinder. In der Regel fragen sie, wenn wir so in Erscheinung treten, gar nicht nach unseren Gründen. Tun sie es dennoch, so wollen sie nur einen kurzen Satz, der ihnen Hilfestellung gibt, sich zu orientieren. Jeder weitere Erklärungssatz von uns wirkt auf unsere Kinder besserwisserisch oder wird einfach mit Desinteresse beantwortet. Kleine Kinder brauchen in der Regel keine Begründungen für Grenzsetzungen.

Größere Kinder fordern häufiger Gründe ein. Oft sind sie aber gar nicht interessiert an dem Inhalt unserer Sätze, sondern vielmehr achten sie auf die Festigkeit unserer Stimme und die Gradlinigkeit unseres Blickkontaktes. Haben sie die Sicherheit in unserer Körpersprache wahrgenommen, fügen sie sich gern in die Geborgenheit, die unsere Entscheidung ihnen bietet.

Jugendliche auf dem Weg zum Erwachsensein wollen manchmal über Gründe des Erwachsenen mehr erfahren, weil sie an den kausalen Zusammenhängen oder an den Motiven und Gedanken ihrer Eltern interessiert sind, um sich eine eigene Meinung bilden zu können. In dieser Entwicklungsphase ist Diskutieren in der Familie über die großen Warum-Fragen des Lebens an der Tagesordnung. In dieser Zeit ist es sinnvoll und notwendig, dass Eltern ausführlicher auf Fragen der Kinder nach den Gründen eingehen. In einer akuten Konfliktsituation allerdings ist es oft hilfreicher, sich bewusst auf einen einzigen Begründungssatz oder einige wenige Sätze zu beschränken.

13 Die Unabhängigkeit von Erwachsenen

Erwachsene sollten versuchen, sich bei ihren Entscheidungen völlig frei davon zu machen, ob die Entscheidung beim Kind Begeisterung oder Missfallen, Wut, Widerstand oder Gejammer auslöst. Entscheidungen von *liebevoll* erziehenden Erwachsenen dienen dem Wohl des Kindes und seiner gesunden Entwicklung.

Um das Kind vor der Macht des Erwachsenen zu schützen, sollte der Erwachsene seine Motive prüfen, indem er sich einige Fragen beantwortet.

Prüfung der Motive des Erwachsenen:

Dient meine Grenzsetzung dem Wohl des Kindes?
Ist mein Handeln eine Schutzmaßnahme?
Bleibe ich gerecht?

Die Gegenprobe:
Oder will ich nur Recht haben, der Stärkere sein, der Sieger?

Wenn die ersten Fragen mit Ja, die Gegenprobe eindeutig mit Nein beantwortet werden, ist die Grenzsetzung ein zu akzeptierendes Erziehungsmittel.

Aber auch gerechte Grenzsetzungen stoßen beim Kind oft auf Missfallen. Macht sich ein Erwachsener in seinem Wohlgefühl und in seinem Selbstbild, ein guter Erziehender zu sein, davon abhängig, dass das Kind seine Entscheidung gut findet, so ist er nicht in der Lage, dem Kind sinnvolle Grenzen zu setzen. Günstig ist es, wenn ein Erwachsener beim Entscheiden schon innerlich darauf gefasst ist, dass Missfallensäußerungen seitens des Kindes kommen können. Der Erwachsene ist dann ganz *unabhängig* und gelassen, wenn er dem Kind innerlich auch zugestehen kann, dass es auf seine Grenzsetzung mit Missfallensäußerungen reagiert. Kinder dürfen ihre Frustrationsgefühle zeigen. Der Erwachsene kann durch seine gesamte Haltung zeigen, dass er das Missfallen des Kindes versteht, und gleichzeitig bleibt er seiner Entscheidung treu. Wenn ein Erwachsener sich aber vom Kind durch dessen Missfallensäußerungen beeinflussen lässt und in seiner Entscheidung unsicher wird oder sie sogar umwirft, so verliert das Kind die Sicherheit, sich an der Person des Erwachsenen orientieren zu können. Viele sogenannte «Machtspiele» sind Folgeerscheinungen von Unentschiedenheit beim Erwachsenen. Das Kind inszeniert sie unbewusst, um herauszufinden, woran es denn bei diesem Erwachsenen ist, wann es sich auf eine Entscheidung verlassen kann und wann nicht.

Ein Erwachsener, der zum Wohle des Kindes entschieden hat, bleibt in seiner Entscheidung sicher und standfest, aber er ist nicht ignorant. Er ist zugleich mitfühlend und strahlt aus, dass er diese Entscheidung nicht *gegen* das Kind fällt. Dies unterscheidet ihn von einem autoritären, Macht ausübenden Erwachsenen. Ein unbeteiligter Beobachter könnte das entschiedene Nein des Erwachsenen mit autoritärer Macht verwechseln. Kinder sind sehr wohl imstande, dies zu unterscheiden: Sie spüren das Wohlwollen des Erwachsenen in seinem nonverbalen Verhalten (siehe Kap. 6). Viele Situationen im Zusammenleben zwischen Erwachsenen und Kindern lassen sich auf die geschilderte Weise gut regeln. Der Erwachsene entscheidet zum Wohle des Kindes, das Kind spürt Geborgenheit in der Entscheidung des Erwachsenen. Leistet das Kind trotzdem Widerstand und entsteht ein Konflikt, so kann der Erwachsene daraus schließen, dass in der Beziehung zwischen ihm und dem Kind etwas in Frage steht. Mit der Sache, um die sich der Konflikt dreht, hat der Widerstand oft wenig oder gar nichts zu tun. Darauf werde ich später (siehe Kap. 32) näher eingehen.

Beispiele

Beispiel 1:
Eine Mutter ist sich nicht ganz sicher, ob ihre Tochter in den Kindergarten gehen soll. Täglich zeigt die Tochter schon beim Anziehen, beim Frühstück und im Auto und ganz besonders beim Verabschieden im Kindergarten große Unsicherheit: Weinen, Geschrei, Klammern. Die Mutter hat verständlicherweise Mitleid mit der Tochter und ein Schuldgefühl, wenn sie trotz des Weinens des Kindes weggeht. Sie ist zögerlich beim Abschied und erschwert damit dem Kind den Übergang von der Welt der Familie in die Welt des Kindergartens. Sie hat das Gefühl, als ließe sie ihr Kind im Stich. Was sie nicht ahnt, ist, dass *sie* es ist, die durch ihre Unentschiedenheit Unsicherheit in ihrem Kind erzeugt, und nicht der Kindergarten oder der Abschied von der Mutter. Die Mutter sollte eine Entscheidung fällen. Wenn sie ein sicheres Gefühl oder deutliche Anhaltspunkte dafür hat, dass die Erzieherinnen nicht vertrauenswürdig sind oder die pädagogische Arbeit in diesem Kindergarten nicht qualifiziert genug ist, so sollte sie entscheiden, dass ein anderer Kindergarten der richtige ist. Wenn das Kind noch zu klein ist, kann die Mutter entscheiden, das Kind noch zu Hause zu lassen. Andernfalls kann sie entscheiden, dass ihr Kind alt genug ist und dieser Kindergarten der richtige ist. Dann werden alle verbalen und nichtverbalen Äußerungen der Mutter diese eindeutige Entscheidung «automatisch» ausdrücken. Die Mutter wird das Kind liebevoll, aber zügig der Erzieherin übergeben, sich dann verabschieden und ohne Zögern gehen.

Welt der Familie ⟶ Welt des Kindergartens

Das Kind wird sich in der Entscheidung der Mutter geborgen fühlen und wird nach einem einmaligen «Test» («Ist Mama jetzt wirklich ganz sicher?») spüren, dass die Mutter nun ganz sicher ist. Nun wird es sich auch sicher und gehalten fühlen und nach einer Eingewöhnungszeit den Kindergartenbesuch als selbstverständlich erleben.

Beispiel 2:
Eine Lehrerin steht vor einer Klasse pubertierender Schüler. Die Schüler haben beschlossen, ein Theaterstück aufzuführen. Sie haben das Stück selbst ausgewählt und treffen mit sichtbarer Freude alle Vorbereitungen. Die Lehrerin möchte die Schüler motivieren, die Rollentexte auswendig zu lernen. Tag für Tag stellt sie fest, dass die Schüler zwar Theater spielen wollen, aber ihre Texte nicht beherrschen. Ohne dass ihr dies bewusst wäre, wirkt bei der Lehrerin eine Erinnerung an ihre eigene Kindheit nach. Damals haben ihre Lehrer Auswendiglernen als häufige Strafe missbraucht. Die Lehrerin hat Mitleid mit den Schülern und stellt ihre eigene Berechtigung, von den Schülern Auswendiglernen zu verlangen, in Frage. Zuerst sollte sie sich also selbst mit ihrer «Rolle» als fordernder Lehrerin versöhnen. Wenn sie dann wirklich entschieden hat, dass der Text geeignet ist und dass die Kinder die Rollentexte bis zu einem zumutbaren Termin auswendig können müssen, so wird sie *entschieden* vor der Klasse stehen und ohne jede Androhung von Strafen nur ihre Entscheidung mitteilen. Die Schüler wissen selbst, dass das Lernen der Texte nötig ist, denn sie sind ja sehr motiviert, das Stück zu spielen. Sie werden zwar verbal «murren und maulen», aber sie werden im gesamten Ausdrucksverhalten der Lehrerin merken, dass sie ganz entschieden ist. Die Lehrerin wird an den Mienen der Schüler sehen, dass sie die Entscheidung akzeptieren. Die Wahrscheinlichkeit ist groß, dass die Schüler zum vereinbarten Termin ihre Texte beherrschen.

Beispiel 3:
Die Mutter einer fünfzehn Jahre alten Tochter möchte nicht, dass ihre Tochter am Sonntagabend zu spät vom Tanzen nach Hause kommt, weil sie fürchtet, dass die Tochter am Montagmorgen dann unausgeschlafen in der Schule sitzt oder gar verschläft und zu spät oder gar nicht zur Schule geht. Unbewusst meldet sich bei ihr die Erinnerung an die eigene Jugendzeit. Sie erinnert sich an das Gefühl der Unterdrückung durch ihren Vater, der das Verbot, in die Disko zu gehen, mit böser Stimme und ohne Verständnis für die Wünsche der Tochter durchgesetzt hatte. Nun fühlt sie selbst sich als ebenso böse, wie es ihr Vater war. Man könnte es bildlich so ausdrücken: Innerlich solidarisiert sich die Jugendliche von damals mit der Tochter von heute, und äußerlich kämpft die Erwachsene als Mutter um eine gesunde und notwendige Grenzsetzung zum Wohle der Tochter.

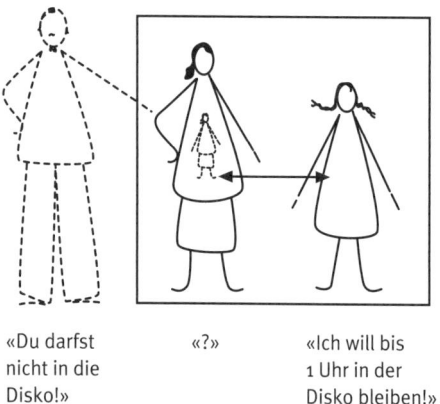

«Du darfst   «?»   «Ich will bis
nicht in die   1 Uhr in der
Disko!»   Disko bleiben!»

Der Solidaritätspakt zwischen der erinnerten Stimme der Jugendlichen von damals in der Mutter und ihrer heutigen Tochter schwächt die Entscheidungskraft der erwachsenen Frau, erzeugt in ihr Schuldgefühle und gibt der unberechtigten Überzeugung Nahrung, die Tochter werde die Grenzsetzung der Mutter ohnehin nicht akzeptieren. Darin irrt sich die Mutter: Wenn die Mutter eine echte Entscheidung gefällt hat und ihr diese ruhig und bestimmt mitteilt, so reagiert die Tochter zwar zunächst mit Widerstand – sie ist in einem Alter, in dem man keine Entscheidung eines anderen Menschen sofort und blind akzeptieren kann. Dementsprechend fordert sie von der Mutter eine Begründung und versucht, sie in eine Diskussion zu verwickeln. Sie hat dabei nicht nur die Absicht, die Mutter umzustimmen, sondern will vielmehr überprüfen, ob die Mutter in ihrer Entscheidung ganz sicher ist.

«Ich erwarte dich um
23 Uhr zu Hause!»

Spürt die Tochter die Sicherheit der mütterlichen Entscheidung, so wird sie mit einer Unzufriedenheitsbemerkung die Debatte beenden, etwa derart: «Alle in meinem Alter dürfen abends unterwegs sein, so lange sie wollen, nur ich nicht!» Dann wird sie vielleicht mit einem beleidigten Gesicht in ihr Zimmer gehen, vielleicht sogar die Tür unsanft zuwerfen, um ihrer anderen Meinung und ihrer berechtigten Verärgerung Ausdruck zu verleihen. Sie muss ihr Gesicht wahren. Dass sie wenige Minuten später mit ihrer Freundin telefoniert und ihr völlig heiter und gelassen sagt, sie habe nur bis 23 Uhr Zeit, und die weitere Tatsache, dass sie 15 Minuten später fröhlich und redselig mit der Familie zu Abend isst und das Konfliktthema nicht mehr erwähnt, zeigt der Mutter, dass der Widerstand der Jugendlichen ihr gesunder, altersspezifischer Umgang mit der mütterlichen Grenzsetzung ist. Dass sie pünktlich um 23 Uhr mit guter Laune zu Hause ankommt, ihrer Mutter fröhlich erzählt, wie der Abend war, und sich dann mit der Bemerkung in ihr Zimmer begibt, sie sei nun müde, ist der Beweis dafür, dass die Tochter sich in den gerechten und angemessenen Entscheidungen der Mutter noch immer geborgen fühlt.

Der zunehmende Widerstand gegen die Entscheidungen der Erwachsenen zeigt besonders im Jugendalter das Selbständigwerden an und sollte geachtet werden. (Was nicht heißt, dass sich Eltern umstimmen lassen sollen.) Je älter die Jugendlichen werden, desto mehr sollten sie allerdings, wo immer es geht, ihre Entscheidungen selbst fällen dürfen und aus den Folgen durch Erfahrung lernen. Sind sie dann erwachsen, wäre es fatal, wenn sie immer noch auf die Entscheidungen der Eltern angewiesen wären.

14 Unterschiede im Erziehungsstil zwischen Vater und Mutter

Selten sind sich Eltern in jeder Situation darin einig, ob, wann und wie eine Grenze gesetzt werden soll. Der individuelle Erziehungsstil hängt vom Wissensstand, vom Temperament und von den Erfahrungen in der eigenen Kindheit ab. Objektiv gesehen gibt es auch viele Möglichkeiten, in konkreten Situationen zu reagieren. Eltern, die den Anspruch haben, sich stets erst zu einigen, ehe sie reagieren, werden bemerken, dass dieser Anspruch zu Lasten der Spontaneität und der Lebendigkeit in der Familie geht. Unterschiede zwischen den Eltern, was ihre Lebenseinstellung und Lebensstimmung anbelangt, sind für die Kinder etwas sehr Wichtiges und sollten nicht vereinheitlicht werden. In diesen Unterschieden liegen viele Chancen für das Kind, sich mit einer bestimmten Angelegenheit eher an den einen Elternteil zu wenden und in einer ganz anderen Angelegenheit den anderen zu Rate zu ziehen.

In sehr grundlegenden Fragen, zum Beispiel auf welche Schule ein Kind gehen soll, sollten sich Eltern allerdings schon einig sein. Sind sie unterschiedlicher Meinung, so dürfen sie den mühsamen Prozess des Streitens oder Diskutierens nicht scheuen, der nötig ist, um schließlich eine gemeinsame Entscheidung zu ermöglichen, in der das Kind sich geborgen fühlen kann (siehe Kap. 11).

Dieser Entscheidungsprozess sollte möglichst *ohne die Kinder* stattfinden und Regeln folgen, die es den Partnern ermöglichen, zum Zwecke der Entscheidungsfindung zu streiten, sich in der Grundlage der Beziehung jedoch einig zu sein. Ich nenne diese Methode «positives Streiten».

Positives Streiten

Manchmal ist es hilfreich, am Anfang und am Ende des «positiven Streitens» ein Ritual zu vollziehen, welches verdeutlicht, dass die Streitparteien nur in dieser Sache streiten, sich ansonsten aber gewogen sind. Dies kann ein Kuss sein oder ein liebevoller Blick, eine Umarmung oder eine andere Berührung.

Man sollte am Anfang des Entscheidungsprozesses vereinbaren, zu welchem Termin eine Entscheidung gefällt wird, und diesen Zeitplan dann auch einhalten.

Die Erfahrung zeigt, dass man zu besseren Ergebnissen kommt, wenn man das «positive Streiten» nie nach zwanzig Uhr unternimmt. Abends werden die meisten Menschen emotionaler, und es fällt ihnen schwerer, im Gespräch diszipliniert zu bleiben und die Regeln einzuhalten. Gespräche ufern abends leichter aus, ohne dass man zu einem zufriedenstellenden Ergebnis kommt.

Zunächst tauschen beide Eltern alle Informationen aus, die Kriterien für die Entscheidung werden sollen. Dabei darf es durchaus emotional zugehen. Jeder vertritt seinen Standpunkt. Nach ungefähr neunzig Minuten ist in der Regel ein Punkt erreicht, an dem es sinnvoll sein kann, den Streit erst einmal zu beenden, ohne eine Einigung erreicht zu haben. Aus Erfahrung ist dann zwischen zwei Personen das Wichtigste zu einem Thema gesagt. Diskutiert man länger, kann es passieren, dass man, ohne es zu bemerken, in inhaltliche Wiederholungsschleifen gerät.

Bei der zweiten Runde dürfen die Streitpartner nur Lösungen vorschlagen, die die Standpunkte des anderen mitberücksichtigen. Frühestens danach fällt man eine Entscheidung. Ein Abstand von einigen Tagen zwischen dem ersten und dem zweiten Gespräch ist sinnvoll, um in Ruhe «darüber zu schlafen». Manchmal findet einer von beiden in der Zwischenzeit eine Kompromisslösung. Oder man geht in eine zweite positive Streitrunde, ohne am Ende ein Ergebnis zu erzwingen. Zur Not sollte eine dritte unabhängige Person mit einbezogen werden, die als Gesprächsleitung fungiert. (Bei sehr wichtigen Entscheidungen kann es hilfreich sein, einen professionellen Supervisor oder Mediator einzuschalten.)

Ist eine Entscheidung gefällt worden, vereinbaren die Eltern, wie lange diese Entscheidung gelten soll, ehe sie wieder in Frage gestellt werden darf (beispielsweise soll das Kind dann erst einmal ein Schuljahr in diese Schule gehen). Zeigen sich keine so drastischen Symptome beim Kind, die sofortiges Eingreifen der Eltern nötig machen, so gilt die Regel, dass in der vereinbarten Zeitspanne die Entscheidung weder innerlich noch äußerlich in Frage gestellt werden darf. Danach werden die Erfahrungen, die mit der Entscheidung gemacht worden sind, ausgewertet. Wieder gehen beide Eltern in einen Entscheidungsprozess zum Wohle des Kindes. Entweder sie bleiben bei der Entscheidung, oder sie fällen eine neue. Dies erfordert zwar etwas Disziplin, aber für Kinder bewirkt diese Vorgehensweise Sicherheit. Gelingt es Eltern nicht, in *grundlegenden* Fragen zu einer Einigung zu kommen, so leiden Kinder unter der unterschwelligen Infragestellung der Entscheidung durch einen Elternteil. Es macht sie unsicher. Sie provozieren dann oder zeigen Fehlleistungen oder Störungen, die unbewusst das Ziel verfolgen, eine eindeutigere Entscheidung zu bekommen, die ihnen den nötigen Halt gibt.

Toleranz

Kinder durchschauen sehr früh, welche tolerierbaren Unterschiede es zwischen den elterlichen Erziehungsstilen gibt. Halten die Eltern es selbst aus, dass sie unterschiedlich handeln, und können sie sich trotz dieser Unterschiede tolerieren und lieben, so stören diese Unterschiede die kindliche Entwicklung nicht. Das Kind weiß, wo beim Vater die Grenzen sind, und es weiß, wo bei der Mutter die Grenzen sind, und richtet sich danach.

Findet allerdings der Vater den Erziehungsstil der Mutter etwa zu streng und kritisiert oder nörgelt ständig, oder fällt die Mutter dem Vater ins Wort, weil sie mit einer Regelung des Vaters in Bezug auf die Kinder nicht einverstanden ist, dann stört das zum einen die Kinder, weil sie keine eindeutige Situation erleben. Zum anderen wirkt aber auch der ständige Streit der Eltern um die Belange der Kinder negativ auf das Familienklima. Manchmal entstehen bei den Kindern sogar Schuldgefühle, weil sie denken, dass die Eltern «ihretwegen» streiten. Irgendwann beginnen die Kinder dann, die Eltern gegeneinander auszuspielen. Sie tun dies nicht, um den Eltern zu schaden, sondern um die Eltern zu einem Einigungsprozess zu bewegen.

Zuständigkeiten

Ich rate Eltern, die Andersartigkeit des Erziehungsstils des Partners zu akzeptieren und Formen der Kommunikation einzuüben, die einerseits die Unterschiede ermöglichen und für die Kinder andererseits doch Eindeutigkeit gewährleisten. Eine Möglichkeit ist beispielsweise folgende: Die Eltern entscheiden, den Tag in Zuständigkeitsphasen einzuteilen. Beim Frühstück ist etwa der Vater zuständig, beim Mittagessen dann vielleicht die Mutter. Oder die Eltern entscheiden die Zuständigkeiten nach Themen: Der Vater entscheidet zum Beispiel alles, was mit der Schule zu tun hat, die Mutter hingegen alles, was mit Anziehsachen oder Ernährung zu tun hat, oder umgekehrt. Wie auch immer die Eltern die Zuständigkeiten vereinbaren, es folgt aus dieser Vereinbarung, dass derjenige, der zuständig ist, Entscheidungen fällt, Gespräche mit den Kindern leitet und Ansprechpartner ist. Der andere Partner hält sich zurück oder verweist das Kind auf den gerade zuständigen Elternteil. Nicht immer ist es nötig, dass der nicht zuständige Partner den Raum verlässt, wenn es um Entscheidungen geht. Manchmal ist es aber für den nicht zuständigen Partner leichter, dies zu tun, um nicht wütend zu werden oder die Gefahr auszuschalten, dass er sich einmischt oder Kommentare gibt, die die Entscheidung unterminieren. Manchmal ist es auch für den zuständigen Erwachsenen hilfreich, wenn der Partner nicht dabei ist, weil er sich dann unabhängiger fühlt und dadurch sicherer auftreten kann. Häufig ist es aber zwischen Partnern möglich, durch bloßen Blickkontakt oder Handzeichen auszumachen, wer von ihnen in der akuten Situation die Zuständigkeit übernimmt. Der andere Partner zieht sich dann ein wenig aus dem Entscheidungsprozess zurück und kann entspannen. Notwendig ist allerdings, dass der sich zurückziehende die Entscheidungen des zuständigen Partners mit voller Achtung und Vertrauen würdigt und unterstützt, und zwar auch dann, wenn er selbst andere Entscheidungen bevorzugt hätte. Wenn dies in gegenseitigem fairen Austausch geschieht, wird ein solches unterschiedliches Elternpaar ein gutes «Team».

Auch im professionellen Kontext, beispielsweise im Kindergarten, in der Schule, im Hort, im Kinderheim oder in der Kinder- und Jugendpsychiatrie, überall, wo es um das Wohl der Kinder geht, sind solche Absprachen unter den Erwachsenen hilfreich und nötig, um ihnen Orientierung zu geben.

Balance

Häufig bilden sich mit der Zeit typische Muster heraus, welcher Elternteil schneller oder konsequenter Grenzen setzt als der andere. Manchmal ist derjenige Elternteil, der mehr Zeit mit den Kindern verbringt, konsequenter und sagt häufiger Nein als der andere. So entsteht schnell ein Schlagabtausch von gegenseitigen Vorwürfen. Die Mutter sagt etwa: «Du bist immer der Liebe! Du kommst abends nach Hause und erlaubst Dinge, die ich am Tag nicht erlauben kann.» Der Vater dagegen empfindet seine Frau als zu streng und «meckerig» und möchte abends gerne Freude mit den Kindern erleben. Er möchte nicht die wenige Zeit, die er mit den Kindern zusammen sein kann, mit Erziehungsmaßnahmen «verderben». Interessanterweise beschreiben Paare, bei denen der Vater die hauptamtliche Erziehungsaufgabe übernommen hat, dass diese Standpunkte dann ebenfalls wechseln. Mit anderen Worten, in der Regel verhält es sich so, dass sich der hauptamtlich erziehende Elternteil häufiger in der Rolle des «Bösen» fühlt als der mehr berufstätige. Es empfiehlt sich deshalb ab und zu ein Rollentausch, etwa am Wochenende oder in den Ferien. Auch ist es hilfreich, wenn der Elternteil, der hauptamtlich erzieht, an bestimmten Tagen der Woche am Abend dem anderen Elternteil die Kinder übergibt und das Haus verlässt, um Freizeit zu haben. Der andere Elternteil muss dann auch die ganze Verantwortung für sein Handeln übernehmen.

Auch bei getrennt lebenden Eltern kann es passieren, dass

der Elternteil, bei dem das Kind nicht dauernd lebt, eher der «Liebe» ist und bei den Treffen mit dem Kind durch die Aneinanderreihung von «Highlights» eine Art Ausnahmesituation herstellt. Dies durchschauen Kinder schon sehr früh. Sie können einen solchen Elternteil nicht richtig ernst nehmen, weil er nicht das «richtige» Leben mit ihnen lebt. Sie empfinden es als einen Mangel, wenn ein Elternteil keine Verantwortung für sie übernimmt. Deshalb rate ich auch hier, schon sehr früh damit zu beginnen, dass der nicht ständig mit den Kindern lebende Elternteil manchmal über längere Zeitabschnitte (etwa im Urlaub) für die Kinder Verantwortung übernimmt.

«Ausspielen» ist fragen

Gibt es zwischen dem Erziehungsverhalten der Eltern einen Unterschied, der von einem der beiden Partner nicht gewünscht wird, so spüren die Kinder die Uneinigkeit. Häufig provozieren sie in solchen Situationen, um den Unterschied zu verschärfen. Eltern interpretieren das Verhalten der Kinder als Ausspielen. Die Kinder wollen ihre Eltern nicht ärgern oder einen Streit hervorrufen. «Ausspielen» ist eine Aufforderung an die Eltern, sich zu einigen, oder eine Frage an die Eltern in Bezug auf die Gleichrangigkeit unter ihnen.

Kleine Kinder nutzen solche Gelegenheiten manchmal, um Einfluss darauf zu nehmen, dass bestimmte Dinge von dem gewünschten Elternteil gemacht werden sollen. Ein kleines Kind schreit beispielsweise abends, es wolle nicht vom Vater, sondern von der Mutter ins Bett gebracht werden. Hinter diesem Protest verbergen sich folgende Fragen:

- Kann ich bestimmen, wer mich ins Bett bringt?
- Findet ihr auch, dass es eine Zumutung ist, dass ich mich jetzt auf eine neue Art des Zubettgehens einlassen muss?
- Ist Mama die bessere Ins-Bett-Bringerin?
- Mama, traust du Papa zu, dass er mich genau so gut ins Bett bringen kann wie du?

- Papa, kann ich auch gut einschlafen, wenn du es anders machst als Mama?
- Papa, bist du auch ein guter Ins-Bett-Bringer, selbst wenn du tagsüber nicht so viel mit mir zusammen warst? Und so weiter.

Wenn Kinder in dieser Weise «ausspielen», benötigen sie klare Antworten von beiden Eltern. Da die Fragen nicht verbaler Natur waren, sollten auch die Antworten in erster Linie nonverbale Signale setzen. In diesem konkreten Beispiel ist die Antwort der Mutter besonders wichtig. Die Mutter sollte sich mit großer Selbstverständlichkeit zurückziehen und dem Vater echtes Zutrauen entgegenbringen. Der Vater sollte sich nicht verunsichern lassen, auch nicht beleidigt reagieren. Er motiviert sein Kind mit einem Scherz oder einem kleinen Spiel und zeigt durch seine souveräne, liebevolle, selbstsichere «Sturheit» dem Kind die Antwort. Kann das Kind am Verhalten beider Eltern die Gleichrangigkeit ablesen, so kann es einlenken und sich beim Vater genauso geborgen fühlen wie bei der Mutter, auch wenn es Unterschiede in der Art des Umgangs gibt.

15 Die Zusammenarbeit der Eltern mit Kindergarten und Schule

Die Zusammenarbeit zwischen dem Elternhaus und dem Kindergarten oder der Schule benötigt in der Regel nur sehr selten so viele Absprachen, wie es zwischen den Eltern nötig ist. Es ist wünschenswert, dass ein guter Informationsaustausch besteht. Wenn es gelingt, dass Eltern und Lehrer im Sinne der Förderung des Kindes gemeinsame Ziele entwickeln und sich gegenseitig zuarbeiten, ist dies für Kinder optimal.

Zuweilen verhalten sich Kinder im Kindergarten oder in der Schule völlig anders als zu Hause. Erzieher und Lehrer schauen aus einer distanzierteren Perspektive auf das Kind als die Eltern. Manchmal fallen ihnen Entwicklungen auf, die Eltern aus ihrer großen Nähe zum Kind nicht wahrnehmen können. Auf diese Weise können nichtfamiliäre Erziehende wertvolle Hinweise an die Eltern weitergeben. Eltern sollten für diese Hinweise offen sein. So gesehen haben die anderen Erziehenden ergänzende Aufgaben.

Eltern sollen sich nicht zum «verlängerten Arm» der Schule machen, sondern eigene Entscheidungen fällen. Wenn ein Lehrer eine Maßnahme nach einer Grenzübertretung des Kindes in der Schule angeordnet hat und die Eltern benachrichtigt, so sollen die Eltern diese Information nur aufnehmen. Sie haben nicht mehr die Aufgabe, ebenfalls eine Erziehungsmaßnahme zu unternehmen. Dies ist Aufgabe des Lehrers. Wird dies nicht berücksichtigt, fühlen sich Kinder häufig doppelt bestraft. Die Eltern werden dann als ungerecht erlebt.

Die Erledigung der Hausaufgaben zum Beispiel ist eine Sache zwischen Lehrer und Schüler. Der Lehrer hat die Aufgabe, die Hausaufgaben zu kontrollieren, nicht die Eltern. Die Hausaufgaben dienen dem Lehrer dazu, zu sehen, ob die Schüler das Gelernte auch selbständig anwenden können. Wenn die Eltern sich einmischen, kann der Lehrer an den Hausaufgaben nichts mehr ablesen. Die Eltern können an die Hausaufgaben erinnern oder einen festen Zeitplan für den Nachmittag vorgeben, in dem die Hausaufgaben einen festen Platz bekommen. Auch können die Eltern zur Verfügung stehen, um Fragen zu beantworten, die die Kinder während der Erledigung der Hausaufgaben haben. Eltern können auch beim Lernen durch das sogenannte «Abhören» behilflich sein. Aber die Eltern sollten keine häuslichen «Ersatzlehrer» werden. Sie haben als Eltern andere Aufgaben, die sich nicht immer gut mit dem Lehrerstandpunkt «vertragen». Das Zuhause sollte ein Refugium bleiben, in dem das Kind Schutz und Geborgenheit bekommt. Hier darf es manchmal auch Ausnahmen geben, die eine Schule nicht machen kann.

Eltern können auch wahrnehmen, warum ein Kind zurzeit in der Schule etwas nicht leistet, und daraus sehr persönliche Entscheidungen ableiten, die ein Lehrer niemals für ein Kind zu fällen in der Lage ist. Der Leistungsgesichtspunkt der Schule sollte nicht das *gesamte* Leben von Kindern bestimmen. Letztendlich brauchen Kinder ein Vertrauensverhältnis zu ihren Eltern, das bestehen bleibt, auch wenn das Kind etwa gravierende Fehler macht oder in der Schule scheitert. Deshalb empfiehlt es sich für Eltern nicht, sich zu stark mit dem Standpunkt der Schule zu identifizieren.

16 Grenzen setzen mit Fairness

Das Kind ist nicht seine Taten. Es darf noch Fehler machen. Wenn Erziehende Grenzen setzen, Kritik üben oder Fehler korrigieren und gleichzeitig die Person des Kindes anerkennen, so kann das Kind aus Fehlern lernen. Dann fühlt sich das Kind nicht einer unberechtigten Macht ausgesetzt, sondern in der Kompetenz des Erwachsenen geborgen.

Hat ein Kind einen Fehler gemacht oder muss ein Erwachsener ihm eine Grenze setzen, kann das Kind doch spüren, dass der Erwachsene es in seinem Streben (z. B. Appetit auf ein Eis) anerkennt. Ein Vater sagt schmunzelnd: «Als ich klein war, wollte ich auch lieber Eis essen als das gesunde Mittagessen» oder: «Ich kann gut verstehen, dass du gerne bis 24 Uhr auf der Party bleiben möchtest.» Der Vater ist gut beraten, wenn er an diese Sätze *auf keinen Fall* einen Satz mit «aber» anschließt. Stattdessen handelt er mit seinem Kind eine Kompromisslösung aus. Etwa so: «Ich habe eine Idee: Wir essen erst das Mittagessen, und später essen wir ein Eis» oder: «Du willst gerne bis 24 Uhr bleiben, ich würde es am liebsten sehen, dass du um 22 Uhr zu Hause bist, einigen wir uns auf 23 Uhr.»

Gelingt es Eltern, Kritik oder die Grenzsetzung so erlebbar zu machen, dass sie stets unter Anerkennung der Person des Kindes geschieht, dann werden die Grenzsetzungen weder den Beziehungen innerhalb der Familie schaden noch die gesunde Entwicklung der Kinder gefährden.

Kritik

Manche Eltern meinen, sie seien nur gute Erziehende, wenn sie jeden kleinen Fehler ihres Kindes sofort und immer korrigieren. Bei der Menge dieser Kritik kann aber die Anerkennung der

Person des Kindes verloren gehen. Dann macht sich dauernde Unzufriedenheit und Enttäuschung bei den Eltern breit. Diese Art von Kritik wird häufig leider von einem vorwurfsvollen Gesichtsausdruck (Augen zum Himmel erhoben) und einer gequälten Stimme begleitet. Die Eltern sagen dann Sätze wie: «Du schon wieder!» oder: «Immer machst du ...» oder: «Kannst du nicht mal ...!» Kinder nennen diese Art von Kritik «Meckern». Eine solche Situation kann das Vertrauensverhältnis in der Familie erheblich stören und die Entwicklung der Kinder gefährden.

In einer solchen Situation verlieren die Eltern das wichtigste Ziel der familiären Erziehung aus den Augen, nämlich miteinander zu leben und Freude miteinander zu erleben. Die elterliche Aufgabe erschöpft sich stattdessen im Fordern von Leistungen. Eine gesunde Balance zwischen Korrigieren und Akzeptieren entsteht dann, wenn Liebe, Achtung und Freude die tragende Grundlage der Beziehung zwischen Eltern und ihren Kindern bilden. Wenn diese Grundlage solide spürbar ist, darf ein Erwachsener auch ab und zu kritisieren.

Oft gerät das gesunde Verhältnis von Akzeptanz und Kritik aus den Fugen, wenn der hauptamtlich Erziehende mit seiner eigenen Lebenssituation nicht zufrieden ist. «Meckern» mit den Kindern ist ein Symptom, das die Unzufriedenheit des Erwachsenen mit der *eigenen* Situation zeigt. Hier hilft es, einen inneren Abstand zu gewinnen, aus dem heraus man auf sich selbst und die Situation der Familie blicken kann. Wichtig ist dann zuerst, Entscheidungen zu fällen für neue Schritte im eigenen Leben (siehe Kap. 39).

Anerkennung

Die grundsätzliche Anerkennung und Achtung der einzigartigen Person des Kindes durch die erwachsene Bezugsperson ist die wichtigste Grundlage für das Gelingen der Identitätsentwicklung jedes Kindes. Hierzu gehört auch, dass der Erwachsene eine grundsätzlich bejahende Haltung zu dem Kind hat. Auch wenn das Kind einen Fehler macht, sollte der Erwachsene ihm Zutrauen entgegenbringen. Durch diese Haltung gewinnt das Kind Selbstachtung und Selbstwertgefühl. Wird ein Kind mit seinen Fehlern zugleich selbst in Frage gestellt, und geschieht dies über längere Zeiträume, so tritt meist eine Kette von schädlichen Folgen auf: Das Kind fühlt sich hilflos, minderwertig, scheiternd. Es fühlt sich blockiert, seine Fähigkeiten zu zeigen. Es verfällt in Wut und Trotzreaktionen. Schließlich kann es passieren, dass das Kind resigniert und sich extrem apathisch fühlt. Weil viele Kinder, die eine solche Situation lange erleben mussten, so entmutigt sind, dass sie sich selbst nicht lieben können, neigen sie zu Selbst- oder Fremdaggression.

Das Fördern des Kindes durch die Anerkennung seiner Persönlichkeit – jenseits von allen Fehlern, die es noch macht – hat viele Ausdrucksformen. Manchmal reicht ein liebevoller Blick oder ein zutrauendes Zunicken des Erwachsenen aus, manchmal benötigt das Kind ein paar Sätze des Verständnisses bezüglich der Situation und der Gefühle, die es gerade hat. Hier einige Beispiele für solche Sätze: «Es gefällt mir, dass du die Wahrheit sagst» oder: «Ich sehe, wie viel Mühe du dir gegeben hast» oder: «Das war eine gute Idee. Vor allem das … gefällt mir gut» oder: «Hier sieht man, wie begabt du dafür bist.» Diese Sätze dürfen auf keinen Fall nur Floskeln sein. Dass ein Erwachsener keine Floskel verwendet, erkennt man unter anderem daran, dass er in einem nahen, intensiven Blickkontakt mit dem Kind ist. Er lässt Pausen des echten Zuhörens, des Nachdenkens und Mitfühlens in seinem Redefluss entstehen, und es gelingt ihm, nach der Bekundung des Verstehens nicht «aber» zu sagen und keine «Moralpredigt» folgen zu lassen.*

---

* Moralpredigten erkennt man z. B. daran, dass der Erwachsene mehrfach das Wörtchen «doch» benutzt und appellierend oder vorwurfsvoll auf das Kind sieht.

17 Die «verflixten» Aber-Sätze

Es ist eine sehr schwierige Aufgabe für den Erwachsenen, Nebensätze zu vermeiden, die mit dem Wörtchen «aber» beginnen. Es fällt uns besonders dann schwer, wenn das Kind einen Fehler gemacht hat, der eine Grenzsetzung nach sich ziehen muss. Wenn wir jedoch wissen, wie verwirrend und entmutigend diese Aber-Sätze auf Kinder wirken, werden wir uns bemühen, sie zu vermeiden. Sagt der Erwachsene etwa: «Ich verstehe, dass du wütend warst, *aber* du darfst doch nicht ...», so kann das Kind nicht wahrnehmen, dass der Erwachsene wirklich versteht, was in ihm vorgegangen ist. Das Kind bemerkt: Entweder ist der erste Teil des Satzes (Ich verstehe ...) eine Floskel, dann jedoch ist der zweite Teil die eigentliche Aussage. Oder der Erwachsene will aussagen, dass er das Kind versteht, dann ist der Aber-Satz eine Verwirrung. Sagt der Erwachsene stattdessen: «... und als sie dir die Puppe weggenommen hat, da warst du sehr wütend», und wartet dann auf die Reaktion des Kindes, so spürt das Kind, dass der Erwachsene das Gefühl der Wut kennt und weiß, wie überwältigend dieses Gefühl manchmal ist. Dann kann das Kind erzählen, was es gefühlt, gedacht und getan hat. Beide erfahren dann, dass vor der Wut das Gefühl der Hilflosigkeit war und vor der Hilflosigkeit irgendeine Ungerechtigkeit oder ein Missverständnis. Niemals hat ein gesundes Kind ohne Grund die Absicht, jemand anderen zu verletzen! Manchmal sagt dann sogar *das Kind* (und nicht der Erwachsene) am Ende der Erzählung des Vorfalls: «Eigentlich weiß ich, dass das falsch war.» Oder es macht selbst einen Vorschlag, wie es eine solche Situation beim nächsten Mal bewältigen könnte, oder es fragt den Erwachsenen, wie er reagiert hätte. Ist der Erwachsene dann ehrlich, wird seine Antwort sicher lauten, dass auch er wütend gewesen wäre. Dann finden beide zusammen Ideen zur Lösung des Problems.

Der Erwachsene sollte deeskalierend wirken, aber er muss nicht unbedingt Einsicht erwirken! Ein wütendes Kind darf auch zunächst uneinsichtig, bockig oder aggressiv sein.

Erst das eine, dann das andere

Hat ein Kind einem anderen Kind sehr geschadet oder macht es eine andere Situation erforderlich, dass der Erwachsene sehr vehement eine Grenze zieht, um weiteren Schaden sofort zu vermeiden, so kann er sagen, er werde es nicht zulassen, dass das Kind ein anderes Kind verletzt. Gleichzeitig wird er dies auch durch sein Handeln zeigen. Erst danach versucht er, genau zu erfahren, wie die Situation für das Kind war. Und erst zum Schluss können die beiden überlegen, was das Kind braucht, damit es beim nächsten Mal anders handeln kann. Eine emotional derart angespannte Situation verlangt vom Erwachsenen Souveränität. Seine Haltung muss in einem solchen Konfliktmoment signalisieren: «Bevor wir keine Lösung für das Problem haben, darf sich die Welt keinen Millimeter weiterdrehen.» Wenn der Erwachsene dann allerdings nachvollzogen hat, wie es zu diesem Konflikt gekommen ist, und herausgefunden hat, was das Kind braucht, damit es beim nächsten Mal anders handeln kann, dann muss er dem Kind die Lösung auch zutrauen. Er muss felsenfest davon ausgehen, dass das Kind sein Bestes geben wird. Der Erwachsene darf kein Misstrauen hegen und sollte ohne Strafen oder Moralpredigt nach einem solchen Gespräch den normalen Fluss des Alltagsgeschehens unbedingt wieder in Gang bringen. Am normalen Fluss der Kommunikation merkt dann auch das Kind, dass der Konflikt beendet ist. Moralpredigten haben leider nur eine Wirkung: Sie machen Kinder «elterntaub». Erwachsene wollen mit Aber-Sätzen Gegensätze verknüpfen, und sie hängen mit dem Wort «doch» noch eine Moral daran. Das wirkt auf Kinder verwirrend. Wenn der Erwachsene das Geschehen in einen Ablauf nacheinander erfolgender, klar unterscheidbarer Schritte bringt (wie es im folgenden Beispiel deutlich wird), kann ein Kind mehr daraus lernen.

Rechtfertigungen

Auch in weniger konfliktreichen Situationen führen Aber-Sätze zu Verwirrung und Vertrauensverlust.

Ein Beispiel: An einem sommerlichen Juniabend holt eine Mutter ihre siebenjährige Tochter vom Spielen aus dem Garten ins Haus. Sie sagt: «Ich würde dich ja gerne noch draußen spielen lassen, *aber* wir müssen jetzt Abendbrot essen, weil ich zum Elternabend gehen muss.» Das Kind antwortet sehr aufgebracht: «Heute ist es doch so schön draußen, und es ist noch so hell! Alle Kinder dürfen noch draußen bleiben, nur ich nicht!» Die Mutter bekommt ein schlechtes Gewissen, und ihre Stimme klingt halbherzig. Sie gebraucht viele Rechtfertigungssätze. Gleichzeitig setzt sie sich aber durch. Es kommt zum Konflikt. Am Ende fühlt sich die Mutter autoritär und böse. Die Tochter spürt ein mangelndes Verständnis der Mutter für ihre Bedürfnisse und ist unzufrieden.

«Ich würde dich ja eigentlich gerne
draußen spielen lassen, **aber** ...»

Die Mutter hätte es leichter, wenn sie die beiden Hälften des Satzes, den sie zu ihrer Tochter sagt, um sie vom Spielen ins Haus zu holen, voneinander trennt. Sie fällt einfach die Entscheidung, dass die Tochter jetzt ins Haus kommen soll, und teilt ihr nur dies mit: «Du musst jetzt zum Abendbrot kommen.» Sie begründet ihre Entscheidung nicht und hebt sich den Halbsatz, der ihr Verständnis bekundet, für eine ganz andere Situation auf.

«Du musst jetzt zum Abendbrot
kommen.»

Das Kind wird spüren, dass die Mutter entschieden ist. Es wird ins Haus kommen und seinem Missfallen Ausdruck geben. Dies muss die Mutter aushalten und gleichzeitig bei ihrer Entscheidung bleiben. Viel später, wenn sie etwa beim Gute-Nacht-Ritual bei der Tochter sitzt, kann die Mutter überprüfen, ob das Kind innerlich noch mit dem Vorfall beschäftigt ist. Hat das Kind die Frustration schon längst vergessen, sollte die Mutter das Thema nicht wieder aufgreifen. Zeigt sich das Kind aber noch betroffen, dann kann die Mutter den zweiten Teil ihres Satzes sagen (und zwar ohne das verhängnisvolle «Aber»): «Ich fand es schade, dass ich dich heute so früh hereinholen musste.»

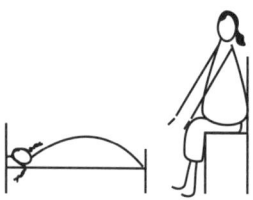

«… morgen kannst du länger
draußen bleiben.»

Auch hier braucht sie keine Begründung oder Rechtfertigung. Sie ist erwachsen und verantwortet ihr Handeln selbst. Sie ist nicht bedürftig, von ihrem Kind Verständnis oder sogar eine Absolution für ihre Entscheidung zu bekommen. Wenn sie ganz sicher weiß, dass sie am nächsten Tag ein längeres Verbleiben des Kindes im Garten ermöglichen kann, könnte die Mutter dies als Trost in Aussicht stellen: «Morgen kannst du länger draußen bleiben.» Ein Versprechen aber, dass sie später nicht halten kann, würde zu weiteren, unnötigen Konflikten führen.

Das «Aber» als Flucht vor Verantwortung

Viele Jahre später, wenn unsere Kinder schon erwachsen sind, taucht häufig noch eine Szene in der Familie auf, in der sich solche zur Rechtfertigung benutzten Aber-Sätze verheerend auswirken können. Eine erwachsene Tochter oder ein erwachsener Sohn möchte dem Vater oder der Mutter gerne einmal in aller Ruhe sagen, welches Verhalten der Eltern dem Kind geschadet hat oder unverständlich geblieben ist. Zum Beispiel sagt das erwachsene Kind: «Als ihr euch getrennt habt, konnte ich nicht verstehen, warum du dich so selten bei mir gemeldet hast. Ich habe mich so danach gesehnt.» Wehe, der Vater sagt dann: «Ja, das verstehe ich, *aber* du musst doch verstehen, dass deine Mutter so wütend auf mich war und die Kontakte deshalb so unangenehm für mich waren, dass ich es vermieden habe ...» Der Vater kann seinem eigenen Seelenfrieden und dem seines Kindes viel besser dienen, wenn er die Größe hat, auf den «Vorwurf» – es ist eigentlich nur eine Feststellung – des Kindes zu antworten: «Ja, das verstehe ich. Das tut mir sehr leid für dich.» Und dann sagt er erst einmal nichts mehr. Dabei geht es um die Übernahme von Verantwortung als Eltern – nicht um «Schuld» (siehe Kap. 36). Der ernsthaft bedauernde Blick, das liebevolle Schweigen, vielleicht sogar ein erlösendes Weinen führen bei beiden zu Entlastung und Verzeihen. Zu einem späteren Zeitpunkt ergibt es sich dann sicher einmal, dass das erwachsen gewordene Kind vom Vater erfährt, wie es ihm damals ergangen war. Häufig muss diese Erklärung gar nicht vom Vater kommen, sondern das Kind schlussfolgert selbst sehr einfühlsam aus dem Zusammenhang die Beweggründe des Vaters oder fragt explizit danach.

18 Strafe, Lob, Belohnung und andere Erziehungsmaßnahmen

In vielen Situationen ist es gar nicht nötig, dass Erwachsene eine erzieherische Maßnahme ergreifen. Denn häufig lehrt die bloße Erfahrung das Kind, dass es eine Grenze überschritten hat. *Wenn ich etwa nur mit einem T-Shirt bekleidet in den Schnee hinausgehe, dann* ist die natürliche Erfahrung das Frieren, die mich lehrt, mich wärmer anzuziehen. Derartige Wenn-dann-Folgerungen sind keine Drohungen (wie wir sie vom Strafen kennen), sondern kausale Schlüsse.

Ängstliche Eltern wollen ihren Kindern leidvolle Erfahrungen ersparen, indem sie ihnen die Folgen von Handlungen prophezeien. Nicht in allen Altersstufen und Situationen können Kinder allein aus Worten lernen. Meistens brauchen sie eigene Erfahrungen. Eltern sollten, so oft es irgend geht, ihren Kindern ermöglichen, aus Erfahrung zu lernen, indem sie sich mit Ratschlägen eher zurückhalten und das Leben selbst wirken lassen. Manchmal müssen wir Erziehenden die Erfahrung nur ermöglichen, manchmal müssen wir sie auch ersetzen. Unser Verantwortungsgefühl gibt uns dabei gute Hinweise: Ein zweijähriges Kind ist selbstverständlich zu klein, um ohne die elterliche Hand Erfahrungen mit einer gefährlichen Straße zu machen.

Logische Folgen wirken lassen

Eine gute Erziehungsmethode ist es, dem Kind zu ermöglichen, aus seinen Fehlern zu lernen, indem es die natürlichen oder logischen Folgen seines Handelns erlebt. Diese Methode nannte der Individualpsychologe und große Pädagoge Rudolf Dreikurs: «Logische Folgen wirken lassen».

Hierfür ist es notwendig, dass die Erziehenden die Folgen, die das Handeln des Kindes nach sich zieht, nicht vor dem Kind verborgen halten oder «puffern». (Beispiele: Wenn die Schwester dem Bruder das Spielzeug wegnimmt, wird er wütend und haut sie. Wenn das Kind seine Mütze in der Schule liegen lässt, hat es nachmittags keine Mütze.) Manchmal ist es sinnvoll, diese Folgen sogar herbeizuführen, damit das Kind etwas lernen kann (Beispiel: Wenn das Kind beim Zähneputzen trödelt, kann der Vater nur noch eine sehr kurze Geschichte vorlesen, weil das Kind pünktlich um 20 Uhr schlafen soll). Wichtig ist dabei, dass der Erwachsene ein gesundes Maß findet, so dass die Relation zwischen der Handlung des Kindes und der logischen Folge stimmt.

Mit logischen Folgen zu arbeiten heißt manchmal, sich nicht einzumischen, sondern die Folgen einer Handlung einfach eintreten zu lassen, damit das Kind aus Erfahrung lernen kann.

Ein Beispiel:
Ein Kind (z. B. zwischen acht und zehn Jahren alt) möchte etwas trinken. Die Mutter sagt: «Geh zu der Kellnerin, und bestell es dir.» Das Kind zeigt Angst oder Scheu. Die Mutter lässt dies geschehen, ohne einzugreifen. Entweder das Kind findet den Mut und bestellt sich etwas, oder es hält den Durst aus. Im Kind selbst findet der Abwägungsprozess zwischen Mut und Durst statt. Die Mutter kommentiert das Geschehen nicht.

Die Haltung des Erwachsenen in einer solchen Situation ist von Einfühlsamkeit geprägt, aber keinesfalls mitleidig oder kontrollierend. Was auch geschieht, das Kind lernt daraus.

Die Methode, logische Folgen wirken zu lassen, kann auch eine verdeckte Machtausübung sein. Dies geschieht dann, wenn aus logischen Folgen (wie im Zähneputzbeispiel) Strafandrohungen gemacht werden (z. B.: «Wenn du nicht …, dann …», böser Gesichtsausdruck, Drohgebärde, böse Stimme). Das Ankündigen einer möglichen logischen Folge ist in der Regel nicht nötig, das Kind lernt selbst aus der Erfahrung. Will ein Erwachsener eine logische Folge dennoch vorher ankündigen, so sollte er gelassen sprechen. Der Vater könnte dem Kind ohne jede Drohung eine echte Wahl lassen, beim Zähneputzen zu trödeln oder eine längere Geschichte vorgelesen zu bekommen. Er nimmt das Kind ernst und respektiert seine Wahl ohne weiteren Kommentar. Wenn die Folge dann eintritt, sollte der Erwachsene auf keinen Fall «Siehst du» sagen oder die Folge in irgendeiner Form kommentieren. Das würde rechthaberisch klingen und eher den Trotz des Kindes hervorrufen. Keinesfalls würde ein solches Verhalten des Erwachsenen die Erfahrung, die das Kind macht, unterstützen, vielmehr sie eher zunichte machen. Immer wenn den Erwachsenen ein «Siehste» auf den Lippen liegt, sind sie in eine «Besserwisserhaltung» geraten oder üben Macht aus. Eltern sollten sich bewusst machen, dass es nicht ihre Aufgabe ist, die Kinder unter Druck zu setzen oder Recht zu haben, sondern ihre Kinder bei wichtigen Lernerfahrungen zu begleiten. Ob in unserem Zähneputzbeispiel der Vater eine Strafe im Sinn hat oder eine logische Folge, merkt man spätestens an der emotionalen Art und Weise, in der er auf das Zeit vergeudende Verhalten des Kindes reagiert. Erhebt er die Stimme, macht er Vorwürfe, wird er ärgerlich, so verhält er sich strafend. Lässt er aber hingegen eine logische Folge wirken, so bleibt er ruhig und mitfühlend. Er sagt beispielsweise: «Schade, ich hätte dir gerne etwas länger vorgelesen» oder: «Mir geht es genauso wie dir, ich würde jetzt auch gerne die Geschichte noch weiter lesen. Das müssen wir nun auf morgen verschieben.» Selbst wenn das Kind nun wütend würde oder versuchte, den Vater zu überreden, mit der Geschichte fortzufahren, kann der Vater mitfühlend und zugleich klar und entschieden bleiben. Er kann sagen: «Ja, ich verstehe dich. Schade, dass es schon so spät ist. Morgen kannst du dafür sorgen, dass wir mehr Zeit zum Lesen haben.» Dann streichelt der Vater sein Kind, gibt ihm einen Gutenachtkuss und verlässt ganz ruhig und innerlich gelassen das Kinderzimmer. Der Vater lässt sein Kind eine Erfahrung machen. Die unabhängige Haltung, die sich in dem Verhalten des Vaters zeigt, trägt entscheidend dazu bei, dass das Kind die Erfahrung akzeptieren und aus ihr lernen kann.

Strafe

Eine Strafe ist eine Erziehungsmaßnahme, die ohne Sinnzusammenhang zu dem Fehler des Kindes steht. (Ein Erziehender entzieht zum Beispiel das Taschengeld, weil ein Kind seine Hausaufgaben nicht gemacht hat.) Strafe und Lob sind Methoden der autoritären Erziehung. Wer straft oder lobt, hat Macht und blickt aus dem Standpunkt der Überlegenheit auf das Kind. Die Erfahrungen voriger Generationen haben eindeutig gezeigt, dass Strafen weder Einsicht noch Besserung bewirken. Stattdessen werden Kinder durch Strafen erniedrigt und entmutigt. Aus der Sicht des Kindes betrachtet, hat ein strafender Erwachsener die Ziele und Beweggründe des Kindes nicht wahrgenommen, die zu der fehlerhaften Handlung geführt haben. Deshalb hinterlassen Strafen stets das Gefühl, ungerecht behandelt worden zu sein. Sie schüren den Widerstand oder sogar Trotz und Rachegelüste beim Kind.

Schon das Androhen von Strafen ist ein Akt der Machtausübung. Von Generationen von Kindern gehasste und gefürchtete Satzkonstruktionen wie «Wenn du nicht …, dann …» haben ihre Spuren bis in unsere Zeit hinterlassen.

Strafe und Lob gehören zu den Erziehungsmethoden früherer Generationen, die sich nicht bewährt haben. Aus dieser Zeit lebt noch heute in manchen Eltern die Vorstellung, dass eine Grenzsetzung dann besonders wirksam sei, wenn sie dem Kind wehtut. Manchmal kommen Eltern in einer Konfliktsituation mit einem Kind nicht weiter. Sie fühlen sich hilflos, eilig oder verärgert und schicken etwa ihr Kind in sein Zimmer, um es für seine Frechheit zu bestrafen. Sie sind dann enttäuscht darüber, wenn das Kind in seinem Zimmer ganz fröhlich spielt. Sie denken, dass die Erziehungsmaßnahme nur wirksam ist, wenn es zerknirscht in seinem Zimmer sitzt und darauf wartet, dass sie es wieder zu sich rufen. Dies ist ein Irrtum. (Eine solche Isolationssituation kann unter Umständen für ein kleines Kind eine sehr schlimme Strafe sein. Dies wird im Kapitel über Kontakt deutlich werden.)

Mit der Klugheit des Kindes rechnen

Die Wirksamkeit einer Grenzsetzung ist nur durch die Beobachtung feiner Reaktionen des Kindes wahrnehmbar. Hierfür ein Beispiel:

Eine Mutter hatte ihrer kleinen Tochter verboten, eine Dose mit Süßigkeiten selbständig zu öffnen. Später kommt die Mutter in das betreffende Zimmer und sieht die Dose geöffnet. Mit dem typischen Grenzen setzenden Blick schaut sie schweigend in das Gesicht des Kindes und sieht darin den Ausdruck des Erwischtwordenseins. Dieser Ausdruck im Gesicht der Tochter ist bereits das Zeichen für die Wirkung der Grenzsetzung. Noch ehe ein einziges Wort gesprochen wurde und noch ehe eine weitere Grenzen setzende Handlung (wie etwa das Wegnehmen der Dose) erfolgt ist, ist bereits alles geschehen, was zur Erziehung des Kindes in dieser Situation nötig ist.

Durch die Miene der Mutter hat das Kind eine Grenzsetzung erfahren. Der Blick der Mutter und das Wegnehmen der Dose sind die nötige Erfahrung.

Durch den Gesichtsausdruck des Kindes weiß die Mutter, dass das Kind ihre Grenzsetzung aufgenommen hat. Im Prinzip bräuchte die Mutter nichts mehr zu sagen. Sie kann nun die Dose wegnehmen, ohne eine Moralpredigt. Eine lange Rede der Mutter würde dem Kind zeigen, dass die Mutter den Blick der Tochter ignoriert. Kinder fühlen sich dann unverstanden. Sie fragen sich, warum der Erwachsene so viel redet, wo sie doch längst gezeigt haben, dass sie die Grenzsetzung wahrgenommen haben. Jugendliche empfinden es besonders erniedrigend und werden ungeduldig, wenn die Erwachsenen so viel reden, obwohl sie doch längst verstanden haben, was der Erwachsene sagen will. Möchte die Mutter in unserem Beispiel also etwas sagen, dann etwa Folgendes: «Ich sehe dir an der Nasenspitze an, dass du schon weißt, warum ich dich so ernst angesehen habe.» Beide würden sich dann anerkennend anlachen, und der Konflikt wäre beendet.

Häusliche Pflichten

Auch bei den häuslichen Pflichten können Eltern logische Folgen wirken lassen. Eine Mutter kann zum Beispiel ein zwölfjähriges Kind die Erfahrung machen lassen, wie es in der Küche anfängt zu stinken, wenn es die selbst gewählte Aufgabe des Müllhinausbringens mehrere Tage lang nicht erfüllt. Die Mutter muss für sich entscheiden, ob es ihr nur um das Hinausbringen des Mülls geht (das kann sie selbst am zuverlässigsten tun) oder um die Lernerfahrung ihres Kindes. Entscheidet sie sich für Letzteres, dann braucht sie gute Nerven und Geduld und eine liebevoll achtsame Grundhaltung ihrem Kind gegenüber. Sie weigert sich nicht, den Müll selbst hinauszubringen, um ihrem Kind «eins auszuwischen» und hinterher «siehst du» zu sagen, sondern sie will ihrem Kind dessen eigene Wirksamkeit überlassen. Würde sie den Müll für das Kind hinausbringen, so würde das Kind merken: Wenn ich es nicht erledige, macht es meine Mutter, dann werde ich also nicht wirklich gebraucht. Alle Kinder sollen aber dringend die Erfahrung machen, dass sie in unseren Gemeinschaften gebraucht werden, dass also ihr Dasein und ihr verlässliches Handeln für die Familie wichtig ist. Die richtige Folgerung aus dieser Erfahrung lautet demnach: Wenn ich den Müll nicht hinausbringe, wird es irgendwann in der Küche so stinken und die Küche wird so voller Müll sein, dass meine Mutter dann nicht mehr kochen kann.

Belohnung

In unseren modernen Erziehungsmethoden ersetzt das Erziehen mit logischen Folgen das alte Strafsystem, und Anerkennung und Achtung ersetzen Lob und Belohnung. Zwar gibt es in der mittleren Kindheit Phasen, in denen Eltern Erziehungserfolge verzeichnen, wenn sie Verstärkersysteme entwickeln, die auf dem Prinzip der Belohnung basieren. Das liegt daran, dass Kinder in diesem Alter begierig sind, klare Folgen ihres Handelns erkennen zu können. Aber diese Art des Erziehens durch Belohnung sollte eine Ausnahme sein. Langfristig erleben Kinder Belohnungen (handle es sich nun um Punkte oder Smileys, die sie sammeln können, oder auch um Geld oder Privilegien) als Fremdsteuerung. Die Motivation des Kindes kommt dann nicht (von innen) aus Einsicht oder einer Entscheidung, sondern (von außen) durch die Belohnung. Solche Erziehungsmaßnahmen machen unselbständig, unfrei und bestechlich, oft entwickeln sie sich mit der Zeit auch inflationär. Sie verderben den «guten Charakter». Irgendwann sind Kinder dann nur noch bereit, etwas zu tun, das eigentlich ganz selbstverständlich zum Leben dazugehört, wenn sie dafür eine Belohnung bekommen. Damit bringen wir schon früh ein kapitalistisches, berechnendes Denken an unsere Kinder heran. Wenn die Kinder das System durchschauen, müssen sie sich so sehr dagegen wehren, um sich unabhängig zu machen, dass der Erwachsene kaum noch einen Weg finden wird, das Kind zu motivieren. Auf diese Weise führt eine Erziehung, die über lange Zeit mit Belohnung (und überhöhten Erwartungen – s. Kap.19) gearbeitet hat, im Pubertätsalter nicht selten zur sogenannten «Null-Bock-Haltung» bei den Jugendlichen.

Wie aber entsteht echte Leistung?

Das Prinzip, dass sich Anstrengung «lohnt», lernt man in unserer Gesellschaft schnell. In der Regel kommt ein Mensch mit Ehrgeiz, Erfolgswillen und Gewinnstreben allein jedoch nicht aus. In diesem Fall bliebe er angewiesen auf Anreize und Anerkennung von außen. Handlungen, die fremd motiviert sind, wirken selten überzeugend und werden wieder aufgegeben, wenn der Erfolg sich nicht rasch genug einstellt.

Um echte Leistungen zu erbringen, brauchen Menschen zusätzlich zu den genannten nach außen gerichteten Impulsen auch noch innere Motivation. Diese ist besonders erfolgreich, wenn sie sich aus einer Mischung aus Begabung, Interesse oder Neugier und Begeisterung zusammensetzt. Menschen, die aus innerem Engagement handeln, empfinden ihr Handeln auch ohne Bestätigung von außen als sinnvoll. Wenn sie ihrer inneren Motivation folgen, können sie mit der Zeit entdecken, welche Fähigkeiten in ihnen schlummern. Dies führt zu einer besseren Selbsteinschätzung und fördert ein gesundes Selbstwertgefühl. Ein Vorhaben, das von innen motiviert ist, hält auch Fehlschlägen, Krisen und Misserfolgen besser stand. Mit all dem kann man dann letztendlich auch andere überzeugen.

Dass eine hohe innere Motivation zu kreativen und innovativen Ergebnissen führen kann, auf die man stolz sein kann, das muss man als Kind erlebt haben. Deshalb ist es wichtig, Kindern möglichst oft die Erfahrung zu gönnen, dass zielgerichtetes Handeln, das aus eigener Motivation entsteht, Befriedigung verschafft oder sogar Glücksgefühle auslösen kann und nicht von außen durch Belohnung gesteuert werden muss.

Erfahrungen dieser Art fördern wir Erwachsenen, indem wir uns selbst als motivierte Vorbilder zeigen und von Anfang an dann mit Anerkennung reagieren, wenn unsere Kinder selbstmotiviertes Handeln zeigen. Wir können auch versuchen, unsere Kinder mit unserem Engagement «anzustecken», indem wir sie beispielsweise zur Mitarbeit anspornen («Komm, wir machen es zusammen!»). Auch Handlungen, die im Familienrat (möglichst freiwillig) als Aufgaben für ein einzelnes Kind ausgehandelt worden sind, sind manchmal geeignet, dem Kind solche Erfahrungen zu ermöglichen (siehe Kap. 9). Wenn unsere Kinder aus eigener Motivation handeln, sollten wir sie nicht durch Perfektionsansprüche und Kritik entmutigen, sondern können uns über jeden eigenständigen Beitrag des Kindes freuen. Für Kinder ist diese Freude des Erwachsenen die beste Anerkennung.

Lob

So wie die Strafe ist auch das Lob, aus kritischer Sicht betrachtet, eine Geste der Überheblichkeit. Jemand, der lobt, stellt sich selbst dabei auf eine höhere Ebene als der Gelobte.

«Das hast du gut gemacht, mein Sohn!»

Anerkennung dagegen wird aus dem Standpunkt der Gleichwertigkeit heraus gegeben. Jemand, der anerkennt, vollzieht die Freude über einen Erfolg erlebend mit und spricht sein positives Erleben aus.

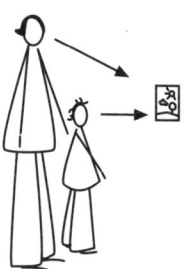

«Wie hast du es eigentlich hingekriegt, dass der Baum auf deinem Bild so leuchtet?»

So können Kinder angenehme und unangenehme Erfahrungen machen und ihre eigenen Schlüsse daraus ableiten. Nur vor gefährlichen Erfahrungen sollten wir unsere Kinder altersadäquat beschützen.

Autoritäre Erziehung	Selbständigkeitserziehung
Strafe, Lob, Belohnung	Logische Folgen, Anerkennung

19 Erwartungen der Eltern an ihre Kinder

Zu hohe Erwartungen von Eltern hinsichtlich der Entwicklung und der Leistungen ihrer Kinder oder auch nur bezogen auf ihre Wesensart setzen Kinder unter Druck und verhindern gerade, was sie erreichen wollen. Ich stelle der erfolgsorientierten Erziehung die *entwicklungsorientierte Erziehung* gegenüber: Das Kind darf spüren, dass alles, was es beiträgt, nützlich und erwünscht ist. Es darf sich individuell entwickeln, es wird dabei ermutigt, aber nicht unter Druck gesetzt. Hierzu gehört eine langmütige, gelassene, zutrauende und humorvolle Sicht auf die verschlungenen Pfade von Entwicklungsverläufen.

Nicht altersgemäße Erwartungen

Das folgende Beispiel zeigt, in welchen Zwiespalt ein Kind geraten kann, wenn Eltern nicht altersgemäße Erwartungen an es richten und nicht bedenken, dass das Erlernen der sozialen Regeln der Erwachsenenwelt eine ganze Kindheit dauern darf.

Eine Mutter hatte von ihrem älteren Sohn (sieben Jahre alt) verlangt, dass er seinem jüngeren Bruder (vier Jahre alt) nichts zuleide tue. Nun sah sie in einer konkreten Streitsituation mit Bestürzung, dass ihr älterer Sohn sich nicht traute, sich zur Wehr zu setzen, als der Bruder ihm in den Arm biss. Der ältere Sohn hatte die Forderung der Mutter, dem Kleineren niemals etwas Böses zu tun, als zwingend erlebt und befürchtet, ihre Liebe oder Anerkennung zu verlieren, würde er sich wehren. In dem Zwiespalt, entweder ein normaler Siebenjähriger zu sein und sich gegen seinen jüngeren Bruder zur Wehr zu setzen oder den Erwartungen seiner Mutter zu genügen, hatte er sich für Letzteres entschieden. So saß er nun entmutigt da und weinte bitterlich. Die Mutter, im Affekt der Bestürzung, rief dem Großen zu: «Beiß zurück!» Der Große ließ sich das nicht zweimal sagen. Die Mutter hatte nun das Gefühl, gleich zwei Fehler gemacht zu haben. Die Erwartung an ihren größeren Sohn, schon im Alter von sieben Jahren eine friedliche Lösung in einem Konflikt finden zu müssen, war nicht altersspezifisch. Die spontane Aufforderung zurückzubeißen ließ die Mutter fürchten, ihren Sohn zu gewalttätigem Handeln animiert zu haben. Ihr eigentlicher Fehler lag jedoch darin, ihrem Sohn mit starkem Druck eine inadäquate Erwartung aufgezwungen zu haben. Dadurch hat sie ihn verwirrt und entmutigt. Als sie ihren Fehler dann bemerkte, sprang sie von einem Extrem ins andere.

Ich würde der Mutter raten, ihren Kindern weiterhin gewaltlose Konfliktbewältigung durch Vorbildleistung, Gespräche oder beispielhafte Erzählungen zu empfehlen, aber nicht mehr zu erwarten, dass sie schon im Alter von sieben und vier Jahren die Regeln der Erwachsenenwelt beherrschen und ausnahmslos anwenden. Wenn die Kinder ohne das Beisein der Mutter spielen, gelten die Gesetze der Kinderwelt. Ist kein Erwachsener dabei, übernehmen die Kinder selbst im Rahmen ihres Spiels die Verantwortung dafür, aber sie haben andere Kriterien. Diese mögen zwar rauer und auch manchmal ungerecht erscheinen, aber sie funktionieren unter Kindern so, dass sie aneinander sehr viel lernen. Diese Art von kindlichem Spielen und Streiten hindert Kinder nicht daran, im Laufe ihrer Kindheit die Normen und moralischen Regeln der Erwachsenenwelt verstehen und beherrschen zu lernen.

Welt der Kinder – Welt der Erwachsenen

Der folgende Textkasten listet exemplarisch einige Merkmale auf, die für den Unterschied zwischen der Welt der Kinder und der Welt der Erwachsenen kennzeichnend sind. Die Erwachsenen müssen die Widersprüchlichkeit aushalten, die durch diese unterschiedlichen Tatsachen entstehen kann. Und sie dürfen keine falschen Schlüsse aus der Verschiedenheit der Welten ziehen. (Ein falscher Schluss wäre: «Wenn meine Kinder meine Gren-

Welt der Kinder

1. Kinder dürfen vieles ausprobieren, sie dürfen dabei auch Fehler machen oder sich irren.

2. Kindsein heißt auch, Genzen zu überschreiten und dabei wichtige Erfahrungen zu machen.

3. Kinder verletzen Regeln, weil sie sie nicht verstehen oder weil die Regeln nicht passen.

4. Kinder erfüllen Erwartungen nicht. Kinder sind kreativ und eigenwillig. Kinder leisten Widerstand.

5. Kinder wissen manches noch nicht. Kinder können manches noch nicht. Kinder brauchen Zeit und viele Erfahrungen.

6. Kinder machen manches nicht, obwohl sie es wissen oder können. Manches lernen Kinder zwar in der Kindheit, können es aber erst im Erwachsenenalter anwenden.

7. Kinder dürfen bis zum 18. Lebensjahr Kinder sein.

Welt der Erwachsenen

1. Die Erwachsenen haben die Aufgabe, Kinder darin zu unterstützen, aus Fehlern zu lernen. Sie müssen die Fehler akzeptieren und die Kinder dann liebevoll korrigieren.

2. Erwachsene setzen sinnvoll Grenzen. Sie müssen es ertragen, dass Kinder diese Grenzen überschreiten. Sie sollten sich auf Konflikte einstellen.

3. Erwachsene haben die Aufgabe, Kindern Orientierung durch Regeln zu geben. Sie können auch erwarten, dass die Regeln eingehalten werden. Werden die Regeln verletzt, sollten Eltern verhandeln oder logische Folgen wirken lassen. Eltern müssen selbst Regeln einhalten.

4. Erwachsene haben Erwartungen an ihre Kinder. Sie sollten sich diese Erwartungen bewusst machen und entscheiden, ob sie gerechtfertigt sind.

5. Erwachsene sind Vorbild und Begleiter. Sie haben die Aufgabe, Kindern vieles beizubringen. Dabei sollten sie geduldig und einfühlsam sein.

6. Erwachsene sollten ihre Erziehungshandlungen nicht unmittelbar vom sichtbaren Erfolg abhängig machen. Enttäuschung ist nicht angebracht.

7. Erwachsene müssen verantwortungsbewusst handeln und zum Wohle ihrer Kinder entscheiden. Sie können nicht damit rechnen, dass Kinder alle Erziehungsmaßnahmen bejahen oder sogar dankbar dafür sind.

zen doch nicht einhalten, dann brauche ich ja gar keine Grenzen mehr zu setzen.») Erwachsene *müssen* erzieherisch handeln, *obwohl* Kinder nicht auf alle erzieherischen Maßnahmen unmittelbar lernend reagieren.

Neue Ergebnisse der psychologischen Forschung bestätigen die starke Wirkung der Erwartungen der Eltern auf die Entwicklung ihrer Kinder (siehe M. Dornes, Literaturverzeichnis). Kinder ahmen ihre Eltern nach und orientieren sich an ihren Normen, Zielen, Vorstellungen, Erwartungen und Befürchtungen. Über lange Zeiträume der Entwicklung des Kindes hinweg entsteht das Selbstbild des Kindes hauptsächlich als Reaktion auf das Bild, das die Eltern von ihm haben. (Erst in der Pubertät ändert sich dies gravierend.) Jedes Kind wünscht sich, dass die Eltern mit ihm zufrieden sind.

Das Kind im Zwiespalt unterschiedlicher Erwartungen

Ein Beispiel aus meiner Beratungspraxis zeigt, welchem erhöhten Erwartungsdruck Kinder manchmal ausgesetzt sind, wenn ihre Eltern sich getrennt haben. Schon vor der Geburt konnten sich die Eltern nicht einigen, wie das Kind heißen solle. Sie entschlossen sich zu einem Doppelnamen, Hans-Peter, um beide gewünschten Namen unterzubringen. Nach der Trennung nannte der Vater den Sohn nur noch Peter, die Mutter nur noch Hans. Die Trennung der Eltern verlief sozusagen mitten durch das Kind hindurch. Der Vater wollte die Wochenenden, an denen er von seinem Besuchsrecht Gebrauch machte, mit dem Sohn bei seiner Mutter, also der Oma des Kindes, verbringen. Der Mutter des Kindes missfiel dies, weil die Oma in den Zeiten der Ehe gegen die Schwiegertochter intrigiert hatte. Der Sohn spürte, dass die Mutter den Kontakt des Kindes zu seiner Oma nicht wünschte. Schließlich bekam der Sohn jedes Mal kurz vor dem Abholen des Vaters Bauchschmerzen. Die Bauchschmerzen stellten sich so kurz vor der Ankunft ein, dass der Vater, der eine weite Fahrt zurücklegen musste, um den Sohn abzuholen, nicht mehr benachrichtigt werden konnte. Der Vater saß dann eine Weile am Bett des Sohnes, ehe er ohne den Sohn wieder zurückfuhr.

Unbewusst, aber sehr klug fand der Sohn auf diese Weise eine Lösung für seinen Zwiespalt: Er erfüllte der Mutter den Wunsch, nicht mit der Oma das Wochenende zu verbringen. Gleichzeitig erfüllte er sich den Wunsch, den geliebten Vater zu sehen.

Dieses Beispiel zeigt, in welchen Zwiespalt Kinder geraten, wenn die Eltern ihre eigenen Erwartungen und Wünsche wichtiger nehmen als das Wohl des Kindes. Besser wäre es gewesen, wenn diese Eltern ihre Konflikte auf der erwachsenen Ebene ausgetragen und sie nicht über ihr Kind ausagiert hätten.

Enttäuschte Erwartungen

Kinder können mit Kritik und der Korrektur von Fehlern gut leben, wenn sie selbst als Person anerkannt und ausschließlich ihre Handlungen und deren Folgen kritisiert werden. Nicht immer zeigen Erwachsene eindeutig, dass sie zwischen der Handlung und dem Handelnden deutlich trennen. Viele Eltern sind über das Kind an sich enttäuscht und nicht nur über das Tun des Kindes. Jede Enttäuschungsreaktion der Erwachsenen gegenüber dem Kind kann zu einem Verlust von dessen Selbstwertgefühl führen. Kinder sind dann bemüht, den Erwachsenen zufriedenzustellen oder herauszufinden, was ihn enttäuscht. Wenn sie den Erwachsenen nicht zufriedenstellen können, zweifeln sie an sich selbst und verlieren das Zutrauen zu sich selbst. Vielen Erwachsenen ist gar nicht bewusst, dass sie in bestimmten Situationen einen enttäuschten Gesichtsausdruck machen, und sie bemerken auch nicht, wie ihr Kind darauf reagiert.

Manch ein kleiner Junge, der spürt, dass seine Mutter sich ein Mädchen gewünscht hat, trägt lange Haare und benimmt sich eher wie ein Mädchen, bis seine Identitätsentwicklung dies nicht mehr zulässt und er an den anderen Jungen wahrnimmt, dass sie anders sind. Dann ist er irritiert, geht durch eine Krise und zeigt sich manchmal besonders aggressiv, um sein Jungesein zu betonen. (Auch Mädchen sind in gleicher Weise von der Erwartung ihrer Eltern betroffen, wenn diese sich einen Jungen gewünscht haben.)

Manch ein Vater wünscht sich zum Beispiel eigentlich einen sportlicheren Sohn. Der Sohn ist aber nicht so veranlagt. Er leidet darunter, dass er die Erwartungen des Vaters nicht erfüllen kann, und wird immer mehr entmutigt.

Wenn Kinder jahrelang vergeblich versucht haben, ihre Eltern zufriedenzustellen, resignieren sie als Jugendliche oft und erscheinen apathisch. Ihre Eltern sind dann verzweifelt über ihre «Null-Bock-Haltung» und wissen nicht, dass sie selbst zu dieser Haltung beigetragen haben.

Manche Eltern können es auch nicht gut aushalten, dass ihr Kind eine ganz andere Wesensart hat als sie selbst. Sie erleben eine gewisse Fremdheit in Bezug auf ihr Kind. Sie leiden unbewusst unter der Enttäuschung, und das Kind nimmt dies (auch unbewusst) wahr. Das Kind kann aber nicht so sein, wie es gewünscht wird. Das Kind spürt schmerzlich, dass es in seinem existenziellen Sosein nicht bejaht wird. Es braucht aber dringend das Gefühl, so, wie es ist, liebenswert zu sein. Selbst wenn sie schon erwachsen geworden sind, bleibt bei vielen Kindern die Sehnsucht bestehen, dass der Vater oder die Mutter doch wenigstens einmal mit Überzeugungskraft zu ihnen sagen möge: «Ich liebe dich so, wie du bist.»

Für viele Eltern ist die Tatsache, dass ihre Kinder sie nachahmen, eine genussvolle Selbstbestätigung. Kinder, die die Erwartungen der Eltern erfüllen, befriedigen, ohne es zu wissen, das Bedürfnis der Eltern, bestätigt zu werden. Eine Mutter, die ihr Kind so erlebt, wie sie es sich wünscht, schließt daraus, dass sie in der Erziehung alles richtig gemacht hat, dass sie eine gute

Mutter ist und ein fähiger Mensch. Sie fühlt sich bestätigt und ist sogar stolz. Vielleicht bemerkt sie gar nicht, dass ihr Kind aus sich heraus so ist, wie es ist. Oder sie bemerkt nicht, dass ihr Kind sich sehr anstrengt, so zu sein, wie sie es sich wünscht, dass es sich dabei aber ständig selbst verleugnet. Starke Erwartungen der Eltern in Bezug auf Leistungen in der Schule, den sozialen Status, das Benehmen vor anderen, die Kleidung und vieles mehr erzeugen in den Kindern hohen Druck, sich anzupassen, zu verheimlichen, wie man wirklich ist, und vor anderen als jemand zu erscheinen, der man nicht sein kann. Manchmal bleibt dieser Druck auch im Erwachsenenalter bestehen und wird zu den eigenen Normen und Zielen gemacht. Diese Menschen haben perfektionistische Ansprüche an sich selbst, und wenn sie ihre Ansprüche nicht erfüllen können, neigen sie sogar zu Selbstbestrafungen. Sie wissen dann manchmal nicht, wer sie selber sind. Sie wirken ständig, als stünden sie unter Druck, gönnen sich keine Freiheiten und keinen Genuss aus Angst, den Erwartungen der anderen oder den eigenen Erwartungen nicht zu genügen. Ich nenne dieses Phänomen den «inneren Saboteur». In der Regel fühlen sich diese Menschen unzufrieden.

Die Wirkung elterlicher Befürchtungen

Weisen Kinder Ähnlichkeiten im Aussehen oder in der Wesensart mit anderen Familienmitgliedern auf, die von den Eltern nicht geschätzt werden, so ist das manchmal Anlass zur elterlichen Sorge, die Entwicklung ihres Kindes könnte einen ähnlichen Verlauf nehmen wie bei dem nicht eben geschätzten Familienmitglied. Kinder nehmen diese Befürchtung häufig wahr, ohne zu ahnen, wie sie zustande kommt. Sie empfinden die besorgten Blicke ihrer Eltern als Zweifel an sich. Oft verhalten sie sich dann sogar so wie befürchtet, weil sie durch Versuch und Irrtum Schritt für Schritt zu ergründen versuchen, was die Eltern genau befürchten. Zeigen die Kinder genau diese befürchteten Verhaltensweisen oder Wesenszüge, so sehen die Kinder auf den Gesichtern der Eltern den Wiedererkennungsblick. Es scheint, als würden die Eltern etwa sagen: «Oje, jetzt ist er so wie sein Onkel. Nun wird er auch so scheitern, wie dieser gescheitert ist.»

Die Mutter denkt: «... wie sein Onkel.»

Das Kind hingegen nimmt wahr, dass die Eltern in ihm das finden, was sie gesucht haben. Es meint, dass es die Eigenschaften hat, die die Eltern durch ihre Befürchtungen erst auf das Kind projiziert haben.*

So «fördern» Eltern (ohne es zu wollen) mit ihren Befürchtungen gerade das, was sie vermeiden wollten. Der Grund dafür ist, dass Kinder einen großen Teil ihrer Identität Schritt für Schritt in Hunderten von Situationen aus den Reaktionen der Eltern herauslesen.

Eltern können im fortschreitenden Prozess des Selbständigwerdens ihres Kindes lernen, dieses als ganz eigenes Wesen anzusehen. Sie können auf das Fremde und Andersartige neugierig und gespannt blicken und es zu bejahen üben. Die größte Liebe der Eltern zu ihren Kindern zeigt sich im Jasagen zu ihrer Exis-

---

* In der Forschung nannte man diese Phänomene früher Identifikationen oder Projektionen. Diese Begriffe unterstellen, dass die Eltern ihre Vorstellungen den Kindern überstülpen. Da dies aber nicht bewusst geschieht und die betreffenden Zusammenhänge manchmal sowohl von den Eltern als auch von den Kindern hergestellt werden, wählte die moderne systemische Forschung den Begriff Musterrepräsentation. Siehe Literaturverzeichnis: I. Sparrer u. M. Varga v. Kibéd.

tenz und ihrer Entwicklung, auch wenn diese nicht den eigenen Vorstellungen entspricht.

Einerseits sollten Eltern eingreifen, wenn sie dadurch Einseitigkeiten in der kindlichen Entwicklung ausgleichen und Fehler korrigieren können, andererseits sollten sie sich aber in Toleranz und liebevoller Gelassenheit üben, wenn sie bemerken, dass ein Kind einfach anders ist als sie oder als sie es sich vorgestellt haben. Und sie können auch die Entwicklungen, Wesenszüge und Begabungen des Kindes, die ihren Erwartungen und Vorstellungen entsprechen, als die eigenen Möglichkeiten des Kindes ansehen (und nicht als das «Produkt» der Erziehung oder das «Produkt» der Erbanlagen).

Ein «Gegengift» gegen Enttäuschung

Eltern denken manchmal, je vehementer und anstrengender eine Erziehungsmaßnahme ist, desto wirkungsvoller sei sie auch. Das ist eine Selbstüberschätzung, der wir Eltern auf den Leim gehen: Wir denken, es liege an unserem willentlich erzeugten Einfluss, dass unsere Kinder erfolgreiche Menschen werden. Wir ahnen nicht, dass gerade unsere unbewussten, unterschwelligen Haltungen, Erwartungen und Befürchtungen einen so großen Einfluss auf unsere Kinder haben. Die im Folgenden beschriebene Übung setzt an diesen Haltungen an und verändert sie wohltuend. Man kann sie bei allen Arten von Enttäuschungsgefühlen (siehe auch Kap. 34) und auch zur Vorbeugung einsetzen. In meinen Augen ist sie eine der wesentlichsten Übungen, die ich an Eltern weitergeben kann. Manchmal wirkt sie wie ein «Wunder», weil sie ohne das Beisein und Wissen der Kinder ausgeführt wird und auf diese indirekte Weise wirkt, als hätte sie echte Zauberkraft.

Die Übung mit «Zauberkraft»

Abends, wenn das Kind schläft, setzen sich die Eltern in Ruhe hin, schließen die Augen und stellen sich vor ihrem geistigen Auge ihr Kind in einer Freude auslösenden Situation vor, zum

Beispiel wie es gerade lacht oder intensiv und mit Freude spielt oder die Katze streichelt. Oder die Eltern gehen spät abends vorsichtig ins Schlafzimmer des Kindes und schauen, wie rührend es aussieht, wenn es schläft. Für diese Übung benötigt man nur drei bis fünf Minuten, man sollte sie aber über mehrere Tage regelmäßig anwenden, am besten vierzehn Tage oder mehr und dann immer, wenn man sie braucht. Die verblüffende Wirkung dieser Übung hängt tatsächlich entscheidend davon ab, dass sie wirklich täglich gemacht wird, so dass ich dazu rate, die Dauer der Übung am nächsten Tag zu verdoppeln, sollte man sie am Vortag vergessen haben. Die selbst erlebte und immer wieder beschriebene Wirkung ist, dass die Enttäuschung verschwindet und sich eine zuversichtliche Sicht auf die positive Weiterentwicklung des Kindes ausbreitet. Die Kinder fühlen sich geliebt, Symptome verschwinden, als hätte jemand gezaubert. Die Eltern erzählen ihren Kindern selbstverständlich nichts von dieser Übung.

Wenn Eltern den Glauben an die Zukunft ihres Kindes verloren haben, dann hilft auch folgende Variante dieser Übung. Man stellt sich das Kind zwanzig oder dreißig Jahre älter vor, beispielsweise als Vater oder Mutter, erfolgreich im Beruf, verantwortungsbewusst, erwachsen, reif. Und dann blickt man zurück auf das wirkliche Jetzt, in dem das Kind beispielsweise so unordentlich «war». Kaum jemand kann umhin, dann über die aktuellen Sorgen einen Moment zu lächeln.

20 Bedürfnisse von Kindern

Die grundlegende Aufgabe von Eltern ist die Befriedigung der existenziellen Bedürfnisse der Kinder. Sie können dies besonders dann gut leisten, wenn sie selbst darauf achten, dass auch ihre eigenen Bedürfnisse befriedigt werden (hierzu siehe besonders das Kap. 39). Die Aufgabe der Eltern, die Bedürfnisse der Kinder wahrzunehmen und zu befriedigen, ist im Laufe ihrer Entwicklungszeit ständiger Veränderung unterworfen.

Im ersten Lebensjahr muss zumindest eine konstante Bezugsperson alle Bedürfnisse des Säuglings stillen. (Am besten ist es natürlich, wenn Vater und Mutter dies tun.) Aber auch im ersten Lebensjahr zeigt das Kind schon Selbständigkeit: Es atmet von allein, alle inneren körperlichen Vorgänge geschehen von selbst. Das Kind wächst von allein. Und es reagiert in sehr eigenständiger Weise auf seine Umwelt.

Das Ernähren des Säuglings stellt die erste Bedürfnisbefriedigung dar. Ernährung wird von dem Kind in diesem Alter als ganzheitliches Erlebnis wahrgenommen. Es enthält folgende Teilbereiche:

1. Sattwerden (überleben)
2. Kontakt (Daseinsgefühl, sich spüren, nicht allein sein)
3. Gehaltensein (Geborgenheit, Sicherheit, Schutz)
4. Liebe (positive Zuwendung)
5. Positive Sinneserfahrung (Genuss: saugen, schmecken)
6. Erfahrung (lernen, Reaktionen, Regeln)
7. Beruhigung (einschlafen können)

Ernährung wird im Kindesalter und auch oft noch im Erwachsenenalter unbewusst mit mütterlichem Versorgtwerden, mit mütterlicher Liebe oder mit Liebe überhaupt assoziiert. Die Tatsache, dass zu einer Veranstaltung mehr Menschen kommen, wenn dabei auch Essen gereicht wird, lässt vermuten, dass uns auch als Erwachsene manchmal noch die Sehnsucht leitet, versorgt zu werden.

Neben der Ernährung gehört zu den Bedürfnissen des Säuglings, gepflegt zu werden. Der Säugling braucht einen guten Rhythmus von Schlaf- und Wachzeiten. In den Wachzeiten zählen zu seinen Pflegebedürfnissen, gewickelt, gebadet und angezogen zu werden. Die Befriedigung des Bedürfnisses nach der richtigen Pflege kann eine aufmerksame Bezugsperson unmissverständlich an der Zufriedenheit eines Säuglings ablesen. Hierzu gehören die richtige Wärme, genügend Licht und frische Luft, Bewegung und Ruhe im Wechsel. Erst spät (in den 1950er Jahren) wurde entdeckt, dass auch der Kontakt ein existenzielles Bedürfnis des Säuglings ist und dass Kinder Schaden nehmen, wenn sie nicht genügend Kontakt bekommen (siehe Kap. 25 u. 26).

Exkurs: Depression

Die existenziellen Bedürfnisse des Kindes zuverlässig, selbstverständlich, liebevoll und genügend zu befriedigen, ist der wichtigste Beitrag der Eltern zur körperlichen und seelischen Gesundheit des Kindes. Dieser Beitrag legt einen Grundstein für die Zufriedenheit des Menschen im ganzen weiteren Leben. Die besondere Beziehung zwischen dem versorgenden Erwachsenen und dem Säugling nennen wir «Bindung». Kommt es in dieser Hinsicht in der frühen Kindheit zu Defiziten, so können viele Arten von Störungen in der Entwicklung auftreten. Wenn einige der primären, existenziellen Bedürfnisse eines Säuglings stark vernachlässigt worden sind, zeigt sich häufig irgendwann im späteren Leben eine Tendenz zur Depression. Es ist dann, als ob der Mangel der ersten Jahre ein lebenslanges «Hungern» erzeugt hätte. Das depressive Grundgefühl würde, wenn es sich in Worten ausdrücken könnte, sagen: «Ich bin nicht glücklich, weil du, Mutter (oder Vater), mir nicht das gegeben hast, was ich unbedingt gebraucht habe.» Übertragen ins Erwachsenenleben, wird es dann so erlebt, als würde jemand sagen: «Ich bin nicht glücklich, weil er/sie ... (z. B. der Partner, die Kollegen, der Chef, die anderen, das Schicksal, die Welt, Gott, das Wetter, ...) mir nicht das gibt, was ich brauche.» Dieses grundsätzliche Mangelgefühl tritt häufig in Kombination mit Antriebslosigkeit und Hilflosigkeitsgefühlen auf. Das Gefühl des kleinen Kindes, in Bezug auf die lebenswichtigen Bedürfnisse vollständig auf die Bezugsperson angewiesen zu sein, verfestigt sich seelisch und verschwindet auch dann nicht, wenn die Person erwachsen ist und ihre Bedürfnisse selbst befriedigen könnte. Diese Kombination schafft einen Zustand von gefühlter Unfähigkeit. In Worte gefasst, besagt er etwa: «Das, was mir fehlt, wird mir von den anderen nicht gegeben, und ich kann es mir auch selbst nicht geben.»

Die Forschung weiß immer noch nicht genug über dieses Gebiet. Zwischen den depressiven Gestimmtheiten, von denen sehr viele Menschen im Alltagsleben betroffen sind, bis hin zu schweren depressiven Erkrankungen gibt es viele Abstufungen und Unterschiede. Die Nichtbefriedigung der existenziellen Bedürfnisse des Säuglings ist einer von vielen Bedingungsfaktoren, die spätere Erkrankungen begünstigen können.

Das depressive Gefühl enthält die Verfestigung der kindlichen Erfahrungen von Bedürftigkeit, Angewiesenheit und Hilflosigkeit. Diese bedürftige, hilflose Grundhaltung wird einerseits als Tatsache empfunden und wirkt gleichzeitig als sich selbst erfüllende Prophezeiung.

Häufig tritt die depressive Grundstimmung gepaart mit perfektionistischen Ansprüchen an sich selbst oder auch Lebensüberdruss (gesteigert: Wunsch nach Suizid) auf. Beides lässt sich aus der Logik der Situation des Säuglings verstehen: Der Perfektionismus könnte der Vorstellung des Kindes entspringen: «Wenn ich mich nur genug anstrenge, bekomme ich vielleicht, was ich brauche.» (Der Folgeschluss ist dann leider häufig: «Ich bin nicht gut genug, deshalb liebt mich keiner ...») Wenn die Unterversorgung des Kindes aus der Tatsache resultiert, dass die Eltern dieses Kind nicht haben wollten, so ist der Suizidgedanke eine logische Folge, die das Kind daraus zieht.

Aus der depressiven Grundhaltung heraus entsteht eine Sehnsucht nach Bedürfnisbefriedigung und gleichzeitig das Gefühl, dass diese Sehnsucht nie befriedigt werden kann. Ersatzbefriedigungen werden gesucht. Suchtmittel betäuben das Mangelgefühl oder geben kurzfristig Befriedigungs- oder Glücksgefühle. Deshalb entstehen aus depressiven Tendenzen manchmal Süchte.

Starke Depressionen können mithilfe von Medikamenten erst einmal «unschädlich» gemacht werden. Dann können sie mit der Hilfe von Fachleuten therapiert werden.

Jeder Mensch, der unter Depressionen leidet, kann mit der Hilfe einer Therapie seinem Ziel näher kommen, ein glückliches Leben zu führen. Eltern, die unter Depressionen leiden, sollten sich unbedingt einer Therapie unterziehen, weil sich die Depression in erheblicher Weise auf das Familienleben und die Entwicklung der Kinder auswirken kann. (Systemisch gesprochen: Es entsteht ein depressives System.)

Wenn die existenziellen Bedürfnisse schon in der Kindheit der Eltern nicht befriedigt worden sind, kommt es zu einer Kollision der verfestigten Bedürfnisse der Eltern mit den existenziellen Bedürfnissen ihrer Kinder. Die Eltern nehmen dann eine vorwurfsvolle Haltung den Bedürfnissen ihrer Kinder gegenüber ein. Es fällt ihnen schwer, den Kindern zu geben, was sie selbst nicht bekommen haben. Es gelingt ihnen manchmal, wenn sie es sich mithilfe der Vernunft sehr bewusst vornehmen («*Meine* Kinder sollen nicht durchmachen, was ich durchgemacht habe!»). Die kindlichen Bedürfnisse zu befriedigen, ist für diese Eltern eine große Leistung, keine Selbstverständlichkeit. Sie verlangen dann Dankbarkeit von ihren Kindern und reagieren mit Entrüstung, wenn diese Dankbarkeit von den Kindern nicht gezeigt wird. Da diese Eltern mit der Betonung ihres aufopfernden Verhaltens unbewusst versuchen, von ihren Kindern Anerkennung und Zuneigung zu bekommen, um ihr Selbstwertgefühl zu ernähren, reagieren sie auf das Selbständigwerden der Kinder mit Enttäuschung. Den natürlichen Loslösungsprozess ihrer Kinder erleben sie dann als persönliche Zurückweisung.

In anderen depressiven Familien entsteht sogar ein Konkurrenzkampf unter allen Familienmitgliedern, wer berechtigterweise bedürftig ist. Die Eltern haben die Tendenz, ihre eigenen Bedürfnisse wichtiger zu nehmen als die ihrer Kinder. Dies hat oft zur Folge, dass die Bedürfnisse der Kinder nicht genügend befriedigt werden. So wird von Generation zu Generation die depressive Struktur weitergegeben.

Eltern können durch eine Therapie lernen, erst sich selbst gut zu versorgen, um dann gute Eltern für ihre Kinder sein zu können (siehe Kap. 39).

Für die Kindererziehung kann man aus diesen Erkenntnissen folgende Schlussfolgerungen ziehen:

In den ersten Jahren der Kindheit müssen unter allen Umständen die Bedürfnisse des Kindes nach

- Nahrung,
- Pflege,
- Schlaf,
- Licht,
- Wärme,
- Bewegung,
- Ansprache,
- körperlichem Kontakt,
- zuverlässiger Versorgung,
- liebevoller Beziehung,
- gehaltenwerden,
- Schutz,
- Bejahung

befriedigt werden.

Auch während des Größerwerdens braucht das Kind die Befriedigung dieser Bedürfnisse.

Das Herauswachsen aus der Bedürftigkeit

Nach dem ersten Lebensjahr beginnt das Kind, seinen Wirkungsbereich zu erforschen. Schon jetzt braucht es Spielraum und Zutrauen, um sich und die Welt erlebend zu erproben. Ein Kind, dessen Bedürfnisse befriedigt werden, baut nach der Geburt zu der hauptsächlichen Bezugsperson eine enge Bindung auf. Sie wird «symbiotisch» genannt, weil sie am Anfang so eng erscheint, als ob Mutter und Kind noch eine Einheit wären wie vor der Geburt. Gelingt eine solche Bindung, so hat das Kind ein gesundes, selbstverständliches Geborgenheitsgefühl. Aus dieser Geborgenheit zieht das Kind das Vertrauen und den Mut, sich und die Welt zu entdecken. Gelingt diese Bindung nicht, so kann das Kind sich nicht sicher fühlen. Es kann sich nicht vertrauensvoll der Welt zuwenden, es verbraucht all seine Energien dafür, die Beziehung aufzubauen und zu erhalten. Kinder, deren Bedürfnisse in den ersten Lebensjahren nicht genügend gesichert befriedigt wurden und die keine stabile Bindung aufbauen konnten, können häufig später in der Schule trotz hoher Intelligenz nicht gut lernen. Es hat den Anschein, als würden sie all ihre Fähigkeiten für den Aufbau und Erhalt des Beziehungsnetzes «aufbrauchen» und können sich dementsprechend nicht besonders gut auf Lerninhalte außerhalb der Beziehungssphäre konzentrieren. Wenn die Bindung im Säuglingsalter gelungen ist, kann das Kind erste Selbständigkeitsschritte gehen. Eine gelungene Bindung zeigt sich nicht nur an einer harmonischen Beziehung zwischen Mutter und Kind, sondern auch am tyrannischen Schreien eines acht Monate alten Säuglings, sobald seine Mutter aus seinem Sichtfeld entschwindet, ebenso an der Neugier und Spielfreude eines Krabbelkindes.

Die Phase zunehmender Selbständigkeit

Die intensivste Bedürfnisphase des Kleinkindes geht in der Regel mit etwa drei Jahren in eine Phase über, in der das Kind auf vielfältige Weise seine Eigenständigkeit fühlt und erprobt (siehe Kap. 5). Es hat jetzt immer noch viele Bedürfnisse, die die Bezugspersonen befriedigen müssen. Schritt für Schritt erobert es sich gleichzeitig Kompetenzen und erlangt in vielen Bereichen Selbständigkeit. Schon in diesem Alter sollten die Erwachsenen die Selbständigkeitsbestrebungen des Kindes wahrnehmen, anerkennen und ermutigen. Gute Eltern unterstützen und fördern ihre Kinder ohne Zwang. Alles, was das Kind schon selbst erledigen kann, sollte es selbst tun dürfen. Es erlangt dadurch sein Selbstwertgefühl.

In diesem Alter wird die gesamte Tagesstruktur noch von den Eltern bestimmt und getragen. Alle wichtigen Entscheidungen fällen die Eltern und setzen sie auch handelnd um. In vielfältiger Weise müssen die Eltern dem Entdeckungswillen ihres Kindes Grenzen setzen, um das Kind vor Gefahren zu schützen.

Um den Weg des Kindes zu immer mehr Selbständigkeit zu skizzieren, benutze ich eine Bilderfolge:

Angst und Verlustgefühle

Da die ersten Bedürfnisbefriedigungen mit Liebe, Schutz und Kontakt verbunden waren, muss das Kind befürchten, mit dem Schritt in die Selbständigkeit diese wichtigen Zuwendungen zu verlieren. Deshalb treten bei vielen Selbständigkeitsschritten Angst oder Verlustgefühle auf. Diese Gefühle begleiten uns auch oft als Erwachsene noch, wenn wir Selbständigkeitsschritte gehen. Sie sollten uns aber nicht am Selbständigwerden hindern. Die erwachsenen Bezugspersonen können die Übergänge zu immer mehr Selbständigkeit und immer weniger Bedürftigkeit bewusst begleiten und ermutigen. Sie sollten bereit sein, den eigenen Schmerz beim Verlust der Symbiose und beim Verlust des Gebrauchtwerdens zu ertragen. Und sie müssen bereit sein, den Schmerz und die Angst des Verlustes auch ihren Kindern zuzumuten.

Das Begleiten der kindlichen Angst

Furcht ist ein Gefühl, welches angesichts einer realen Gefahr auftritt. Angst befällt uns, wenn wir verunsichert sind. Zum Beispiel tritt Angst dann auf, wenn wir uns aus unserem gewohnten Rahmen, der uns Geborgenheit gibt, hinausbegeben und Neuland betreten. Jeder Selbständigkeitsschritt und jede neue Erfahrung oder Erkenntnis ist Neuland. Ein Schritt vorwärts in der Intelligenzentwicklung von Kindern wird oft von Angst begleitet. Die Kinder nehmen Gefahren oder Risiken wahr, die sie vorher noch nicht realisieren konnten. Auch im Laufe des Erwachsenenlebens tauchen immer wieder Episoden der Angst auf, wenn wir durch irgendwelche Ereignisse verunsichert sind. Deshalb ist es wichtig, dass wir als Kinder gelernt haben, welche Strategien hilfreich sind, um Angst zu überstehen. Das Ziel besteht darin, die neuen Erkenntnisse oder Tatsachen, die zu der Verunsicherung geführt haben, so in das alltägliche Leben und Bewusstsein zu integrieren, dass sie keine Verunsicherung mehr auslösen. Wenn es uns gelingt, die angstauslösenden Elemente in einen verstehbaren und normalen Sinnzusammenhang einzuordnen, so vergeht die Angst.

Angst kann zu Rückzug, Vermeidung, sogar zu Erstarrung führen, schlimmstenfalls zu Angst vor dem Leben generell. Angst kann aber auch zu Verteidigung und Angriff führen. Beide Erscheinungen lassen sich an Kindern beobachten.

An Kindern, die weinen und sich etwas nicht trauen, erkennen wir leicht, dass sie Angst haben. Aber auch andere Symptome können ein Zeichen für Verunsicherung und Angst sein. Beispiele sind Kinder, die provozieren, ältere Kinder in einer Familie, die sich in die Erziehung ihrer jüngeren Geschwister einmischen, oder Kinder, die kleinere Kinder oder Tiere quälen usw. Die unbewusste, strategische Funktion dieser Symptome zielt entweder darauf ab, dass die Erwachsenen sofort einschreiten und die Situation so gestalten, dass das Kind keine Angst mehr zu haben braucht, oder die Unsicherheit erzeugenden Elemente (Tiere oder kleine Kinder) unter die eigene Kontrolle zu bringen (z. B. durch Quälen; s. auch Kap. 27).

Den Kindern hilft es, wenn Erwachsene Kontakt halten und die Kinder dabei begleiten, «durch die Angst hindurch» zu gehen, um schließlich gestärkt daraus hervorgehen zu können. Der Vorgang ist beschreibbar als «Hilfe zur Selbsthilfe» (siehe auch Kap. 27). Ein Beispiel: Der Erwachsene sitzt am Bettrand des Kindes. Das Kind kann nicht einschlafen. Der Erwachsene fragt: «Was hindert dich am Einschlafen?» Das Kind antwortet: «Es ist so dunkel und so still, da denke ich: Gleich kommt ein Einbrecher.» Der Erwachsene sagt: «Ich verstehe, du hast Angst.» Oder er fragt: «Hast du Angst?» Dann wartet der Erwachsene und lässt sich vom Kind genau erzählen, wie es dem Kind mit der Angst geht. Der Erwachsene vermeidet, Sätze zu sagen, wie: «Du brauchst *doch* keine Angst zu haben ...!» Solche Sätze sind nicht hilfreich. Sie schaden, weil das Kind den Eindruck bekommt, der Erwachsene habe kein Verständnis dafür, dass man Angst nicht «ein- und ausschalten» kann wie einen Lichtschalter. Ein solcher Satz kommt häufig dann zustande, wenn ein Erwachsener sich zu stark mit dem Kind identifiziert. Dann hat der Erwachsene Angst vor der Angst des Kindes. Er sagt Doch-Sätze, und das Kind fühlt sich unverstanden. Besser würde der Erwachsene sagen: «Angst ist ein blödes Gefühl. Man weiß dann erst mal gar nicht, was man machen soll.» Durch solch einen vorsichtigen Satz bemerkt das Kind, der Erwachsene weiß, wie es ihm momentan ergeht. Oder der Erwachsene fragt: «Was hast du schon ausprobiert, um die Angst zu verscheuchen?» Das Kind kann dann erzählen. Manchmal sind fruchtbare Ideen dabei, die der Erwachsene verstärken kann, etwa: «Ja, du kannst aufstehen, Licht machen und einen Tee trinken.» Der Erwachsene kann auch sagen: «Ich hab' auch manchmal Angst.» Er sollte dann aber nicht gleich weiterreden («Mach's *doch* so wie ich: Mach *doch* dies, mach *doch* das ...»), vielmehr in Ruhe die Reaktion des Kindes abwarten und das Kind genau beobachten. Er kann sagen: «Ich könnte dir jetzt verraten, was ich mache, wenn ich Angst habe, aber jeder Mensch hat seine eigenen Tricks, wie er Angst verscheucht. Vielleicht hast du ganz andere Tricks als ich» (siehe Kap. 21). Wenn der Erwachsene dann im Gesicht des Kindes Nachdenklichkeit oder Geistesblitze bemerkt oder wenn das Kind explizit sagt: «Da fällt mir etwas ein» oder: «Erzähl mir nicht, wie du es machst», dann kann der Erwachsene getrost davon ausgehen, dass das Kind nun Ideen hat. Die beiden können dann über diese Ideen sprechen, und der Erwachsene bestärkt den vom Kind gewählten Weg. Danach sagt der Erwachsene: «Nun bin ich sehr gespannt, was du mir morgen erzählst, wie du es gemacht hast, die Angst zu vertreiben und gemütlich einzuschlafen.» Dann folgt das übliche Gutenachtritual. Der Erwachsene spricht mit dem Ich-bin-mal-gespannt-Satz Zutrauen aus und stärkt das Kind in seinem Kompetenzgefühl. Fragt das Kind jedoch: «Mama, wie machst du es, wenn du Angst hast?», so kann die Mutter schildern, wie sie Angst bewältigt hat, und die Erzählung mit dem Ich-bin-mal-gespannt-Satz beenden. In jedem Falle verlässt der Erwachsene nach diesem Satz und nach einem kurzen Gutenachtritual (z. B. Kuss und «Gute Nacht») Zuversicht ausstrahlend das Zimmer.

Wenn Kinder sehr starke Furcht empfinden, weil etwas Bedrohliches passiert ist, sollte der Erwachsene die reale Bedrohung ernst nehmen und mit dem Kind praktikable Schritte planen, die dem Kind helfen.

Furcht oder Angst führen oft dazu, dass wir innerlich das reale Jetzt verlassen und uns gedanklich in der Vergangenheit («… damals war es so schrecklich …») oder in der Zukunft («… es wird furchtbar sein …») aufhalten. Wir bilden dann Angstphantasien aus, die häufig irreal sind und die die Angst vermehren, statt sie zu verringern. Deshalb begleitet ein Erwachsener ein Kind gut durch die Angst, wenn er versucht, das Kind im Jetzt zu verankern, etwa mit Sätzen wie: «Sag mal, sind deine Füße warm?» oder: «Komm, wir machen mal Licht an und gucken» oder: «Komm, wir fällen jetzt eine Entscheidung: Du gehst morgen erst mal nicht zur Schule …»

Wenn es in Bezug auf die Angst um Leben und Tod, um Krankheit oder andere Katastrophen geht, erschüttert uns die Angst oft bis ins Mark. Eltern können in solchen Situationen gut helfen, wenn sie das größte Bezugssystem aufrufen, welches uns Menschen zur Verfügung steht, um uns geborgen zu fühlen: die Religion oder die Weltanschauung.

Je nachdem, welchen Glauben die Eltern in Bezug auf Leben und Tod haben, können sie dem Kind «mitwachsende Bilder» anbieten. Ein Beispiel für ein «mitwachsendes Bild» ist der Schutzengel. Für ein kleines Kind ist der Schutzengel ein Wesen mit Flügeln, das unsichtbar ist und uns Menschen beschützt. Wenn die Kinder älter werden, wächst das Verständnis dieses Bildes mit. Der Schutzengel wird dann als ein Wort für die Zuversicht in das Schicksal des Menschen verstanden. Noch später begreifen Kinder, dass der Schutzengel ein Bild für unsere Fähigkeit ist, uns selbst zu schützen.

Ich habe zu meinen Kindern gesagt: «Der Schutzengel erwartet von dir, dass du alles tust, was du kannst, um dich selbst zu schützen. Er erledigt dann den Rest.» In einem solchen Bild steckt folgende Botschaft an das Kind:

Der erste Schritt im Umgang mit der Angst ist, im konkreten Augenblick alles Praktische zu unternehmen, was Gefahren abwendet und Angst reduziert. Der zweite Schritt besteht darin, sich wieder mit Zutrauen und Zuversicht dem Fluss des Lebens hinzugeben. Ob wir mit dem Kind über Gott oder Allah, über Mutter Erde, die uns trägt und ernährt, oder den Schutzengel sprechen, immer geht es um Bilder für Schutzkräfte, die größer sind als die Ohnmacht, die wir selbst in bestimmten Situationen erleben.

Der Weg, ein Kind bei Angst oder anderen misslichen Gefühlen zu begleiten, kann sich methodisch an folgendes Schema halten:

Der Erwachsene gibt dem Kind Kontakt, Geborgenheit, Trost. Er sagt nur wenige Sätze und lässt dazwischen Zeit, damit das Kind erzählen und nachdenken kann.

«Du hast Angst.» (Benennen des Gefühls)
«Das verstehe ich. Ich habe auch manchmal Angst.» (Verständnis)
«Was kannst du selbst tun?» (Hilfe zur Selbsthilfe)
«Ich bin gespannt, wie du deine Angst (oder Trauer, Schwäche, Schmerz, Enttäuschung, Wut etc.) überwindest.» (Zutrauen, Ermutigung)

Verlust des Gebrauchtwerdens

Im folgenden Beispiel wird deutlich, wie ein Erwachsener lernen kann, das Verlustgefühl auszuhalten, das manchmal mit dem Selbständigwerden von Kindern verbunden ist. Als sein Sohn zwei Jahre alt war, hatte ein Vater begonnen, täglich mit ihm ein Reiterspiel zu spielen. Beide, Vater und Sohn, liebten dieses Spiel. Als der Sohn fünf Jahre alt war, bemerkte der Vater eine Veränderung: Mit schlechtem Gewissen registrierte er, dass er selbst keine Lust mehr auf das Spiel hatte wie früher, sondern sogar einen leichten Widerwillen verspürte. Er spielte das Spiel aber weiter mit dem Sohn, um ihn nicht zu enttäuschen. Kurze Zeit später beobachtete der Vater, dass der Sohn eigentlich lieber mit Gleichaltrigen spielen wollte, das Spiel aber mit dem Vater forsetzte, um den Vater nicht zu enttäuschen. Als der Vater dies wahrnahm, konnte er das Spiel bewusst beenden und zugestehen, dass der Sohn aus dem Alter für solche Spiele herausgewachsen war. Der Vater empfand Trauer und Erleichterung zugleich. Die Trauer verschwand, als er neue Formen der intensiven Begegnung mit seinem Sohn entdeckte, zum Beispiel beim abendlichen Vorlesen und beim Toben vor dem Abendbrot.

Wie man an diesem Beispiel sehen kann, können Eltern durch wache Beobachtung erkennen, dass Kinder aus Bedürfnislagen herausgewachsen sind. Sie sollten dann sofort aufhören, die nicht mehr vorhandenen Bedürfnisse der Kinder stillen zu wollen. Entfallen dadurch jedoch Kontaktmöglichkeiten, sollten die Eltern diese durch andere Arten von Kontakt ersetzen.

Verwöhnung

Säuglinge benötigen die Befriedigung aller Bedürfnisse durch den Erwachsenen. Der Verwöhnungsgedanke ist hier fehl am Platz. Werden die Kinder dann älter und selbständiger, müssen die Eltern sehr genau beobachten lernen. Schon bei einem einjährigen Kind können einfühlsame Eltern den Unterschied feststellen, ob das Kind weint, weil es ein existenzielles Bedürfnis verspürt, oder weil es herauszufinden versucht, wie weit es mit seinem Weinen kommt. Auch dieses Kind hat eine Berechtigung, sich so zu verhalten. Es ist lernbegierig. Aber der Erwachsene kann dem Kind dann eine liebevolle und zugleich konsequente Grenzsetzung zumuten.

Wenn Eltern die *nicht mehr vorhandenen* Bedürfnisse der Kinder weiterhin stillen, werden die Kinder verwöhnt. Verwöhnung behindert die Selbständigkeitsentwicklung der Kinder. Wenn Eltern nicht von sich aus die Verwöhnung einstellen, ist es für Kinder oft paradox oder sehr schmerzlich, die Verwöhnung zurückzuweisen, denn zusammen mit der Verwöhnung würden die Kinder auch die Liebeszuwendung abweisen, die häufig in der Bedürfnisbefriedigung verborgen ist. Diese Kinder müssten bei ihren Eltern mit Unverständnis oder Enttäuschung rechnen.

Ein sechzehnjähriger Sohn, Einzelkind liebevoller Eltern, hatte ein Problem damit, dass seine Eltern ihn täglich mit dem Auto zur Schule brachten und wieder abholten. Emotional war ihm deutlich, dass er in einer paradoxen Situation gefangen war. Er wollte die Liebe, die sich in dem Hinbringen und Abholen aussprach, nicht verletzen. In der Verwöhnung aber spürte er die Verkennung seiner altersadäquaten Kompetenz durch seine Eltern. Von dieser Fehleinschätzung wollte er sich befreien, selbständiger werden und mehr eigenen Spielraum erlangen. Er ahnte auch, dass die Eltern den Schmerz des Verlustes, gebraucht zu werden, vermeiden wollten. Mithilfe einer Beratungssitzung versuchte er, in rührender Vorsicht seinen Eltern seine paradoxe Situation verständlich zu machen.

Manchmal sind Eltern jahrelang Gefangene ihres bisherigen Blicks auf ihre Kinder und wollen nicht wahrhaben, wie groß und selbständig diese schon geworden sind. Meistens steckt dahinter, dass die Eltern es ihrerseits versäumt haben, rechtzeitig Selbständigkeitsschritte auf ihrem eigenen Entwicklungsweg zu gehen (siehe Kap. 39). Oder Eltern haben Angst davor, der Tatsache ins Auge zu sehen, dass sich das Familienleben ständig verändert und jede Phase nur ein Zustand auf Zeit ist. Sie laufen davor weg, die Trauer zu erleben, die phasenweise auftritt und die alle Eltern durchleben müssen, wenn sie wahrnehmen, dass Kinder von Geburt an damit beschäftigt sind, sich von ihren Eltern zu entfernen.

20

21 Selbständigkeit im Kindesalter

Das vorige Kapitel beschäftigte sich mit der Balance zwischen der Bedürfnislage des Kindes und seinen Schritten zu immer mehr Selbständigkeit. Die Entwicklung des Kindes zur Selbständigkeit ist ein Vorgang, der im Kind selbst veranlagt ist und nicht durch die erzieherischen Bemühungen der Erwachsenen erzeugt wird. Jedes Kind verspürt in sich den Wunsch, groß und kompetent werden zu wollen. Alle Schritte zu immer mehr Selbständigkeit kommen bei einem gesunden Kind von selbst zustande, wenn keine Hindernisse auftreten.

Hindernisse können Krankheiten sein oder Situationen, die Kinder entmutigen, auch Situationen, in denen man als Kind Nachteile dadurch hätte, dass man sich zu mehr Selbständigkeit entwickeln würde. Wenn ein Kind in seiner Selbständigkeitsentwicklung einen Rückschritt erkennen lässt, zeigt es gleichzeitig eine schon überwunden geglaubte Bedürftigkeit. Eltern sollten die entsprechenden Bedürfnisse dann befriedigen. Dieses Geschehen ist in der Regel harmlos und vorübergehend.

Bekommt die Mutter eines beispielsweise Vierjährigen ein zweites Kind, dann hat sie weniger Zeit für das erste Kind als vorher. Das größere Kind wird dies als Verlust erleben. Die Selbständigkeit des erstgeborenen Kindes ist zwar für die Mutter hilfreich, aber aus der Sicht des größeren Kindes betrachtet, ist sie eher von Nachteil. Je selbständiger sich das größere Kind nämlich zeigt, desto mehr könnte seine Mutter entscheiden, sich mehr dem kleineren als dem größeren Kind zuzuwenden, weil dieses ja schon vieles selbst erledigen kann. So würde es für seine Selbständigkeit mit dem Entzug von Zuwendung «bestraft». Dann ist es vielleicht für das größere Kind eine Zeitlang hilfreich, wieder in die Hose zu machen. Wenn es wieder gewickelt werden muss, bekommt es dann nämlich mehr Körperkontakt. Würde es hingegen in dieser Phase seine Kompetenz (trocken zu sein) weiter zeigen, so würde es von den Eltern schon als das große Kind angesehen und müsste gegenüber dem kleinen Kind in seinen Bedürfnissen nach Kontakt und Zuwendung zurückstehen. Solche Rückschritte in der Selbständigkeitsentwicklung gehen meistens schnell vorbei, wenn die Eltern mit Verständnis und Liebe vorgehen und die Rückschritte erst einmal tolerieren. (Ich werde in Kapitel 26 auf dieses Beispiel noch einmal zurückkommen.)

Kinder machen manchmal auch Rückschritte oder legen zumindest Pausen in ihrer Entwicklung ein, wenn andere geliebte Menschen scheinbar Nachteile durch ihr Selbständigwerden hätten. Wenn zum Beispiel das letzte Kind einer Geschwisterreihe in den Kindergarten kommt und es spürt, dass die Mutter ganz traurig wird, dass sie nun gar kein Kind mehr morgens zu Hause hat, dann reagiert ein solches Kind nicht selten mit Klammern und Verweigerung. Es sieht dann so aus, als sei das Kind für diesen Schritt noch nicht selbständig genug, in Wirklichkeit ist es jedoch die Mutter, die einen Schritt in ihre Selbständigkeit tun muss, um dem Kind den Weg frei zu machen.

Andere Selbständigkeitsschritte sind etwa: tagsüber nicht mehr in die Windeln zu machen, sondern auf die Toilette zu gehen und dann auch nachts keine Windeln mehr zu brauchen. Häufig können Kinder schon in recht frühem Alter nachts im eigenen Bett schlafen und auch wieder einschlafen, ohne in das Bett der Eltern zu kommen, wenn sie nachts einmal aufwachen.

Kinder bewältigen ihre Schritte zu mehr Selbständigkeit im richtigen Alter ganz von selbst, wenn die Eltern eine positive, gelassene Einstellung zu ihren Kindern haben.

Enttäuschung bei Rückschritten ist fehl am Platz. Wenn ein Erwachsener den Rückschritt oder den Fehler eines Kindes als persönliche Niederlage bzw. als persönliches Erziehungsversagen interpretiert oder Schuldgefühle entwickelt, blockiert er sich selbst und das Wachstum des Kindes (siehe Kap. 36). Der Erwachsene sieht dann sich als Ursache für das Verhalten des

Kindes. Es entstehen Verwirrung und falsche Abhängigkeiten. Besser ist es, die Situation sachlich und gelassen zu sehen. Der Erwachsene sollte sich ganz unabhängig fühlen. Systemisch betrachtet stellt sich die Situation folgendermaßen dar:

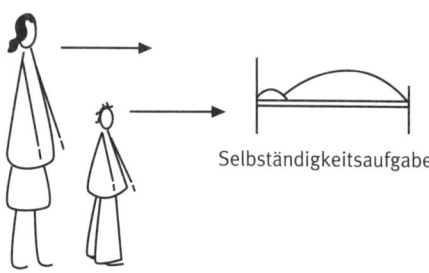

Selbständigkeitsaufgabe

Der Erwachsene steht neben dem Kind, und gemeinsam blicken sie auf den Selbständigkeitsschritt, den das Kind nun vor sich hat. Die Aufgabe der Eltern ist es lediglich, ihre eigenen Entscheidungen zu fällen, zum Beispiel an welcher Stelle sie Grenzen setzen oder was sie dem Kind zutrauen wollen (siehe Punkt 2 im folgenden Vorgehensschema). Das Zutrauen der Eltern ist eine wichtige Triebkraft für das Kind, wenn es die Reife hat, von selbst diese Schritte zu gehen. Die Eltern stecken mit ihrer zutrauenden Grundhaltung den Rahmen, in dem das Kind den Schritt dann von selbst gehen kann.

Das Selbständigwerden begleiten

Folgendes Vorgehensschema kann Eltern helfen, ihr Kind gut zu begleiten:

1. Das Kind liebevoll beobachten und wahrnehmen, dass das Kind einen nächsten Schritt zum Selbständigwerden gehen kann (keine Überforderung!).
2. Dem Kind diesen Schritt zutrauen (dies ist eine Entscheidung im Erwachsenen) und liebevoll zumuten (d. h. nicht verwöhnen; nichts für das Kind tun, was es schon selbst tun kann).

3. Das Kind ermutigen und hilfreiche Rahmenbedingungen einrichten. Eventuell mit dem Kind einen Plan machen.
4. Die neuen Schritte anerkennend wahrnehmen (ohne Lob, denn es ist ein selbstverständlicher Schritt).
5. Fehler oder Rückschritte als normal hinnehmen. Nicht strafen, keine Belohnungen anbieten. Das Kind selbst hat ein Interesse an seinem Fortschreiten, nicht der Erwachsene.
6. Ermöglichen, dass das Kind sein Fortschreiten, soweit es geht, selbst lenkt.

Beispiele

Beispiel l:
Ein Vater merkt, dass sein sechsjähriger Sohn auch nachts keine Windeln mehr haben möchte. Er traut seinem Sohn diesen Schritt zu. Er zieht ihm keine Windeln mehr an und gibt ihm ab 18 Uhr nicht mehr viel zu trinken. Er macht mit ihm aus, dass er sich auf eine bereitliegende trockene Luftmatratze legen kann, falls das Bett nachts doch nass wird, und zeigt ihm, wie er morgens sein Bett frisch beziehen kann und wo die nasse Wäsche hingehört. Dann überlässt er seinem Sohn alles Weitere und ist sehr neugierig, wie der Sohn seinen Selbständigkeitsschritt ganz von selbst gehen wird. Der Vater reagiert nicht enttäuscht, falls der Sohn sein Vorhaben nicht gleich meistert. Er schlägt ihm vor, es zwei Wochen lang zu versuchen. Wenn es in dieser Zeit nicht klappt, kann der Sohn wieder eine Windel nehmen und es nach einem Monat noch einmal versuchen. (Dieses Beispiel bezieht sich auf ein sechsjähriges Kind oder ein Kind, das älter ist. Es ist nicht anwendbar auf ein drei- oder vierjähriges Kind aufgrund des anderen Entwicklungsstandes.)

Beispiel 2:
Ein fünfjähriges Mädchen hat sich nach einer Erkrankung angewöhnt, jede Nacht ins Bett der Eltern zu kommen. Die Eltern beobachten, dass die Tochter dies nicht mehr braucht. Diese Beobachtung gibt den Eltern die Sicherheit, dass sie ihre Tochter nicht überfordern, und erfüllt sie mit Zutrauen. Sie entscheiden,

dass sie keine nächtliche Störung mehr wünschen. Sie teilen ihr dies eindeutig und liebevoll mit. Diese Grenzentscheidung der Eltern stellt die Grundlage für den kindlichen Selbständigkeitsschritt dar. Deshalb muss sie unumstößlich sein. Sie wird ohne Strafandrohung und ohne jeden Druck mitgeteilt. Sie ist lediglich eine Tatsache. Die Tochter fühlt, dass die Eltern Recht haben. Die Mutter bespricht am nächsten Nachmittag mit der Tochter, welche Rahmenbedingungen ihr helfen können. Sie beschließen beispielsweise, ein Springseil als sichtbare Barriere in den Flur zu legen. Die Tochter sagt: «Wenn ich nachts hier ankomme, erinnert mich das Springseil daran, dass ich entschieden habe, dass ich nicht mehr zu euch kommen will.» Sie legt sich eine Teeflasche und einen Teddy neben die Barriere, um nachts schnell mit allem versorgt zu sein, was ihr helfen könnte, schnell wieder im eigenen Bett einzuschlafen. Die Eltern überlassen alles Weitere nun der Tochter.

Diese Methode ist sehr oft hilfreich. Eltern und Kinder können sich dabei kreative oder lustige Rahmenbedingungen ausdenken. Interessanterweise wirkt das Springseil auf die meisten Kinder als Umkehrimpuls, so dass sie nachts trotz ihres traumwandlerischen Zustands in ihr Bett zurückkehren.

Wenn ein Kind nachts zum Bett der Eltern kommt, obwohl es versuchen wollte, wieder im eigenen Bett einzuschlafen, ist es hilfreicher, wenn die Eltern gar nicht mit dem Kind reden. Wenn sie in einer solchen Situation wie ein lieber, schlaftrunkener Bär brummen, das Kind schlaff und müde hochheben, ins Bett tragen und sofort wieder ins eigene Bett zurückgehen und kein Aufhebens davon machen, ist die Wahrscheinlichkeit am größten, dass das Kind schnell wieder einschläft. Das nonverbale Verhalten der Eltern zeigt dem Kind unmissverständlich, dass nachts nichts anderes geschieht als schlafen.

Tatsachen achten

Hilfreich ist es auch, bestimmte Vorstellungen mit dem Kind in altersgerechter Sprache zu besprechen. Diese Vorstellungen gründen sich in festen Entscheidungen der Eltern, das heißt, sie klingen aus dem Munde eines Elternteils so, dass das Kind heraushört: Es handelt sich für die Eltern um Tatsachen. Ich erläutere die Vorstellungen im Folgenden am Beispiel des Einschlafens, sie lassen sich aber auch auf andere Situationen übertragen:

- Eltern brauchen dringend ihren Schlaf, um am Tag gut für ihre Kinder sorgen zu können.
- Eltern brauchen ihr Bett für sich allein.
- Alle Menschen schlafen nachts.
- Niemand kann für jemand anderen schlafen, Pipi machen oder lachen, das kann nur jeder Mensch für sich allein.
- Schlafen ist etwas Selbstverständliches. Jeder Mensch kann es.
- Manchmal ist es schwer einzuschlafen. Das Problem kennen alle Menschen. Dieses Problem tritt nur phasenweise auf, und es vergeht wieder.
- Jeder Mensch hat seine «Tricks», wie er am besten einschläft. Ein Erwachsener kann zwar einem Kind erzählen, wie er es macht, um gut einzuschlafen, aber Kinder haben manchmal ganz andere Tricks als ihre Eltern.
- Deshalb können Eltern sehr neugierig sein, von den Kindern zu erfahren, wie diese es für sich meistern.

Bei allen Selbständigkeitsschritten gelten folgende Einsichten:

Das Bewusstsein, dass es das Kind selbst ist, das diesen neuen Selbständigkeitsschritt gehen muss, hilft Eltern, innerlich loszulassen und ihn vertrauensvoll auch wirklich dem Kind zu überlassen. Eltern sollten sich in solchen Situationen möglichst nicht mit ihren Kindern identifizieren. Mitgefühl für das Bemühen des Kindes ist angebracht, aber auf keinen Fall Ehrgeiz, Mitleid oder Schuldgefühle.

Auch hier gilt: Wenn das Kind den Schritt beim ersten Anlauf noch nicht schafft, wartet man einfach einige Wochen, ehe das Kind es wieder versucht. Eltern sollten hier nicht agieren oder Einfluss nehmen. Ihr hilfreicher Beitrag ist ein inneres Beteiligtsein, als würden sie ihrem Kind die Daumen halten.

22 Selbständigkeit und Unselbständigkeit im Pubertätsalter

Vor allem in der zweiten Hälfte der Kindheit sollten wir Erwachsenen für unsere Kinder nichts mehr tun, was sie selbst tun können. Die Angewohnheit, dass wir es fälschlicherweise doch tun, kommt aus der Zeit, als unsere Kinder noch sehr klein waren.

Überversorgung

Die frühe natürliche Unselbständigkeit von kleinen Kindern gab uns Erwachsenen ein gesteigertes Gefühl für unsere Bedeutung und Wichtigkeit. Uns erschien unser Dasein und unser Handeln sinnvoll und wichtig, *weil* wir von ihnen gebraucht wurden. Werden die Kinder dann größer und kompetenter, fällt es manchen Eltern sehr schwer, den Kindern Selbständigkeit und Eigenwillen zuzugestehen. Dies geschieht unbewusst. Mütter, deren Hauptaufgabe die Kindererziehung ist, sind öfter davon betroffen. Jeder Schritt des Kindes zu mehr Selbständigkeit wird dann unbewusst von der Mutter als Verlust ihres Einflusses und ihrer Wichtigkeit erlebt. Kinder wählen dann je nach Typus einerseits den Weg, Kompetenzen nicht auszuleben. Sie erscheinen unselbständig, passiv, initiativelos, ängstlich oder zögernd. Eltern sehen in diesen Verhaltensweisen ihrer Kinder manchmal fälschlicherweise «Faulheit». Oder Kinder versuchen andererseits durch Widerstand und Konflikt, sich Freiräume zu ihrer eigenen Selbständigkeitsentwicklung zu erkämpfen. In der Pubertät sind diese Kinder häufig im Zwiespalt: Ihr gesunder Egoismus möchte sich darüber freuen, dass die Mutter sie immer noch mit dem Auto zur Schule fährt, für sie Verabredungen ausmacht, sie dazu animiert, sich zu waschen, und für sie das Zimmer aufräumt. In ihrer gesunden Entwicklung zur Eigenständigkeit aber fühlen sie sich blockiert und bevormundet. Die Mütter klagen: «Er schafft es noch nicht allein!» oder: «Wenn ich sie nicht dränge, erinnere oder es für sie mache, geschieht gar nichts.» Dieses Denken bewegt sich in einem Teufelskreis. Die Tatsache, dass die Mutter noch so vieles für ihr Kind tut, suggeriert dem Kind, dass es das alles noch gar nicht selbst tun könne oder es nicht gut genug machen würde. Dies hat blockierende Auswirkungen auf das Selbstwertgefühl und Selbstvertrauen des Kindes und auf seinen Mut, sich auszuprobieren und selbständige Schritte zu wagen.

Auch berufstätige Mütter, die sich darüber Sorgen machen, dass ihre Kinder unter der Berufstätigkeit leiden könnten, neigen manchmal zu Überversorgung. An folgendem Beispiel wird der Teufelskreis zwischen überversorgender Mutter und inaktivem Jugendlichen deutlich:

Die alleinerziehende Mutter eines siebzehnjährigen Jungen klagt: «Er kommt nicht ins Tun. Ich muss ihn immer wieder drängen und erinnern.» Sie erzählt dann, dass sie dem fast erwachsenen Sohn zum Beispiel immer noch die Schulbrote morgens herrichtet. Begonnen hat dies mit dem schlechten Gewissen der Mutter, dass sie morgens vor ihrem Sohn das Haus verlassen muss, um pünktlich bei ihrer Arbeitsstelle zu sein. Da sie sehr bedauert, nicht mit ihrem Sohn frühstücken zu können, stellt das Herrichten der Frühstücksbrote für die Mutter eine Ersatzhandlung dar, mit der sie ihre Schuldgefühle zu reduzieren versucht. Im Laufe des Beratungsgespräches merkt die Mutter, dass sie in ihrer Vorstellung zum Teil bei der Erziehung eines kleinen Jungen stehen geblieben ist und das Selbständigwerden ihres Sohnes nicht vollständig realisiert hat. Ihre unbewusste Doppelbotschaft könnte man in folgenden Sätzen zum Ausdruck bringen: «Ich will dir durch Bemuttern meine Liebe zeigen. Bleib also schön klein, damit ich das auch weiterhin tun kann. Wenn du mein kleiner Sohn bleibst, kann ich deine große Mutter bleiben.» Die Annehmlichkeiten des Verwöhntwerdens korrumpieren den Pubertierenden. Sie geben ihm gleichzeitig das Gefühl, hilflos und unfähig zu sein. Unbewusst spürt er, dass die Mutter es braucht, dass sie ihn bemuttern kann. Gute

Stimmung und Zuwendung bekommt er von ihr, wenn er der unfähige, kleine Junge bleibt. Autonomiebestrebungen und Widerstand des Sohnes würden die Mutter in Unzufriedenheit und Einsamkeitsgefühle stürzen. In anderen Situationen, außerhalb der mütterlichen Sphäre, wie etwa beim Rauchen, Kiffen und beim Alkoholtrinken in der Clique der Gleichaltrigen, beweist er sich dann selbst, dass er doch schon groß ist. Hier versucht er, seine Freiheitsspielräume zu erleben. Die Mutter hat dieser Seite gegenüber eine ambivalente Haltung, die zwischen Selbstzweifeln und Zweifeln an ihrem Sohn pendelt. Sie spürt, dass sie keine Macht mehr über diese Handlungen des Sohnes hat. Ihre Reaktionen sind nicht eindeutig: Mal macht sie ihrem Sohn Vorwürfe, mal zeigt sie ihm ihre Besorgnis, dann wieder ignoriert sie sein Verhalten.

Wäre die Mutter bereit zu akzeptieren, dass ihr Sohn groß ist, müsste sie Abschied nehmen von dem Gefühl, sie habe ein kleines Kind und könne für ihn noch alles regeln. Sie ginge durch einen Trauerprozess, den alle Eltern schmerzlich erleben, wenn ihre Kinder selbständig werden. Sie würde bemerken, dass ihr Sohn sie nicht mehr so viel braucht. Sie würde vielleicht auch in die Zukunft blicken und sehen, dass ihr Sohn sie eines baldigen Tages verlassen wird, um sein Leben ganz in seine eigenen Hände zu nehmen. Und sie würde dann sehen, dass sie vielleicht Angst davor hat, allein zurückzubleiben und sich nicht mehr so gebraucht und wichtig zu fühlen. Der schmerzhafte Anteil dieser Erkenntnisse würde sie auffordern, andere Bestätigungen in anderen Wirkungsfeldern für sich zu suchen. Die Angst vor dem Verlassenwerden würde sie vielleicht dazu anregen, Freundschaften zu intensivieren oder neue Kontakte für sich zu suchen.

Ihrem Sohn könnte sie dann eindeutiger und mit mehr Zutrauen gegenübertreten. Sie könnte entschieden, aber fröhlich scherzend zu ihm sagen: «Du, ab morgen mache ich dir kein Schulbrot mehr, das kannst du doch viel besser selbst.» In diesem Fall muss sie ihr Kontrollverhalten völlig einstellen. Dies wäre der richtige Weg auch dann, wenn der Sohn erst einmal eine ganze Weile ohne Schulbrot in die Schule ginge. Erst aus der eigenen Erfahrung des Hungers wird in ihm die Initiative entstehen, sich selbst zu versorgen. Vielleicht ist seine Lösung dann Junk-Food oder das «Schnorren» bei Mitschülern. Die Mutter ist jedenfalls gut beraten, das Thema überhaupt nicht mehr anzuschneiden. Sie kann beschließen, für sich selbst liebevoll zu sorgen. Dann kann er, wenn er will, an ihrem Vorbild erleben, wie man sich selbst versorgt. Würde sie dies aber nur aus erzieherischen Gründen tun, schürte sie lediglich seinen Widerstand.

Selbstverständlich sollten Eltern mit dieser Entwicklung nicht erst beginnen, wenn ihre Kinder schon siebzehn Jahre alt sind. Der Haltungswechsel der Eltern von der Aufgabe des Versorgens zu der des Begleitens vollzieht sich in vielen kleinen Schritten über die gesamte Kindheit hinweg. Ab dem Kindesalter von etwa neun oder zehn Jahren sollten Eltern auf jeden Fall bewusster an diesem Haltungswechsel arbeiten.

Förderung der Selbständigkeit

Wenn Eltern aufhören, etwas für ihre Kinder zu tun, was sie schon selbst tun können, erleben die Kinder dies als Anerkennung ihrer Kompetenz. Sie fühlen sich ernst genommen. Die Achtung der Eltern führt zu Selbstachtung beim Kind.

Vor allem in den Jahren zwischen dreizehn und sechzehn sollten Eltern ihren Erwartungsstandard, wie perfekt eine selbständige Arbeit von den Kindern auszuführen sei, herunterschrauben und sich freuen, dass ihre Kinder sich üben, selbständig und eigenverantwortlich zu handeln.

Die biologischen Vorgänge in der Pubertätsentwicklung lösen im Körper der Jugendlichen nicht selten ein starkes Schweregefühl aus. Dadurch fällt es ihnen nicht mehr so leicht, sich zu bewegen. Seelisch verlieren sie manchmal vorübergehend das vertraute Gefühl für ihre Kompetenzen. Gefühle wechseln häufig und steigern sich bis in ihre Extreme. Die Aufmerksamkeit der Jugendlichen auf ihre inneren Vorgänge ist manchmal so stark, dass sie den Blick auf die Umwelt zeitweise verlieren. Durch den starken Widerstand gegen die Erwachsenen, der phasenweise zur

Verselbständigung nötig ist, verlieren die Jugendlichen manchmal einen Teil ihres seelischen Geborgenheitsgefühles. Das macht sie verletzlich, melancholisch oder kämpferisch. Eltern sind gefordert, manchmal sogar in schnellem Wechsel, Konflikte auszutragen und dann wieder Trost oder Ermutigung zu spenden. Das gelingt am besten, wenn Eltern gelernt haben, Begleiter zu sein statt Konfliktpartner, das heißt, sich souverän und unabhängig zu verhalten und sich nicht persönlich betroffen zu fühlen (siehe Kap. 30). Während der Pubertät sollte das Zutrauen in die Kompetenzen der Kinder nahezu alle Bereiche betreffen. Eltern geben dann noch das «Dach über dem Kopf», also den materiellen Rahmen, sie geben eine Grundstruktur gegenseitiger Absprachen und Begegnungen, sind Begleiter, Gesprächspartner und Vertraute, aber kaum noch Versorger.

Ein vortrefflicher und unterhaltsamer Roman für Eltern von Jugendlichen im späteren Pubertätsalter ist das Buch von D. Gilmour (siehe Literaturverzeichnis). Der Vater in diesem Buch vollführt eine grandiose Gratwanderung: Einerseits lässt er von Erwartungen ab und hört damit auf, Einfluss ausüben zu wollen; andererseits ist er seinem Kind ein liebevoller, humorvoller Begleiter, der ihm die Treue hält. Das Buch kann Eltern Mut machen, auch schwierige Zeiten gut zu meistern und dabei die «gute Laune» nicht zu verlieren.

Der Familienrat

Schon wenn die Kinder neun oder zehn Jahren alt geworden sind, kann eine Familie damit beginnen, einmal pro Woche einen Familienrat einzuberufen. Hier können alle Wünsche und Bedürfnisse der Familienmitglieder artikuliert werden. Hier wird demokratisches Umgehen geübt. Hier wird auch beschlossen, welche logischen Folgen entstehen, wenn jemand Pflichten und Aufgaben gegenüber der Gemeinschaft nicht wahrgenommen hat oder seine Rechte zu Lasten der anderen ausgedehnt hat (siehe Kap. 18). Sichtbares Ergebnis des Familienrates ist in vielen Familien ein sich wöchentlich ändernder Wochenplan auf einem plakatgroßen Papierbogen, der an zentraler Stelle in der Wohnung aufgehängt wird. Auf ihm werden die Ziele, Pflichten (auch die logischen Folgen, die wirksam werden, falls eine Pflicht nicht erfüllt worden ist), Privilegien und auch der gesamte Zeitplan der Familie eingetragen. Mit den Unterschriften aller Familienmitglieder (Kinder unter 6 Jahren machen einen Fingerabdruck) wird besiegelt, dass alle mit den Absprachen einverstanden sind. Eltern müssen darauf gefasst sein, dass ein langer Übungsweg beginnt. Viele Konflikte werden ausgetragen. Das Nichtfunktionieren von Abläufen ist geradezu die Normalität. Hier findet soziales Lernen statt. Es entstehen Teamgeist und das Abwägen zwischen Eigeninteressen und den Bedürfnissen der anderen. Wenn Eltern gelernt haben, logische Folgen wirken zu lassen, das heißt, die Kinder Erfahrungen machen zu lassen, sind es nicht so sehr die Eltern, die Erziehungsmaßnahmen ergreifen müssen, sondern es ist besonders der gemeinsame Prozess im Familienrat, aus dem die Kinder lernen.

Der Familienrat wird nicht über Jahre beibehalten, sondern er ist ein Erziehungsmittel, das in bestimmten Phasen über Wochen und Monate hilfreich sein kann, dann eine Zeitlang abgesetzt wird und je nach den Bedürfnissen der Familie zu einem späteren Zeitpunkt wieder aufgegriffen werden kann. Wenn der Ablösungsprozess in der Pubertät schon zu weit fortgeschritten ist (etwa mit 16 J.), sollte man den Familienrat nicht mehr anwenden (siehe T. Gordon, Literaturverzeichnis).

Die gute Erziehung geht auf «Tauchstation»

In der Regel ist der Prozess, den die Eltern durch Erziehung mitgestalten können, je nach Reife der Jugendlichen mit sechzehn oder siebzehn Jahren weitgehend abgeschlossen. (Danach sind die Eltern nur noch Begleiter, nicht mehr Erziehende.) Eltern werden bemerken, dass ihr Kind einen hohen Selbständigkeitsgrad erreicht hat. Manchmal bekommen Eltern Rückmeldung darüber, wie ihr Kind sich als Gast in einer anderen Familie benommen hat: vorbildlich, Rücksicht nehmend, mithelfend, fair, mit hervorragenden Tischmanieren etc. Diese Eltern können sich freuen: Ihr Kind zeigt hohe Kompetenz! Das Ziel elterlicher Bemühungen ist erreicht. Zu Hause dagegen zeigt sich derselbe Jugendliche eher mit gegenteiligen Verhaltensweisen. Zu erwarten, dass der Jugendliche dieses kompetente Verhalten auch zu Hause zeigen müsse, ist eine Fehleinschätzung der Entwicklungsphase. Der Jugendliche kommt nämlich nun in eine Phase der Pubertät, die viele Eltern sehr fürchten: Sein inkompetent wirkendes Verhalten ist nicht Unvermögen oder Unwillen. Vielmehr zeigt er durch seinen Widerstand, dass er nun grundsätzlich anders sein will, als es den Forderungen und Erwartungen der Eltern entspräche. Das Gefühl, ganz anders zu sein, bestätigt sein Gefühl, nun ein ganz eigenständiger, von den Eltern unabhängiger Mensch geworden zu sein. Immer mehr nimmt er nun seine Entwicklung in die eigenen Hände. (In diesem Alter ist ein Auslandsaufenthalt in einer Gastfamilie manchmal auch eine Chance für die Jugendlichen, ihre eigenen Kompetenzen zu erproben.)

Ich zeichne verzweifelten Eltern, die fälschlicherweise denken, ihr Kind hätte nun alles vergessen oder «über Bord geworfen», was sie ihm im Laufe der ganzen Kindheit beigebracht haben, gerne folgende Skizze auf. Diese Skizze zeigt den «unterirdischen Weg» der Errungenschaften des Erziehens in der Pubertät.

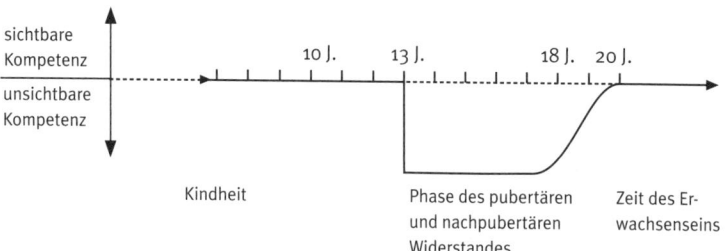

Die gute Erziehung geht auf «Tauchstation».

Die Skizze veranschaulicht, wie abrupt die Jugendlichen manchmal die pubertäre Widerstandshandlung einnehmen und es so aussieht, als ob sie alle guten Manieren und alle Regeln, die ihnen mühsam beigebracht worden sind, wieder verlernt oder vergessen hätten. Die Skizze zeigt humorvoll, wie die gelernten Grundlagen sozusagen «auf Tauchstation gehen» und für die Eltern seltener oder gar nicht mehr sichtbar werden. Die gepunktete Linie zeigt aber, dass der Faden der «guten Erziehung» nicht ganz abreißt – ein Hoffnungsschimmer für alle Eltern! In der scheinbaren «Abbruchphase» geht der Zweifel der Eltern an sich, an ihren Erziehungsmethoden oder an den Kindern oft in Verzweiflung über. Sie «meckern» viel und tragen Konflikte aus. Langsam, in der letzten Phase der Pubertät, kommen einzelne Kompetenzen und Regelwissen wieder zum Vorschein. In den ersten Jahren des eigenen, erwachsenen Lebens *außerhalb* des Elternhauses erarbeiten sich die Herangewachsenen auf der Grundlage des im Elternhaus Gelernten ihre *eigenen* Regeln und Haltungen. Nicht selten kommen die Eltern erst in den Genuss, die Ergebnisse ihrer Erziehungsbemühungen zu «ernten», wenn die Kinder schon selbst Eltern geworden sind.

Das Elternsein wird nicht mit Erfolg belohnt, sondern mit dem Erleben dieses aufregenden Prozesses.

23 Essen

Wie ich in den Kapiteln 21 und 22 über das Selbständigwerden beschrieben habe, benötigen Kinder bei den natürlichen Vorgängen des Voranschreitens in ihrer Entwicklung keine Motivierung und keinen Druck von den Erwachsenen. So ist es auch beim Essen. Kinder haben ein natürliches Gefühl für Hunger, Durst und Sättigung.

Nicht über das Essen reden

Besorgte Eltern denken manchmal, sie müssten ihr Kind zum Essen motivieren (z. B. bei Kindern, die als Frühgeburt zur Welt gekommen und körperlich zart und klein sind). Kinder reagieren darauf schlimmstenfalls mit Essensverweigerung. Ein nervenaufreibender Teufelskreis beginnt: Je mehr die Erwachsenen sich einmischen, desto stärker verweigert sich das Kind. Je mehr das Kind sich verweigert, desto sorgenvoller werden die Eltern. Der einzige Ausweg ist dann zu warten, bis ein natürliches Hungergefühl eintritt und das Kind von selbst wieder anfängt zu essen. Eine gelassene, zutrauende Grundhaltung dem Kind gegenüber wirkt auch hier «Wunder».

Manchmal bringt ein Zufall (den man auch bewusst herbeiführen kann) Entlastung und Klärung: Wenn nämlich solche Kinder einmal Gelegenheit haben, im Kreis einer größeren Gemeinschaft mit anderen Kindern eine Mahlzeit zu erleben, essen sie oft mit gutem Appetit. Durch die Selbstverständlichkeit, mit der die anderen essen, werden sie angeregt, es ihnen gleichzutun. Vor allem wird hier nicht über das Essen geredet, sondern es wird einfach mit Appetit gegessen, und niemand achtet darauf, wie viel oder wenig ein anderer isst. Daraus können dann die Eltern lernen, es zu Hause auch so zu halten. Die Eltern selbst sind

Vorbild, indem sie selbst essen und gar nicht besonders darauf achten, wie viel ihr Kind isst.

Vorlieben und Abneigungen

In bestimmten Altersstufen (z. B. im späten Grundschulalter oder zu Beginn der Pubertät) entwickeln Kinder manchmal ausgesprochene Vorlieben für bestimmte Nahrungsmittel und schließen andere Nahrungsmittel völlig aus (ungeachtet, wie gesund sie auch sein mögen oder wie viel Mühe sich die Mutter beim Kochen gemacht hat). Sie empfinden einen starken Ekel und äußern dies auch unmissverständlich. Kinder sollten auch in solchen Situationen nicht zum Essen gezwungen werden. Erwachsene brauchen solche Missfallensäußerungen nicht persönlich zu nehmen, sondern sie können sehr sachlich und gelassen damit umgehen. Das Kind braucht das verabscheute Nahrungsmittel nicht zu essen, muss aber mit dem vorlieb nehmen, was sonst noch an Essen auf dem Tisch steht. Keinesfalls sollte sich eine Mutter oder ein Vater dazu hinreißen lassen, ein Extraessen für das Kind zu kochen. Auch sollten Eltern nicht erlauben, dass das Kind sich statt des verschmähten Nahrungsmittels etwas, das nicht auf dem Tisch steht, das es aber besonders gern mag, zu essen nimmt (Verwöhnung). Wenn Kinder eine ganze Mahlzeit auslassen, weil sie das komplette zubereitete Essen nicht mögen, so sollten Eltern dies zulassen. Das Kind kann bei Tisch sitzen bleiben oder auch aufstehen und in sein Zimmer gehen, je nach Alter und Gebräuchen der Familie. Es sollte dem Kind kein begehrter Ersatz, sondern lediglich ein Knäckebrot und ein Apfel angeboten werden. Bei der nächsten Mahlzeit kann das Kind dann wieder ganz normal mitessen. Wenn ein Kind bei einer Mahlzeit nicht mitessen will, weil es sagt, dass es keinen Hunger hat, verfährt man ebenso. Der Erwachsene sollte dann darauf achten, dass das Kind als Zwischenmahlzeit höchstens eine Kleinigkeit (Knäckebrot und/oder Apfel) bekommt, damit es bei der nächsten Familienmahlzeit wieder Hunger hat und dadurch wieder in den gemeinsamen Rhythmus der Familie zurückfindet. Das Geschehen sollte von den Erwachsenen ohne bewertenden Kommentar hingenommen werden. Manchmal zeigt sich in den Abneigungen der Kinder beispielsweise ein pubertärer oder vorpubertärer Widerstand gegen Überversorgung oder gegenüber der Haltung der Mutter, ihr Kind als kleiner anzusehen, als es ist. Sollte irgendein Widerstand dahinterstecken, so sollten sich die Erwachsenen darüber im Klaren sein, dass es sich um einen symptomatischen Vorgang handelt, mit anderen Worten: dass das Verhalten des Kindes unbewusst und nicht mit dem Willen steuerbar ist. Der Ekel ist für das Kind quälend. Es helfen weder Doch-Sätze noch Entrüstung oder Enttäuschung. Der einzige Weg ist liebevolle Akzeptanz ohne Verwöhnung. (Ein bisschen Humor ohne Ironie hilft manchmal dem Erwachsenen, die Situation leicht und das Problem nicht persönlich zu nehmen.)

Zu viel essen

Auch bei der Frage, ob ihr Kind möglicherweise zu viel isst, sollten Eltern gelassen bleiben. Manchmal haben Kinder mehr, manchmal weniger Hunger. Es gibt Zeiten, in denen das Wachstum des Körpers eine Pause macht. Wenn die Kinder dann ebenso viel weiteressen wie bisher, werden sie für kurze Zeit dicker. Dies gleicht sich in kurzer Zeit von selbst wieder aus.

Das innere Maß, nach welchem sich die Kinder beim Essen richten, ist ein unbewusstes Maß. Man sollte als Eltern darüber nicht verbal mit dem Kind sprechen, um appellierend Veränderungen herbeizuführen. Zum einen können Kinder es nicht willentlich beeinflussen, zum anderen lenkt es die Aufmerksamkeit des Kindes auf sein So-und-nicht-anders-sein-Können und sorgt für Selbstwertprobleme und Verunsicherung.

Selbst wenn ein Kind unpassend viel zunimmt, erreichen Eltern durch eine Diät oder Appelle, weniger zu essen, meist nichts. Das Dickerwerden ist ein Symptom, dahinter steckt ein ganz anderes Problem. Wenn dieses andere Problem gelöst ist, nimmt das Kind von selbst ab und pendelt sich auf ein gesundes Gewicht ein. Wenn ein solches darunterliegendes Problem so groß ist, dass sich als Symptome Essstörungen wie Bulimie oder

Anorexie zeigen, so ist dies ein Zeichen dafür, dass die Familie das Problem nicht aus eigener Kraft lösen kann. Dann sollte die Familie dringend therapeutische Hilfe in Anspruch nehmen. Bei einer solchen Therapie geht es nicht darum, einen Schuldigen für das Symptom zu suchen, sondern darum, Veränderungen herbeizuführen, die es ermöglichen, dass sich das Symptom auflösen kann.

Ein Beispiel für einen solchen gelungenen Therapieprozess: Eine junge, sehr schöne Frau hatte als Kind öfter erleben müssen, dass männliche Bekannte die Mutter übergriffartig belästigten (vielleicht auch das Kind). Das Kind wurde dick und blieb es während der gesamten Kindheit. In der Analyse der Lebensgeschichte des Mädchens ergab sich, dass es sich unbewusst durch Dickwerden hässlich machen wollte, um Männern nicht zu gefallen und dadurch vor Übergriffen geschützt zu sein. Im jugendlichen Alter litt sie (und ihre Familie) unter dem Dicksein. Bulimische Tendenzen zeigten sich. Weder eine Diät noch «gutes Zureden» halfen. Als sie dann ein Alter erreichte, in dem sie sich diese Zusammenhänge bewusst machen konnte, stärkte sie ihre Fähigkeiten, sich auf andere Weise vor Annäherungen von Männern schützen zu können. Als sie darin genügend Sicherheit besaß, wurde sie *von selbst*, ganz ohne Diät, schlank.

Das falsche Essen

In den Industrieländern zeigt sich eine erschreckende Entwicklung zur Fehlernährung von Kindern. Sie werden ungesund, krankheitsanfällig, leistungsschwach, depressiv und zu dick, weil sie zum einen eine Ernährung bekommen, wie etwa Fastfood, die für sie nicht geeignet ist, zum anderen, weil sie sich zu wenig bewegen.

Der Teufelskreis beginnt oft damit, dass Eltern zu wenig Zeit für ihre Kinder haben, sie mit schnell zubereiteter oder schon fertig gekaufter, ungesunder Kost «abfüttern» und sie vor dem Fernseher oder dem Computer «parken».

Kinder, deren Körper noch im Aufbau sind, brauchen viel Bewegung und freies Spielen am Tag. Sie brauchen für ihre Entwicklung eine gesunde, ausgewogene, vielseitige, leichte Kost. Und sie brauchen frische, vitaminreiche Lebensmittel. Kinder werden motiviert, diese gesunden Nahrungsmittel zu essen, wenn die Mitglieder der Familie in fröhlicher Runde um den Esstisch versammelt sind und gemeinsam alle das Gleiche essen. Die Erwachsenen sind mit ihrem Appetit und ihrer Freude am gemeinsamen Zusammensein beim Essen ein gutes Vorbild. Kinder essen auch «mit den Augen». Wenn das Essen hübsch angerichtet oder ansprechend garniert ist, macht es den Kindern mehr Spaß.

Gibt es dagegen in einer Familie erst einmal die Angewohnheit, «vom Kühlschrank in den Mund» zu essen, so ist es schwierig, die Kinder zu gesundem Essen und Tischkultur zu erziehen. Dann ist ein Umgewöhnungsprozess nötig, wie ich ihn am Beispiel der Süßigkeiten beschreibe.

Süßigkeiten

Manchmal gerät der normale Rhythmus des Essens aus den Fugen, zum Beispiel weil Kinder an zu viel Süßigkeiten gewöhnt sind. Sie essen dann bei den regulären Mahlzeiten das gesunde Essen nicht, weil sie aufgrund der Süßigkeiten, die sie zwischendurch essen, bei den Hauptmahlzeiten keinen Hunger und auch keinen Appetit mehr haben. Zu viel Zuckergenuss kann oft eine erhöhte Krankheitsanfälligkeit zur Folge haben, weil er die Darmflora negativ beeinflusst und das Abwehrsystem schwächt. Hier helfen nur eine grundlegende Entscheidung der Eltern und ein konsequent eingehaltener Essensplan, um den Teufelskreis aufzubrechen, der durch zu viel Zucker entsteht. Zucker kann suchtartige Prozesse anregen. Deshalb ist ein solcher Essensplan mit einer Entwöhnungskur vergleichbar. Die Süßigkeiten müssen dann erst einmal vollständig aus dem Leben des Kindes verschwinden. Erst dann tritt zu den Mahlzeiten wieder ein natürliches Hungergefühl auf. Diese «Kur» ist für Kinder frustrierend. Eltern brauchen hier große Entschiedenheit, um für das Wohl des Kindes konsequent zu handeln (siehe Kap. 11). Unterstützend wirkt während dieser Umgewöhnung ein gut gestalteter Nachmittagsplan mit viel Bewegung an frischer Luft (fördert das Entstehen von Hunger und Appetit) und mit fröhlichem Spiel oder Abenteuern (lenkt vom Bedürfnis nach Zucker ab). Obst oder rohes Gemüse als Zwischenmahlzeiten ersetzen die Süßigkeiten, ohne dass ein so hoher Sättigungsgrad eintritt, wie dies durch Süßigkeiten geschieht. Wenn der Rhythmus der Mahlzeiten wieder gewohnheitsmäßig angelegt ist und gut funktioniert, schaden kleine Portionen Süßigkeiten *nach* dem Essen nicht (wenn keine Allergien vorliegen).

24 Schutz vor Überforderung

Einerseits können wir gelassen und anerkennend wahrnehmen, wie unsere Kinder Schritt für Schritt selbständiger und kompetenter werden, andererseits haben wir Erwachsenen auch die Aufgabe zu entscheiden, ob und wann ein bestimmter Einfluss für unsere Kinder zu früh wäre oder sie überfordern würde. Hier hat das Grenzensetzen eine bedeutende Schutzfunktion.

Spielen in reizarmer Umgebung

Unsere Gesellschaft bietet eine Überfülle an Information, eine Überfülle an Spiel-, Lern- und Freizeitangeboten und eine Überfülle an Spielmaterial an. Wir Eltern haben die Qual der Wahl. Beobachtungen an Kindern in den Industrienationen zeigen, dass eine sogenannte «reizarme Umgebung» für kleinere Kinder förderlicher ist als eine Umgebung voller Reize. Dieses Wissen fordert von uns Erwachsenen, dass wir häufig Nein sagen müssen, um unsere Kinder vor einer Überflutung mit Reizen zu schützen. Eine natürliche Umgebung, etwa ein Garten, ein Wald oder eine Wiese, bietet «reizarme» Situationen. Das Kind kann sich in Ruhe spielend mit den Gegenständen der Welt vertraut machen und Lernerfahrungen machen. Es lernt, sich zu konzentrieren. Diese Fähigkeit kann es später, in der Schule, gut gebrauchen. Das Kind selbst kann bestimmen, wie lang es mit einem Gegenstand spielt und was es damit macht. Ein Ast kann im Spiel einmal der Mast eines Segelschiffes sein, ein anderes Mal ein Turm und ein drittes Mal ein Königszepter. Ein solches unspezifisches Spielzeug fördert die Kreativität und die Phantasie des Kindes. Moderne gekaufte Spielsachen sind in der Regel sehr spezifisch. In ihrer Perfektion gefallen sie den Kindern häufig zunächst sehr. Oft sind sie aber nur für einen ganz bestimmten Spielvorgang geeignet. Deshalb werden sie schneller langweilig. Manche Kinder haben ein ganzes Zimmer voller Spielsachen und spielen nur mit einem oder zwei Dingen gern. Eine solche Überfülle macht interessanterweise eher unzufrieden als zufrieden.

Spielsachen auswählen

Eltern sollten auswählen. Sie sollten sich dabei von ihren eigenen Beobachtungen am Kind leiten lassen. Folgende Fragen können dabei helfen:

• Welche Spielsachen ermöglichen das Spielen mit anderen Kindern?
• Welche Spielsachen ermöglichen das Spielen draußen an frischer Luft?
• Welche Spielsachen ermöglichen viele Variationen eines Spiels?
• Welche Spielsachen ermöglichen viele verschiedene Spiele?
• Bei welchen Spielen kann sich das Kind gut bewegen?
• Bei welchen Spielen macht das Kind grundlegende Erfahrungen mit seinen Sinnen (Sehen, Hören, Riechen, Schmecken, Tasten und Bewegen)?

Für eine gesunde Entwicklung kommen dem Tasten und dem Bewegen eine vorrangig wichtige Aufgabe zu, weil Kinder über diese beiden Erfahrungen (in Verbindung mit allen anderen Sinneserfahrungen) am meisten lernen können und am besten zu einem guten Kompetenz- und Selbstwertgefühl finden.

Spielen statt Fernsehen

Das Sitzen vor dem Computer oder dem Fernsehen lässt Kinder nur sehen und hören. Die Informationen, die sie erhalten, sind ungeheuer schnell und überflutend. Ein Kind, das eine Stunde fernsieht, müsste mindestens eine Stunde danach in Bewegung mit anderen spielen, um all die überflutenden Reize zu verarbeiten. So zeigt es sich oft auch, dass Kinder nach dem Fernsehen streiten oder toben, nur um in Bewegung zu kommen und all die Reize wieder abzubauen. Bei all den «lehrreichen» TV-Sendungen für Kinder können Kinder nicht viel lernen, weil sie zum Lernen alle Sinne brauchen. Sie müssen anfassen, bewegen, ausprobieren, fallen lassen, darüber sprechen, mit anderen handeln etc. Alle Gefühle, die entstehen, müssen ausgedrückt und in Handlungen umgewandelt werden. Beim Fernsehen geschieht dies alles nicht. Beim Spielen und Erleben sind die Kinder *in* dem Ereignis. Beim Fernsehen sitzen sie, jedes für sich, und *vor* ihnen geschieht etwas. Deshalb müssen wir Erwachsenen uns von pädagogischen Gesichtspunkten leiten lassen bei der Frage, ob das Fernsehen die richtige Beschäftigung für unsere Kinder ist. Ich sage eindeutig: Nein.

Während meiner Vorträge und Elternabende staune ich oft, dass Eltern nicht protestieren, wenn ich diesen eindeutigen Standpunkt vertrete. Sie berichten, dass sie auch beobachtet haben, dass das Fernsehen ihren Kindern nicht guttut. Die Fragen, die diese Eltern haben, gehen mehr dahin, dass sie nicht wissen, wie sie wirkungsvoll verhindern können, dass ihre Kinder zu viel fernsehen. Darauf möchte ich einige Antworten geben.

Alternativen zu den Medien

Kleine Kinder benötigen erwachsene Menschen, die den Tag für sie gestalten. Wenn die Erwachsenen (Eltern, Großeltern, Betreuer oder Erzieher) sich darauf einlassen, mit den Kindern den Tag zu verbringen, versuchen sie ihre Interessen mit denen der Kinder zu verbinden.

Als Mutter war ich mit meinen Kindern viel draußen in der Natur. Zu jeder Jahreszeit gibt es viel zu entdecken und zu erleben. Die Kinder waren in Bewegung und hatten in Ruhe Zeit zu spielen. Ich selbst habe mitgespielt oder mich in ihre Nähe gesetzt und gelesen. In anderen Situationen habe ich gekocht oder andere Arbeiten erledigt. Die Kinder konnten mithelfen oder spielerisch etwas Ähnliches tun. Oder sie haben miteinander gespielt. Abends waren die Kinder gesund müde. Ich erzählte ihnen vor dem Einschlafen Geschichten, und sie konnten gut schlafen. Die Geschichten handelten von Kindern, die auch ähnliche Dinge erlebten wie meine Kinder, oder sie handelten von Zwergen, Feen und märchenhaften Ereignissen. Auch beim Vorlesen sollten Eltern sich nicht allein auf die Altersempfehlungen in den Büchern verlassen, sondern die Bücher, die sie den Kindern vorlesen wollen, einmal vorher selbst lesen, um sich ein Bild davon zu machen, ob das jeweilige Buch für das eigene Kind wirklich schon geeignet ist. Unsere Gesellschaft neigt dazu, Kinder zu früh mit Inhalten zu konfrontieren, die sie noch gar nicht begreifen können. Meist stehen handfeste Wirtschaftsinteressen dahinter. Diesen Interessen sollten sich Eltern zum Schutz ihrer Kinder nicht unterwerfen. Die Kindheit, in der man Geborgenheit braucht und es noch nicht verkraftet, mit Problemen konfrontiert zu werden, die man noch nicht versteht und auch nicht lösen kann, ist ja sehr kurz. Wir sollten unseren Kindern diesen Schutzraum gewähren.

Durch erzählte oder vorgelesene Geschichten hatte die Phantasie meiner Kinder immer genug Anregung. Es gab keine Zeit, in der Fernsehen nötig gewesen wäre. Als sie größer wurden, war das Spielen mit anderen Kindern das Wichtigste in ihrem Leben. Auch damals war Fernsehen nicht nötig. Als sie in der Schule waren und andere Kinder vom Fernsehen erzählten, war ich als Mutter gefordert, eine Grenze zu setzen. Meine Kinder konnten diese Grenze akzeptieren, weil sie nichts vermissten. Als sie älter wurden, durften sie ausgewählte Filme sehen. Dies blieb aber eine Ausnahme. Erst in der Pubertät gehörte das Fernsehen zu ihrem normalen Alltag. Aber auch in dieser Zeit gab es so viel «Konkurrenz» zum Fernsehen, wie etwa Sport, Freunde treffen, Musik hören, Unternehmungen machen, Projekte in der Schule etc., dass das Fernsehen ganz von selbst nicht überhandnahm.

«Dosierter» Medienkonsum

Eltern, die selbst gerne fernsehen oder am Computer sitzen, können dies in die Abendstunden verlegen und die Medien in einen Raum stellen (z. B. ins Elternschlafzimmer), der den Kindern nicht zugänglich ist. Dieser Raum kann abgeschlossen und gezielt genutzt werden. Ist dies für Eltern eine Selbstverständlichkeit, vergleichbar etwa der Tatsache, dass man einem fünfjährigen Kind noch keinen Alkohol zu trinken gibt, dann erleben Kinder diese Grenzsetzung ebenfalls als selbstverständlich (siehe Kap. 11).

Wenn ihre Kinder fernzusehen beginnen, sollten die Eltern am Anfang dabei sein. In keinem Alter ist Fernsehen als Ersatz für eine Bezugsperson geeignet. Nur wenn die Eltern anwesend sind, können sie die Kinder auch begleiten, wenn etwas Irritierendes oder Erschreckendes gezeigt wird. Kinder haben viele Fragen zu all den Eindrücken, die durch die Medien an sie herangetragen werden. Sie brauchen vertraute Personen, mit denen sie darüber reden können. Das Fernsehen setzt seine Inhalte meist ohne Bewertung nebeneinander: ein Bericht über ein Verbrechen, ein Bericht über eine Katastrophe, dann folgt unvermittelt die Ziehung der Lottozahlen. Kinder brauchen Gespräche, um zu lernen, die Informationen und Bilder in ihren unterschiedlichen Bedeutungen einzuschätzen und zu bewerten. Kinder müssen auch lernen zu entscheiden, was und wie viel sie an Medieneindrücken aufnehmen wollen und können. Selbst wir Erwachsenen kennen die Sogwirkung der Reize des Fernsehens: Obwohl der Film, den man sehen wollte, zu Ende ist, sieht man einfach weiter fern. Auch uns Erwachsenen fällt es manchmal schwer, das Fernsehgerät auszustellen. Deshalb muss die «Dosierung» noch sehr lange vom Erwachsenen entschieden werden, ehe das Kind sich selbst beschränken kann.

Je mehr interessante, echte Erlebnisse den Tag bereichern, desto weniger hat das Kind das Gefühl, das Fernsehen zu «brauchen». Selbst wenn andere Kinder im Kindergarten oder in der Schule vom Fernsehen erzählen, verkraften dies Kinder, die nicht fernsehen, gut, weil es nur immer kurze Momente sind, in denen davon erzählt wird, und dann gehen sie dazu über, miteinander zu spielen. Im späteren Schulalter, im Vorpubertätsalter, haben Eltern manchmal Kämpfe mit ihren Kindern bezüglich des Medienkonsums auszutragen. Es lohnt sich, diese Kämpfe auf sich zu nehmen, wenn man weiß, wie viel besser die Kinder ihre Begabungen entfalten können und wie viel reicher eine Kindheit ist, wenn das Fernsehen keine Rolle spielt. An ein Erlebnis im Wald erinnert sich ein Kind vielleicht ein ganzes Leben lang. Einen Kinderfilm im Fernsehen hat es meist schon nach kurzer Zeit vergessen.

Im fortgeschrittenen Schulalter können Kinder und Jugendliche am Nachmittag in Sportgruppen oder künstlerischen Kursen sich selbst erproben und ihren Neigungen nachgehen. Dabei erleben sie, dass sie im Kontakt zu anderen Freude erleben, Ziele verfolgen und erfolgreich handeln können.

Nachrichtensendungen

Nachrichtensendungen im Fernsehen stellen für Kinder eine große Gefahr dar. In den Nachrichten werden in rasanter Schnelligkeit und in kurzer Abfolge die erschreckendsten Ereignisse aus der ganzen Welt gezeigt. Kinder haben keine Zeit zu verstehen, was warum und wie geschehen ist und wie den Menschen in Not überall in der Welt geholfen werden kann. Das weckt Ängste, tötet Mitgefühl und macht hilflos und resignativ. Forscher in Amerika haben in einem Versuch anschaulich bewiesen, dass erwachsene Menschen, die drei Wochen lang keine Nachrichtensendung gesehen hatten, deutlich glücklicher und zufriedener waren als vorher (Robert H. Frank, Cornell University, New York; Jeff Davidson, 1999). Erwachsene können selbst entscheiden, ob sie sich dies zumuten wollen, aber Kinder brauchen unseren Schutz.

Im Alter von neun oder zehn Jahren sind Kinder in der Lage, vieles, was in der Welt geschieht, intellektuell zu verstehen und darüber schon sehr klug zu sprechen. Aber gefühlsmäßig können sie eine solche Überfülle an Information, vor allem an entmutigender Information, noch gar nicht verarbeiten. Sie entwickeln manchmal Ängste und Schlafstörungen oder andere

Symptome, die zeigen, wie überfordert sie sind. Deshalb müssen wir Erwachsenen sie noch schützen und sinnvoll Grenzen zu ihrem Wohl setzen.*

Übertriebener Medienkonsum als Symptom

Man kann davon ausgehen, dass es größeren Kindern (ab zwölf Jahren) nicht schadet, wenn sie im Fernsehen Filme sehen, die ihre Eltern altersspezifisch für sie und mit ihnen ausgesucht haben.

Wenn Kinder oder Jugendliche in eine seelische Krise geraten sind oder depressive Tendenzen haben, und sie benutzen unbewusst das Fernsehen oder Computerspiele als Flucht vor den realen Problemen, so können suchtartige Phänomene auftreten. Nicht immer bemerken die Eltern rechtzeitig, dass ihre Kinder seelisch aus dem Gleichgewicht geraten sind. Dies kann passieren, wenn zum Beispiel zu Beginn der Pubertät, die ohnehin verunsichernd auf das Kind wirken kann, familiäre Probleme hinzukommen. Die Trennung der Eltern, ein neuer Partner bei einem der Eltern, Arbeitslosigkeit eines Elternteils, Krankheit oder Tod eines geliebten Familienmitglieds, eine unglückliche Liebesbeziehung, Ausgegrenztwerden in der Freundesclique oder andere schockierende Ereignisse können eine solche Krise auslösen. In solchen Situationen sind Kinder und Jugendliche gefährdet, sich durch suchtartige Verhaltensweisen von ihren seelischen Schmerzen abzulenken. Es können verheerende «Teufelskreise» beginnen: Das Ablenken von den Problemen durch hohen TV-Konsum und Computerspiele oder noch schlimmer durch Drogen- oder Alkoholkonsum erzeugt eine Selbstentfremdung. Manchmal geraten dann diese Kinder oder Jugendlichen in einen Zustand, in dem sie sich von ihren Gefühlen so abgeschnitten fühlen, dass sie sich selbst körperliche Verlet-

---

* Professor Dr. C. H. Pfeiffer (Kriminologisches Forschungsinstitut Niedersachsen) weist in seinen Untersuchungen auf die gefährdenden Auswirkungen von übertriebenem Medienkonsum von Kindern und Jugendlichen hin. Wertvolle Hinweise dazu findet man auch in dem Buch «Lernen» von M. Spitzer.

zungen beibringen (z. B. «Schnibbeln»), um sich selbst wieder zu spüren. Im schlimmsten Falle versuchen sie, sich umzubringen, um gar nichts mehr zu fühlen. Zunächst haben diese Symptome häufig noch den unbewussten Wunsch, die Erwachsenen auf die Not aufmerksam zu machen und mit ihnen in Kontakt zu treten. In solchen Situationen ist es ratsam, therapeutische Hilfe in Anspruch zu nehmen.

In diesen Fällen zeigt sich, dass die Erwachsenen den Kontakt zu den Jugendlichen verloren haben. Oft ist im Nachhinein nicht mehr festzustellen, worin die Ursache des Kontaktverlustes bestand. Entweder haben die Erwachsenen durch ein bestimmtes Ereignis den Kontakt zu den Jugendlichen aufgegeben (z. B. aus eigener Überforderung oder Krankheit), und der Jugendliche hat dann mit den Symptomen reagiert. Oder die Art und Weise, wie ein Kind oder Jugendlicher auf sich und sein Problem aufmerksam machen wollte, hat bei den Erwachsenen zu Enttäuschung und Abwendung geführt.

So ist extensiver TV- und Computergebrauch von Kindern und Jugendlichen zugleich Symptom (Zeichen für ein dahinterliegendes Problem) und Problem selbst, welches wieder Folgen und Wirkungen zeigt. Denn der Medienkonsum verstärkt immer mehr den inneren Rückzug und die Isolation. Neben diesen Symptomen zeigen sich häufig weitere, etwa mit Selbstverletzungen oder suizidal zu reagieren oder eine höhere Beeinflussbarkeit in Bezug auf Aggression und Radikalisierung des Denkens, Sprechens oder Handelns. Nicht selten verstärken sich die verschiedenen Symptome gegenseitig.

Normaler Umgang mit Medien im Jugendalter

Viele Jugendliche haben Phasen, in denen sie sich gerne sehr «in ihr Schneckenhaus» zurückziehen. Sie lesen viel, hören Musik, surfen im Internet oder schauen Fernsehen. Dies zeigt nicht gleich eine gefährliche Krise an. Wer guten Kontakt zu seinen Kindern hat, nimmt wahr, ob sich besorgniserregende Symptome zeigen oder ob es sich um eine altersspezifische Tendenz zum Rückzug handelt.

Jugendliche, die einen guten Kontakt zu ihren Eltern und Freunden haben und sich gesund entwickeln, sind nicht so anfällig für suchtartigen Medienkonsum. Sie lassen sich in der Regel (nach anfänglichen Kämpfen, die in diesem Alter dazugehören) darauf ein, mit ihren Eltern und Geschwistern zusammen einen Wochenplan auszuhandeln, der in ausgewogener Weise Zeiten für Hobbys und Freizeitbeschäftigungen mit Gleichaltrigen sowie Zeiten für ausgewählten Medienkonsum vorsieht. Im Jugendalter können auch Zeiten eingeplant werden, in denen die Eltern ihre Kinder in den Gebrauch des Computers einführen und ihnen die Möglichkeit geben, selbst Erfahrungen damit zu sammeln. Diese Kenntnisse erwerben Jugendliche schnell und leicht. Es ist nicht erforderlich (und keinesfalls förderlich), damit schon im Kindesalter zu beginnen. Ein solcher Wochenplan benötigt die wache Beobachtung der Erwachsenen. Falls bei den Jugendlichen eine Tendenz dazu besteht, die vereinbarten Zeiten nicht einzuhalten, erleichtern Passwörter oder das Abschließen des Raums, in dem die Medien stehen, den Eltern, den Gebrauch der Medien zu begrenzen und zu begleiten.

25 Exkurs: Das Daseinsgefühl des Kindes und der Kontakt zu den Erwachsenen

Einer der bedeutendsten Gründe für Grenzüberschreitungen von Kindern jeden Alters ist der Verlust des Kontakts zum Erwachsenen. Kontakt ist ein existenzielles Bedürfnis von Kindern, so existenziell wie Atmen, Essen, Trinken und Schlafen. Kleine Kinder brauchen, um zu überleben, ständig Kontakt. Durch Kontakt erst fühlen sie ihr Dasein. Haben sie keinen Kontakt, so fühlen sie sich schnell verloren. Dies kann für kleine Kinder ein extrem bedrohliches Gefühl sein. Sie bekommen Angst. Deshalb versuchen Kinder, die zu wenig Kontakt haben, mithilfe von Grenzüberschreitungen die Erwachsenen zu Reaktionen zu bewegen. Sie tun dies unbewusst, aber zielstrebig. Je heftiger die Grenzüberschreitungen ausfallen, desto heftiger sind auch die zu erwartenden Reaktionen der Erwachsenen. So ziehen Kinder den klugen Schluss, dass starke Provokationen ein sicheres Mittel zur Kontaktgewinnung sind. Um diese komplizierten Zusammenhänge zu verstehen und daraus gute Schlussfolgerungen für die Erziehungsarbeit zu ziehen, will ich hier einen Exkurs in die jüngsten Erkenntnisse der Forschung unternehmen.

Für uns Erwachsene ist unser Dasein eine Tatsache. Dieses Wissen ist in uns langsam und unbewusst entstanden, so dass wir uns nicht mehr daran erinnern, dass wir uns unseres Daseins einmal nicht so sicher waren wie heute. Deshalb können wir Erwachsenen uns nicht mehr vorstellen, dass Kinder sich nicht sicher sind, ob sie wirklich da sind. Diese Unsicherheit wirkt in ihnen unbewusst, deshalb kommen sie auch nicht auf die Idee, uns danach zu fragen.

Die Strategie der Erwachsenen

Obwohl wir Erwachsenen uns über unser Dasein ständig im Klaren sind, wissen wir nicht, wie wir das bewerkstelligen. Wir haben dafür kluge, sehr gut eingeübte, unbewusste Strategien ausgebildet, welche Kinder noch nicht beherrschen, weil sie erst in der Pubertät entwickelt werden: Wir schlagen etwa die Beine übereinander. Durch den Kontakt des rechten Beins mit dem linken vermittelt uns der Tastsinn das Daseinsgefühl. Oder wir kratzen uns am Kopf, streichen unsere Haare alle paar Minuten aus der Stirn, verschränken unsere Arme oder stützen unseren Kopf in unsere Hand. In einem Konzert oder bei einem Vortrag lässt sich das gut beobachten: In einem großen Saal sitzen Hunderte erwachsene Menschen, und es gibt keinen Einzigen, der sich nicht selbst berührt. Wir berühren uns ständig zu dem Zweck, den Kontakt zu uns selbst nicht zu verlieren. Und wir wissen noch nicht einmal, warum wir es tun, so routinemäßig sind diese Vorgänge. Würden wir unbeweglich und ohne uns zu berühren eine Zeitlang ausharren, so würden wir bemerken, dass wir ein unerträgliches Bedürfnis nach Bewegung und Berührung hätten. Kinder beherrschen die Eigenstimulierung noch nicht in genügender Weise. Wenn sie beim Sitzen die Beine übereinanderschlagen, lachen wir, weil wir sehen, dass sie einen Erwachsenen nachahmen und Erwachsensein spielen. Kinder benötigen, dass wir Erwachsenen ihnen Kontakt geben. Durch den Kontakt zum Erwachsenen fühlt sich das Kind daseiend. Aber dieses Gefühl ist kein beständiges Wissen, wie bei uns Erwachsenen, sondern nur ein flüchtiges Gefühl. Wenn kleine Kinder im wachen Zustand über einen längeren Zeitraum ohne Kontakt sind, fühlen sie sich von einem beängstigenden Verlustgefühl bedroht. Es ist das Gefühl, sich selbst zu verlieren.

Die Strategie der Kinder

Manche kleinen Babys schreien ganze Nächte hindurch und sind nur zu beruhigen, wenn ihre Eltern direkten Körperkontakt zu ihnen aufnehmen. Manchmal brauchen sie es sogar, auf dem Arm der Eltern hin und her getragen zu werden, das heißt, sie brauchen zu dem Kontakt auch noch die Bewegung, um sich anwesend zu fühlen. Und es gibt viele Kinder zwischen null und neun Jahren, die so wenig Daseinsempfinden haben, dass sie immer wieder im Laufe eines Tages das Gefühl bekommen, verloren zu gehen. In solchen Momenten provozieren Kinder. Sie tun dies nicht, um ihre Eltern zu ärgern, sondern nur, weil sie diese Bedrohung nicht aushalten können. Sie müssen sofort Kontakt haben, um sich lebend zu fühlen. Dafür brauchen sie eine hundertprozentig sichere Strategie.

Wenn beispielsweise ein zwei- bis dreijähriges Kind seine Mutter fragen würde: «Mama, kannst du mich bitte sofort in den Arm nehmen?», dann hat das Kind vielleicht eine fünfzigprozentige Chance, dass die Mutter Ja sagt und zu dem Kind Kontakt herstellt. Zu fünfzig Prozent ist es aber auch wahrscheinlich, dass die Mutter sagt: «Nein, das geht jetzt nicht, stör mich nicht!» Dann wäre das Kind vom Gefühl des Selbstverlustes bedroht.

Die Hundertprozent-Strategie ist eine unbewusste, gesund erhaltende Strategie der Kinder. Sie besteht darin, dass Kinder ihre Eltern oder Erzieher häufig herausfordern, um an deren heftigen Reaktionen eindeutig ablesen zu können, dass sie da sind. Zum besseren Verständnis dieses Gefühls des Kindes vergleiche ich es mit dem Phänomen der Unterzuckerung: Hat ein kleines Kind genug Daseinsgefühl, dann geht es ihm gut. Fällt der Wert unter null, so geht es dem Kind so schlecht, dass es den Impuls verspürt, sofort und schnell etwas zu unternehmen, damit es über den Nullpunkt kommt. Das Kind hat das Gefühl, sonst zu sterben. Deshalb kann es sich in dieser Not nicht leisten zu riskieren, dass es unter null bleibt, nur weil ein Erwachsener gerade keine Lust hat, es in den Arm zu nehmen. Also muss das Kind Kontakt erzwingen. Eine sichere Strategie, sofort intensiven Kontakt zu einem Erwachsenen herzustellen, ist Provokation.

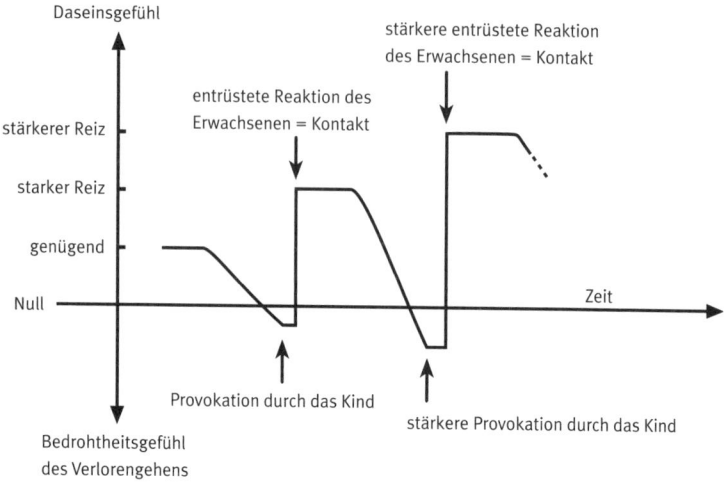

Daseinsgefühl

stärkere entrüstete Reaktion
des Erwachsenen = Kontakt

stärkerer Reiz

entrüstete Reaktion des
Erwachsenen = Kontakt

starker Reiz

genügend

Null — Zeit

Provokation durch das Kind

Bedrohtheitsgefühl
des Verlorengehens

stärkere Provokation durch das Kind

Vielfach verfolgen Kinder, die im Kindergarten ständig Konflikte herbeiführen, diese unbewusste Strategie. Dieses Phänomen zeigt sich besonders häufig bei Kindern mit Wahrnehmungsstörungen. Sie bekommen in einer Gruppensituation zu wenig Orientierung (siehe Kap. 27). Auch bei Einzelkindern, vornehmlich bei Jungen, lässt sich dieses Phänomen manchmal beobachten. Es ist anzunehmen, dass diese Kinder zu Hause sehr viel mehr Einzelkontakt mit einem Erwachsenen haben, als dies im Kindergarten möglich ist. Deshalb geraten sie in einen akuten Kontaktmangel. Und sie haben schon gelernt, dass sie über Konflikte am schnellsten und sichersten einen Erwachsenen herbeirufen können, der ihnen wieder Orientierung gibt. Am häufigsten treten diese Störungen in Übergangssituationen auf (z. B. zwischen Spiel und Frühstück, zwischen dem Spielen und dem Anziehen, um nach draußen zu gehen, etc.). Erzieherinnen gebe ich deshalb mit Erfolg folgenden Rat: Mit diesen Kindern sollte man in regelmäßigen Abständen zuverlässig, kurz und intensiv Kontakt aufnehmen, noch bevor sie eine Störung verursachen. Erziehende sollten vorausschauend sein und den Kindern rechtzeitig Kontakt geben, vor allem vor und in den Übergangsstationen. Erleben diese Kinder sich im Kontakt, so haben sie es

nicht mehr nötig zu provozieren. Das ist ein viel geringerer Zeit-
und Kraftaufwand als die Bewältigung der sich wiederholenden
Konflikte. Ein kleines Fingerspiel, ein kurzes Im-Arm-Halten
oder eine «Regentropfenmassage» auf dem Rücken reichen oft
aus, um Kindern den nötigen Kontakt zu geben. (Ich werde in
Kapitel 27 noch weiter auf dieses Thema eingehen.)

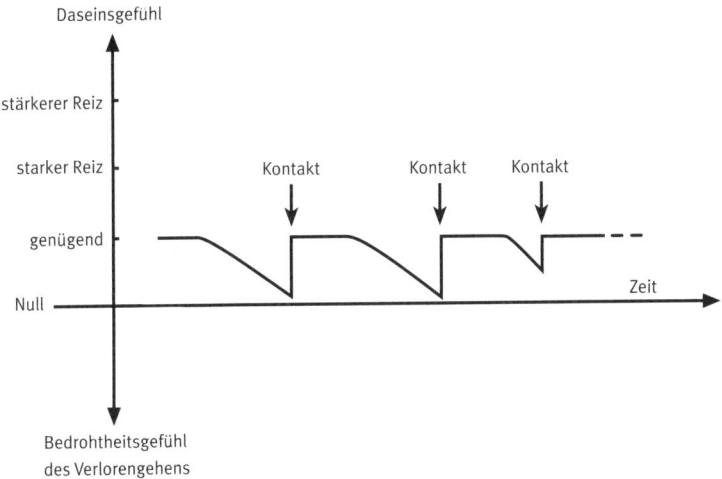

Auch in der Schule haben Kinder manchmal das Gefühl, in der
Menge der Kinder verloren zu gehen, weil wenig Einzelkontakte
zu einem Erwachsenen zustande kommen. Die Kinder ziehen
den klugen Schluss: Wenn sie still und brav sind, nimmt sie der
Lehrer in der großen Kinderschar nicht wahr. Wenn sie den Un-
terricht stören, stellt der Lehrer einen Einzelkontakt zu ihnen
her.

Noch im Alter von neun Jahren kommt es vor, dass sich Kinder etwa abends im Bett kneifen, wenn es still und dunkel ist,
um sich Gewissheit zu verschaffen, dass sie da sind.

Erst seit den Mitte des 20. Jahrhunderts zustande gekom-
menen Forschungsergebnissen von René A. Spitz und seinen
Kollegen wissen wir, dass Kontakt für Kinder so wichtig ist wie
Atmen, Essen und Schlaf. Er und seine Kollegen wiesen nach,
dass Säuglinge trotz bester Hygiene und Ernährung starben,

Andrea Solario: «Madonna mit dem grünen Kissen», Musée du Louvre, Öl auf Holz, um 1507

weil sie zu wenig Körperkontakt hatten. Seine Ergebnisse waren aufsehenerregend. Sie haben in Kliniken und Kinderheimen bewirkt, dass die Säuglingssterblichkeit um ein Vielfaches verringert werden konnte, indem das Personal dazu aufgefordert wurde, die Kinder auf den Arm zu nehmen. Diese Erkenntnisse sind aber leider noch nicht genügend in die pädagogische und familiäre Praxis eingeflossen.

26 Kontakt

Grob betrachtet gibt es drei Arten von Kontakt:

1. Körperkontakt
2. Blickkontakt
3. sprachlichen Kontakt

Körperkontakt

Fehlt einem Kind der Körperkontakt und damit das Existenzgefühl, so wird dies vom Kind als schlimme Bedrohung erlebt. Das Kind verliert sich selbst. Wer aber in ein Nichts zu fallen droht, hat unvorstellbare Angst! So ist auch die Vehemenz zu erklären, mit der Kinder unbewusste Strategien entwickeln, um sich gegen diese Bedrohung zu wehren.

So ergeht es kleinen Kindern oft, wenn sie eine Zeitlang ruhig alleine spielen und dann plötzlich anfangen zu jammern. Wenn der Erwachsene erkennt, dass das Kind seinem Kontaktbedürfnis Ausdruck verleiht, reicht es oft aus, dass der Erwachsene mit dem Kind kurz Kontakt aufnimmt. Mütter beschreiben mir häufig Szenen wie diese: Ihr Kind (im Kindergartenalter) kommt zum Mittagessen mit unzufriedener Miene und jammert, dass es nichts von dem, was auf dem Tisch steht, essen wolle. Die Szene eskaliert dann stets, bis die Mutter das schreiende Kind in sein Zimmer verweist. Als eine Mutter einmal ganz anders reagierte, löste sich die Situation in Harmonie auf. Die betreffende Mutter nahm das Kind auf den Schoß, murmelte in das kindliche Ohr ein paar Koseworte und füllte sich selbst etwas zu essen auf den Teller. Daraufhin kuschelte sich das Kind einige Minuten auf den Schoß der Mutter, rutschte dann hinunter, setzte sich auf seinen Platz und aß eine normale Portion des Mittagessens.

Nehmen wir einen anderen Vorgang, der in jeder Familie ganz normal ist:
Alle pflegerischen Maßnahmen, die Eltern an ihren Kindern ausüben, sind begleitet von Körperkontakt. Wenn Kinder größer werden und selbständiger, fallen viele pflegerische Maßnahmen der Eltern weg, zum Beispiel das Wickeln, Füttern, An-die-Hand-Nehmen etc.

Bekommen Eltern ein zweites Kind, so sind sie sehr froh über jeden Schritt des ersten Kindes zur Selbständigkeit. (In Kapitel 21 habe ich schon über diese Situation gesprochen.) Sie bemerken nicht, dass mit den unnötig gewordenen pflegerischen Maßnahmen auch der damit verbundene Körperkontakt wegfällt. Das ist für das erste Kind unerträglich. Es zeigt Auffälligkeiten. Die Eltern deuten diese Verhaltensweisen oft als «Eifersucht». In Wahrheit zeigt das Kind akuten Kontaktmangel. Die Eltern könnten sich über das Selbständigwerden ihres ersten Kindes freuen und gleichzeitig Störungen vermeiden, indem sie alle wegfallenden Körperkontakte durch andere wie Schmusen, Spielen, Auf-den-Schoß-Nehmen etc. ersetzen.

Blickkontakt

Der Kontakt, der durch den Blick entsteht, gibt dem Kind das Gefühl: Der Erwachsene sieht mich, also bin ich da. Der Blickkontakt erzeugt aber eine weniger intensive Begegnung als der körperliche Kontakt. Deshalb reicht der Blickkontakt bei kleinen Kindern häufig nicht aus, um sich daseiend zu fühlen. Darüber hinaus liefert jeder Blickkontakt zwischen den Eltern und ihren Kindern dem Kind unzählige Informationen darüber, wie die Eltern das Kind sehen und beurteilen (siehe Kap. 19).

Der Sorgenblick

Schon in den ersten Lebenstagen des Kindes enthalten die Blicke der Eltern Kommentare, die manchmal entscheidende Auswirkungen auf die Selbsteinschätzung und die Motivationslage des Kindes haben. So beantwortet etwa der Sorgenblick der Eltern bei einer schweren Krankheit des kleinen Kindes dessen Frage, ob es bei den Eltern erwünscht ist, mit einem sehr eindeutigen Ja. Jeder Mensch kommt mit der Sehnsucht auf die Welt, von den Mitmenschen zu erfahren, dass es sinnvoll ist, dass er da ist. Der Sorgenblick sagt: «Du sollst unbedingt am Leben bleiben!» An welcher anderen Stelle im Leben eines Kindes wird diese Frage so eindeutig beantwortet wie im Augenblick der Sorge um das Leben des Kindes? Es kommen manchmal Familien in meine Praxis, die beispielsweise ihren fünfzehnjährigen Sohn mitbringen und seufzend von ihrem «Katastrophenkind» sprechen. Sie zählen dann viele, viele Situationen auf, in denen das Kind immer wieder Sorgen bei ihnen ausgelöst hat. Ich frage dann nach Vorfällen im ersten halben Jahr des Säuglingsalters. Es zeigt sich fast immer, dass das Kind in diesem sehr frühen Stadium seines Lebens eine besorgniserregende Erkrankung durchlaufen hat. Die unbewusste, aber höchst wirksame Erfahrung des Kindes in dieser prägenden Zeit war, dass die Eltern sich ihm viel intensiver zugewendet haben, als es sich in Gefahr befand. Sorge ist eine spontane und zwangsläufige Reaktion von Eltern. Das Kind bekommt also nicht nur eine extrem intensive Zuwendung, sondern auch eine zuverlässige und sofortige Reaktion. Die Strategie, Sorge auszulösen, ist also eine Hundertprozent-Strategie (siehe oben: Strategien der Kinder). Anzunehmen ist, dass Kinder, die in dieser frühen Phase sehr häufig die hohe Intensität des Sorgenblickes kennen gelernt haben, diesen Blick auch später öfter auslösen, um auf diese Weise eine intensive Zuwendung zu erhalten. Wie alle Symptome ist auch die «Katastrophen-Strategie» ein Kommunikationsvorgang und kein Problem im Kind. Veränderungen lassen sich also nur erreichen, wenn sich das ganze System ändert. Eltern brauchen ein waches Bewusstsein für die Hintergründe und Geduld für einen längeren, schrittweisen Veränderungsweg (siehe Kap. 38 u. 39).

Der Enttäuschungsblick

Ein anderer folgenschwerer Blick zwischen Eltern und ihren Kindern ist der Enttäuschungsblick. Der Enttäuschungsblick (der z. B. den eingestandenen oder uneingestandenen Wunsch ausdrückt: «Wärst du doch ein Angehöriger des anderen Geschlechts geworden!» oder: «Wärst du doch anders geworden!») stürzt Kinder in Selbstzweifel. Er motiviert sie zu vielen Versuchen, herauszufinden, wie sie sein müssten, damit der Enttäuschungsblick dem Anerkennungsblick weichen kann. Traurig entdecken die Kinder im Laufe des Heranwachsens, dass sie nicht so sein können, wie ihre Eltern es sich gewünscht haben. Dies kann zu starken inneren Konflikten führen, weil alle Kinder ihre Eltern gerne zufriedenstellen wollen. Kinder sehnen sich oft ein Leben lang nach Anerkennung (siehe Kap. 19).

Da die Informationen, die über den Blickkontakt gegeben werden, unbewusst wirksam sind, entwickeln viele Kinder intelligente, unbewusste Strategien, ihre Eltern herauszufordern, wieder und wieder diese quälenden Blicke auf sie zu werfen. Sie wollen auf diese Weise etwas über die sie betreffenden negativen Einschätzungen der Eltern herausfinden und darüber, wie sie diese Einschätzungen beeinflussen können.

Der Anerkennungsblick

Der anerkennende Blick der Eltern, der dem Kind zeigt, dass seine Eltern es bejahen und sich an den Lebensäußerungen und Entwicklungen des Kindes freuen, ist der Blickkontakt, durch den Kinder am meisten gefördert werden können. Er stärkt das Selbstwertgefühl des Kindes und gibt ihm das Gefühl, dass die Eltern ihm etwas zutrauen. Eine besonders fördernde Variante des Anerkennungsblickes ist der Zutrauen ausstrahlende neugierige Blick. Die Eltern blicken auf das Kind, als würden sie sagen: «Ich bin neugierig mitzuerleben, wie du deinen Weg gehst.» (Siehe auch den «Ich-bin-mal-gespannt-Satz», Kap. 20 u. 37.)

Sprachlicher Kontakt

Der sprachliche Kontakt ist eigentlich eine Spezialform des Kontaktes, der zwischen Stimme und Ohr entsteht. Sensible Mütter können das Schreien ihres Neugeborenen aus Hunderten von Säuglingsstimmen heraushören. Kinder orientieren sich sehr gut anhand der Stimmmodulation ihrer Eltern. Keine Wörter dieser Welt könnten die Unterscheidungskriterien beschreiben, die das Kind hat, um aus der Stimme der Mutter ihren Gemütszustand exakt herauszuhören. Über das Hören der elterlichen Stimme erhalten Kinder die sichersten und untrüglichsten Informationen über die Befindlichkeit des Erwachsenen, seine Gefühle und Gedanken, und über die gemeinsame Situation. Der sprachliche Kontakt ist die abstrakteste Form des Hörkontaktes. Die Erwachsenen nehmen diese Form besonders wichtig; deshalb können Kinder Erwachsene durch sprachliche Grenzüberschreitungen zu intensiven Reaktionen provozieren (siehe Kap. 4).

Aber für Kinder ist die Sprache (d. h. die inhaltliche Bedeutung der Wörter) sehr trügerisch, sie gibt am wenigsten eindeutige Botschaften über wichtige Beziehungstatsachen. Erst wenn der körperliche, der blickmäßige und der stimmliche Kontakt in ausreichender Weise vorhanden sind, gibt auch der sprachliche Kontakt ihnen Informationen über sich selbst und ihre Beziehungen.

Eltern sind gut beraten, wenn sie ihre Kinderschar nicht ständig mit «ihr» und «euch» anreden, sondern immer wieder jedes Kind bei seinem Namen nennen. Jede Namensnennung ist ein Anerkennen der einzigartigen Persönlichkeit dieses Kindes, das als Einziger in dieser Familie diesen Namen trägt.

Kinder hören immer wieder gerne sie betreffende verbale Botschaften, um sich selbst immer besser im Spiegel der Eltern wahrnehmen und erleben zu können. Wenn die Familie nach dem Essen noch gemütlich beisammen sitzt oder auch kurz vor dem Einschlafen stellen Kinder ihren Eltern gerne diesbezügliche Fragen. Sie wollen wissen, wie die Eltern ihre Begabungen einschätzen, welche Augenfarbe sie eigentlich ganz, ganz genau haben, wie die eigene Geburt verlaufen ist oder wie der Elternteil ihre neue Frisur beurteilt und vieles andere mehr.

Wir Menschen haben nur sehr begrenzt die Fähigkeit, uns selbst wahrzunehmen und zu beurteilen, und sind deshalb darauf angewiesen, von den anderen Menschen einen Spiegel vorgehalten zu bekommen. Kinder benötigen dies besonders.

Die Bedeutung des Kontaktes für die gesamte Erziehung des Kindes

Ich räume dem Kontaktbedürfnis der Kinder in meiner gesamten Arbeit den allergrößten Stellenwert ein, weil in unserer Gesellschaft noch ein Mangel an Wissen über dieses wichtige Thema herrscht. Die Bedeutung des Kontaktes für die Identitätsbildung und die gesunde Entwicklung des Kindes ist enorm. Wenn man diese Zusammenhänge kennt, kann man die unbewusste und zugleich sinnvolle Strategiebildung von Kindern nachvollziehen. Viele Provokationen, Störungen, Auffälligkeiten bei Kindern und Konflikte zwischen Erwachsenen und Kindern erscheinen durch diese Erkenntnisse in einem neuen Licht. Sie lassen sich nun nicht nur verstehen, sondern auch positiv beeinflussen.

Es gibt Kinder, die ihr Dasein sehr wenig spüren können, weil ihre Selbstwahrnehmung geschwächt oder wenig ausgebildet ist. In den meisten Fällen ist diese Schwäche von Geburt an vorhanden. Die Ursachen sind noch nicht genügend erforscht. (Selten kommen Kinder durch Verwahrlosung zu einer vergleichbaren Schwächung.) Gehäuft tritt dieses Phänomen bei Kindern auf, die durch Kaiserschnitt geboren wurden. Genau genommen handelt es sich nicht um eine Schwäche, sondern um viele unterschiedliche, jedoch einander ähnelnde Erscheinungsformen von Wahrnehmungsstörungen.

Diese Kinder entwickeln intelligente unbewusste Verhaltensweisen, um nicht ständig vom Gefühl des Verlorengehens (wie ich es im Kapitel über den Kontakt genauer beschrieben habe) bedroht zu sein. Sie bewegen sich extrem viel, sie werden hektisch, laut, stoßen sich, ecken an, tun sich weh, sprechen zu viel, zu laut, stören, überschreiten Grenzen. Im Beisein von anderen können sie die Grenzen der anderen häufig nicht wahrnehmen und achten. Sie wirken dadurch störend oder sogar aggressiv. Diese Kinder ziehen oft böse Blicke, Ärger und Unverständnis der Erwachsenen auf sich, was ihr Leid noch erhöht. Sie werden so auffällig, dass ihre Eltern zu Ärzten und Ratgebern gehen. Die Diagnosen lauten «Wahrnehmungsstörungen», «Hyperaktivität» oder «ADHS». Viele Therapien werden angeboten. Diese helfen oft auch, weil sie eines sicher in reichem Maße liefern: *Kontakt!*

Viele Missverständnisse

Wenn Eltern wissen wollen, wie sie diesen Kindern helfen können, ist es sinnvoll, erst einmal zu verstehen, was in den Kindern vorgeht und welche Auswirkungen dies auf die Kinder und ihre Umgebung hat.

Die Kinder können sich nicht genügend selbst wahrnehmen. Sie fühlen sich ständig bedroht, verloren zu gehen. Sie haben Probleme, sich in ihrer Umwelt zu orientieren. Vielleicht können wir Erwachsenen uns den Zustand der Kinder so vorstellen, als ob den Kindern fortwährend sehr stark schwindlig wäre, und zwar so schwindlig, dass sie keinen festen Punkt mehr haben, an dem sie sich festhalten könnten.

Das Verhalten dieser Kinder zeigt ihre Not: Sie sind in vielen Situationen ängstlich, unsicher, überfordert. Ansonsten aber können die Eltern die eigentlichen Probleme dieser Kinder zunächst oft nicht erkennen, weil die Kinder noch zu klein sind, um sich verbal auszudrücken. Wenn sie dann sprechen können, sind sie an den Zustand, in dem sie sich von Geburt an befinden, schon längst gewöhnt. Außerdem wissen diese Kinder zunächst nicht, dass die anderen Menschen sich nicht so unsicher fühlen wie sie selbst. Um die bedrohlichen Gefühle des Verlorengehens zu vermeiden, müssen Kinder etwas unternehmen, das ihnen Halt und Orientierung gibt. Sie tun intuitiv, was für sie hilfreich ist, zum Beispiel provozieren, entweder um sich selbst zu orientieren oder um von den Erwachsenen orientiert zu werden. Diese intuitiven Versuche der Kinder, ihr Problem zu lösen, stoßen bei den anderen Menschen auf Unverständnis und Verärgerung. Die Kinder merken, dass bestimmte Handlungen einerseits zwar dazu führen, dass sie sich spüren und sich zurechtfinden können, dass aber andererseits diese Handlungen gleichzeitig von den anderen nicht verstanden werden. Da sie aber existenziell bedroht sind, nehmen sie die negativen Reaktionen in Kauf. Sie haben keine andere Wahl. Auf diese Weise lernen sie, dass sie als falsch, dumm, aggressiv oder störend angesehen werden, wenn sie sich so verhalten, wie sie es dringend benötigen, um überhaupt überleben zu können.

Ich gebe hier nur einige Beispiele für die Missverständnisse zwischen den verunsicherten Kindern und ihrer Umwelt:

Die betroffenen Kinder bewegen sich aufgrund ihrer zu geringen Wahrnehmungsfähigkeit sehr viel mehr als andere Kinder, um ihre Grenzen und Spielräume zu erfahren, und erregen dabei auf vielfältige Weise Anstoß. Was für diese Kinder ein Tasterlebnis ist («Ach, da bist du!»), wird von einem anderen Menschen schon als Anrempeln erlebt. Dabei gehen Gegenstände entzwei, oder es entstehen blaue Flecken. Den Kindern wird Unruhe, Aggressivität und Zerstörungswille unterstellt.

Diese Kinder haben wenig Einfühlungsvermögen in andere Menschen, weil sie noch nicht einmal sich selbst genügend fühlen können. Die Kinder wollen ihre Wirkungsmöglichkeiten auf ihre Umgebung ausprobieren (wie alle anderen Kinder auch) und brauchen dringend Kontrolle über angstauslösende Elemente. Ihr Verhalten gegenüber Tieren, jüngeren Kindern und anderen unkontrollierbar erscheinenden Außeneinflüssen reicht deshalb von starken Panikreaktionen bis hin zum Quälen von Tieren. Das Quälen entspringt aus kindlicher Sicht nicht dem Wunsch, etwas Böses tun zu wollen, sondern etwas scheinbar Unberechenbares, etwas Angstauslösendes unter Kontrolle zu bekommen.

Diese Kinder haben sehr schnell Angst, allein gelassen zu werden oder in Kontaktmangelsituationen zu kommen, weil sie sich ohne Kontakt völlig verloren fühlen. Wenn eine Situation für sie die Gefahr signalisiert, dass der Kontakt zu den Erwachsenen abbrechen könnte, sind diese Kinder gezwungen, schnell irgendetwas zu tun, um wieder sichernden Kontakt zu erhalten. Wie ich im Kapitel über den Kontakt und in den Kapiteln über Wut und Provokation ausgeführt habe, ist die schnellste und intelligenteste Methode, Kontakt aufzunehmen, die Erwachsenen zu provozieren. Deshalb haben Erwachsene das Vorurteil, dass diese Kinder gerne provozieren, um im Mittelpunkt zu stehen. Diese Kinder wollen aber nicht im Mittelpunkt stehen, sondern sie wollen lediglich nicht verloren gehen. Mit dem Provozieren rufen sie die Erwachsenen herbei. Und sie ertragen, dass die Erwachsenen häufig so negativ auf sie reagieren.

Durch alle diese Missverständnisse bekommen die Erwachsenen ein sehr negatives Bild von diesen Kindern und erwarten von ihnen dann auch schon negative Handlungen. Daraus entsteht ein Teufelskreis, der nicht selten in den wütenden Ausspruch mündet: «Du schon wieder!»

Überreizung

Solche unbewussten, aber zielstrebigen Strategien der Kinder können in zwei sehr unterschiedlichen Arten von Situationen auftreten: zum einen dann, wenn es sehr unruhig ist, wenn die Aufmerksamkeit der Erwachsenen von anderen Ereignissen in Beschlag genommen wird und das Kind das Gefühl bekommt, in der Menge der Menschen, der Geräusche und der Ereignisse unterzugehen. Häufig handelt es sich um Übergänge, wenn eine Situation gerade beendet und eine neue vorbereitet wird.

Nehmen wir ein Beispiel aus dem Kindergarten: Die Erzieherinnen wollen, dass die Kinder das Spiel beenden, aufräumen und sich die Hände waschen, um dann zu frühstücken. Für das Kind verschwinden die Regeln und Gesetzmäßigkeiten der alten Situation, und neue, Halt gebende Strukturen sind noch nicht da. Die Erwachsenen haben gerade viel zu tun. Die anderen Kinder laufen wild herum und sind lauter geworden. Auch sie müssen sich umorientieren. Das Kind ist durch viele Außenreize so gefordert, dass es sich selbst nicht mehr genügend eindeutig wahrnehmen kann. Man könnte diesen Vorgang als eine Überreizung ansehen. Das Kind bräuchte eigentlich dringend einen Erwachsenen, der ihm helfen würde, die Orientierung wiederzugewinnen, aber die Erwachsenen sind in solchen Situationen abgelenkt und auch häufig zu überfordert, um zu erkennen, dass es jetzt das Wichtigste wäre, zu dem Kind Kontakt herzustellen. Die Not des Kindes nehmen sie erst zu spät oder gar nicht wahr.

Zu wenig Reize

Zum anderen gibt es nun Situationen, die aus dem genau entgegengesetzten Grund dem Kind Anlass geben, sich nicht genügend wahrzunehmen, nämlich dann, wenn zu viel Ruhe eintritt. Er-

Hyperaktivität und Wahrnehmungsstörungen

wachsene schildern es oft so: «Immer wenn es mal ganz harmonisch und schön ist, immer wenn ich mich mal ausruhen will, immer wenn mal alles in Ordnung ist, dann macht er/sie uns alles kaputt.» Diese Kinder geraten durch einen äußeren Zustand, in dem sie zu wenig Reize erhalten, in das bedrohliche Gefühl, nicht da zu sein. Die Leere, die entsteht, wenn sie nicht berührt werden, keine oder zu wenig akustische Reize da sind und die Umgebung ganz unbeweglich und ruhig ist, führt bei diesen Kindern zu einer Unterversorgung an Reizen. Auch hier erleben die Kinder eine so starke Bedrohung, dass sie sofort Störungen produzieren müssen, um wieder vom Erwachsenen Orientierung zu erhalten.

Was ist «das Problem»?

Wenn wir diese Dynamiken verstehen, sehen wir, dass die Kinder ein Problem haben: ihre Wahrnehmungsschwäche. Sie reagieren darauf mit Versuchen, *ihr* Problem zu lösen. Diese Versuche der Kinder erscheinen den Eltern jedoch als «das Problem». In Wahrheit müsste man sagen: Die Lösungsversuche der Kinder sind Symptome. Sie sind nicht das Problem, sondern sie machen auf die eigentlichen Probleme der Kinder aufmerksam.

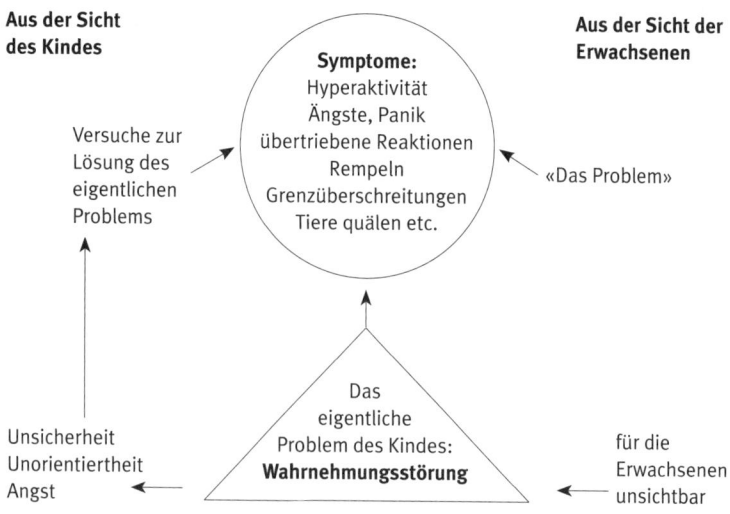

Die Symptome zeigen, dass die Kinder ein für die Erwachsenen unsichtbares, gleichsam «hinter» den Symptomen liegendes Problem haben. Statt dass wir Erwachsenen von den Kindern nun erwarten, dass die Symptome nicht mehr auftreten, sollten wir ihnen andere Lösungen für ihre Probleme anbieten, die mindestens genauso hilfreich sein müssen wie die Symptome. Da die Erwachsenen aber oft von den eigentlichen Problemen der Kinder nichts wissen, zwingen sie die Kinder durch Strafen, Schimpfen und Verachtung dazu, die einzige Art des Verhaltens aufzugeben, die ihnen bisher geholfen hat, sich zu orientieren. Damit schaden sie den Kindern, anstatt ihnen zu helfen. Sie schaden ihnen auch deshalb, weil sie nebenbei das Selbstwertgefühl der Kinder schwächen, manchmal sogar vernichten. Wir Erwachsenen müssen also unterscheiden lernen zwischen den eigentlichen Problemen dieser Kinder und den Symptomen, die sie zeigen. Wir dürfen nicht die Symptome bekämpfen, sondern wir müssen die Probleme «hinter» den Symptomen suchen und den Kindern helfen, die Symptome durch weniger störende Verhaltensweisen, die mindestens genauso hilfreich sein müssen wie die Symptome, zu ersetzen. Sonst nehmen wir den Kindern die einzigen Problemlösungsversuche weg, die sie haben.

Wie können Erwachsene die Kinder unterstützen?

Die Kinder haben verdient, dass wir ihre Lösungsversuche wahrnehmen und wertschätzen. Das bedeutet, dass es die Aufgabe der Erwachsenen ist, diese Symptome zu achten und zu akzeptieren, solange sie noch keinen sinnvollen Ersatz dafür gefunden haben. Das ist eine hohe Anforderung an die Erwachsenen. Sie dürfen keine Verärgerung mehr zeigen. Sie dürfen das Kind auch nicht mehr verantwortlich machen für die Folgen der Symptome («immer du!»).

Das Kind braucht so viel Kontakt und sichere Orientierung durch regelhafte Strukturen, dass es sich ständig gesichert und orientiert fühlen kann. Wenn Erwachsene die Lebenswelt der Kinder so einrichten, dass sie Reaktionen und Ereignisse einordnen und vorhersehen können, zeigen sie keine panischen oder ängstlichen Überreaktionen mehr. In Übergangssituationen brauchen die Kinder Körperkontakt und eine klare Führung durch den Erwachsenen. Der Erwachsene nimmt beispielsweise das Kind bei der Hand und sagt: «Komm, wir beide gehen uns jetzt die Hände waschen.»

Wenn die Kinder kontinuierlich Kontakt- und Bewegungsreize bekommen, verlieren sie ihr Daseinsgefühl nicht mehr. Dann erst brauchen sie auch die Symptome nicht mehr. Die Symptome müssen dann nicht bekämpft werden, sondern entfallen von selbst. Liebevolle und sichere Grenzsetzungen reichen aus, um die symptomatischen Verhaltensweisen langsam aufzulösen. Im Übergang zu diesen neuen Lernerfahrungen brauchen die Kinder von den Erwachsenen liebevolle Geduld, kontinuierlichen Kontakt und Anerkennung für jeden Fortschritt.

Eltern können ihren Kindern durch Tagesabläufe helfen, in denen es verlässlich zu regelmäßigen Kontakten kommt. Wichtig ist, dass der Kontakt jeweils hergestellt wird, *bevor* das Kind in Panik gerät und sich durch sein Symptom Hilfe verschafft. Der Kontakt sollte so hergestellt werden, dass er als selbstverständlich erscheint und nie ganz abreißt. Viele Spiele, die mit Berührung, Bewegung und Blickkontakt zu tun haben, sind in dieser Hinsicht förderlich.

Wenn man schon im Säuglingsalter wüsste, dass die betreffenden Kinder Wahrnehmungsprobleme haben, wäre es vermutlich sehr hilfreich, sie so zu wickeln, wie man es bei uns früher tat und wie es noch heute in vielen Kulturen geschieht. Man nannte diese Form des Wickelns früher «im Puck wickeln». Dabei werden die Kinder sehr fest, aber nicht einengend in Tücher gewickelt. Ich vermute, dass sie sich dadurch mehr gehalten fühlen können. Eine Steigerung wäre es, die Kinder so zu wickeln und so zu tragen, wie es bei den Indianern üblich ist, nämlich in Tücher gewickelt vor der Brust oder auf dem Rücken. Ältere Kinder lieben es, im Sommer am Strand ganz in Sand eingegraben zu werden, so dass nur noch der Kopf herausschaut. Auch starke Hautreize, wie sie im Sport, vor allem beim Schwimmen und Reiten, entstehen, sind förderlich, ebenfalls Kitzel- und Tobespiele, Massagen, Schlammbäder, Schwitzbäder oder das sogenannte «Butterwalgen» (liegend über die Seite einen Wiesenhang hinunterrollen). Der Phantasie liebevoller Eltern sind hier keine Grenzen gesetzt. (Viele gute Anregungen gibt das Buch von U. Uhlemayr, siehe Literaturvezeichnis.) Alle verbalen Kontakte sollten mit Berührungs- oder Bewegungselementen und eindeutig dazu passenden Handlungen kombiniert werden, weil für diese Kinder die Sprache zu abstrakt und unzuverlässig ist und ihnen zu wenig Orientierung gibt. Vor allem sinnvolle, immer wiederkehrende, ruhig mitgeteilte Grenzsetzungen und Regeln geben diesen Kindern dann Orientierung, wenn sie eindeutig sind, durch Handlung erlebbar gemacht werden und eingehalten werden.

Der Erwachsene braucht Geduld, abzuwarten, bis die Botschaft beim Kind angekommen und die Handlungskonsequenz erfolgt ist. Eltern, die im Stress sind, eine Grenze nur verbal ausdrücken und dann zur Tagesordnung übergehen, müssen sich nicht wundern, wenn ihr Kind die Grenzsetzung nicht annimmt – es hat sie nicht aufnehmen können.

Ich beschreibe ein Beispiel für eindeutige, Orientierung gebende Handlungen von Erwachsenen: Ein Vater sagt beim Hineinkommen ins Haus: «Jetzt ziehen wir die Schuhe aus, damit wir keinen Dreck reintragen.» Er tippt dabei spielerisch mit den Fingern auf seine eigenen Schuhe und auf die seines fünfjährigen Sohnes. Und er zieht selbst einen Schuh aus, blickt den Sohn hinweisend an und wartet, bis auch der Sohn den Schuh auszieht. Dann zieht der Vater seinen zweiten Schuh aus und wartet wieder darauf, dass sein Sohn es ihm nachmacht.

Moralische Verurteilungen seines auffälligen Verhaltens oder Ungeduld zeigen dem Kind, dass der Erwachsene überhaupt nicht weiß, was in ihm vorgeht. Dies löst im Kind Verwirrung, Entmutigung und schließlich Widerstand aus.

Eins-zu-eins-Kontakte geben mehr Halt als Situationen mit vielen Menschen. Kindergarten und Schule, in denen die Kinder lernen, ein Teil der Gemeinschaft zu sein, sind für diese Kinder extreme Anforderungen. Bei kleinen Kindern könnten deshalb schon zusätzliche Gemeinschaftssituationen am selben Tag überfordernd und destabilisierend wirken. Sie müssen den ganzen Vormittag das so schwer erträgliche Gefühl aushalten, davon bedroht zu sein, verloren zu gehen. Sie haben Angst, sich in der Masse zu verlieren, weil jedes einzelne Kind bei so vielen Kindern nur sehr selten Kontakt zu einem Erwachsenen bekommt. Für manche Kinder wäre es deshalb eher hilfreich, wenn sie in kleineren Gruppen erzogen und unterrichtet würden. Am Nachmittag brauchen diese Kinder ruhigen Einzelkontakt, durch den sie Sicherheit und Geborgenheit erlangen und merken, dass sie da sind und wichtig sind. Manche Kinder benötigen einen ersten intensiven Einzelkontakt als Körperkontakt sofort nach dem Gemeinschaftserlebnis (Kindergarten oder Schule), noch vor dem Mittagessen, und sei es auch nur für fünf Minuten. Andernfalls veranstalten sie unbewusst extreme Störungen oder Konflikte und Stresssituationen. Sie tun dies nur, um sich in dem vehementen Einzelkontakt mit den vertrauten Eltern wiederzufinden. Also gewähren wir ihnen diesen Einzelkontakt doch lieber ohne Konflikt und freiwillig!

Sich stets auf die gleiche Weise abspielende Handlungsabfolgen, sich wiederholende Tages- und Wochenrhythmen und immer wiederkehrende Rituale geben den Kindern verlässliche Orientierung und entlasten die Eltern.

Für manche Eltern bedeutet es eine sinnvolle Unterstützung und Entlastung, über die erwähnten Maßnahmen hinaus noch einen Therapeuten hinzuzuziehen. Vor allem körper- und bewegungsorientierte Therapien, auch tiergestützte Therapie, beispielsweise heilpädagogisches Reiten, sind hilfreich. Die wichtigsten und unverzichtbaren Schritte müssen aber die Eltern selbst gehen:

1. verstehen, was das Problem des Kindes ist;
2. eine positive Einstellung dazu entwickeln;
3. das Leben der Familie so verändern, dass das Kind sich orientieren kann;
4. dem Kind langfristig zeigen, wie es sich selbst helfen kann.

Hilfe zur Selbsthilfe

Bis zum Alter von etwa sieben Jahren ist die Aufgabe der Erwachsenen hauptsächlich, dem Kind die nötige Orientierung zu geben, die es benötigt. Ab diesem Alter kann der Erwachsene seine Handlungen immer mehr auch als Vorbildleistung gestalten, durch die das Kind lernt, wie der Erwachsene ihm hilft. So leistet der Erwachsene immer mehr Hilfe zur Selbsthilfe. Ab dem Alter von neun oder zehn Jahren kann der Erwachsene immer mehr dazu übergehen, dem Kind explizit Methoden zu zeigen, wie es sich selbst helfen kann, wenn es in Verwirrung oder Orientierungsmangelsituationen kommt. Viele einfache Übungen aus der Körpertherapie bieten dafür Anregungen. Auch die progressive Muskelrelaxation, wie ich sie für Eltern in Kapitel 39 beschreibe, kann, spielerisch verwendet, hilfreich sein. Ein kleiner Edelstein in der Hosentasche oder eine Kastanie (zum «Festhalten») können ebenso helfen wie ein Selbstgespräch, sich sanft kratzen, sich bewegen, sich streicheln, Akupressurpunkte drücken oder ähnliche «Tricks». Das Kind lernt auch immer mehr, über Worte andere Menschen anzusprechen und etwas zu erbitten, was es benötigt. In der Pubertät wird dann die unbewusste Selbstberührung, etwa durch das Übereinanderschlagen der Beine etc. (siehe Kap. 25: Die Strategien der Erwachsenen), eine normale Errungenschaft. Sport, Massagen und künstlerische Betätigungen ergänzen dieses Programm hilfreich.

Die wichtige Aufgabe der Eltern

Eltern erscheint das Problem dieser Kinder oft wie eine Behinderung. Tatsächlich bedeuten die Zuwendung, der Kontakt, die Planung des Alltagslebens, die Aufmerksamkeit und die Präsenz für die Eltern einen so hohen Aufwand, als hätten sie ein behindertes Kind. Sich als Eltern aus Liebe zu dem Kind dafür zu entscheiden, diesen Aufwand für das Kind zu leisten, ähnelt in der Tat dem Prozess, die Behinderung eines Kindes zu akzeptieren und damit zu leben.

Wenn das Problem der Wahrnehmungsschwäche von den Erwachsenen nicht erkannt wird und die betreffenden Kinder bei der Lösung ihres Problems keine Hilfe bekommen, dann behält das Kind zwei Probleme, nämlich die Wahrnehmungsstörung und die Fehleinschätzung der Erwachsenen, die sich häufig zu einer Selbstwertproblematik ausweitet. Manche Kinder verlieren dabei ihren Lebensmut und ihr Selbstvertrauen. Sie erscheinen weniger intelligent, als sie sind. Manche scheitern in ihrem Leben, schaffen weder Schule noch Ausbildung oder geraten in kriminelle Karrieren.

Wenn diese Kinder mit Erwachsenen aufwachsen, die ihr Problem verstehen und bereit sind, sie viele Jahre lang intensiv zu unterstützen, dann haben diese Kinder alle Chancen, sich langfristig gesund zu entwickeln. Sie erhalten den nötigen Kontakt und die nötigen Hilfestellungen, um ihr Problem im Laufe der Jahre immer besser zu lösen. Die Erwachsenen können wahrnehmen, wie intelligent diese Kinder sind. Wenn sie die Anerkennung und Wertschätzung erhalten, die sie dringend brauchen, um ein gesundes Selbstwertgefühl auszubilden, entwickeln sich auch diese Kinder zu gesunden, fähigen Erwachsenen.*

* Neben den Wahrnehmungsstörungen können auch Hochbegabung oder Hochsensibilität (übergroße Reizempfindlichkeit) zu ähnlicher Verunsicherung eines Kindes führen. Auch diese Kinder kommen zu «Lösungen» ihrer Probleme, indem sie Symptome zeigen. Zum Glück gibt es inzwischen Fachliteratur, spezialisierte Schulen, Vereinigungen von Eltern (z.B. der DGhK e.V.) zum Thema Hochbegabung. Das Buch von G. Parlow (siehe Literaturverzeichnis) kann für Eltern von hochsensiblen Kindern eine große Hilfe sein.

28 Das Erlebnis der Grenze

Ich möchte in diesem Kapitel versuchen, so unvoreingenommen wie möglich das Erleben des Kindes zu betrachten, wenn ihm Grenzen gesetzt werden, ohne daraus sofort Schlussfolgerungen für die Ziele der Erwachsenen abzuleiten. Es ist zunächst wichtig zu beobachten, warum Grenzsetzungen oft zu Konfliktsituationen ausufern.

Jeder Mensch kommt mit dem Willen auf die Welt, seine gesunde Handlungskraft zu Zielen zu führen. Wir wollen wirkungsvoll handeln. Stellen wir uns vor: Ein Mensch geht einen Weg entlang. Ist er keiner Grenze ausgesetzt, kann er immer weiter voranschreiten. Beim Vorwärtsgehen verrichten Beine und Füße ihre Arbeit von ganz alleine, und der Kopf kann träumen oder beobachten. Stößt der betreffende Mensch auf seinem Weg an eine Grenze, dann wird er plötzlich hellwach. Der Kopf kann nicht mehr träumen, sondern er muss nach einem neuen Weg suchen. Dafür werden seine Intelligenz, seine Erfahrung und alle körperlichen, seelischen und geistigen Kräfte gebraucht.

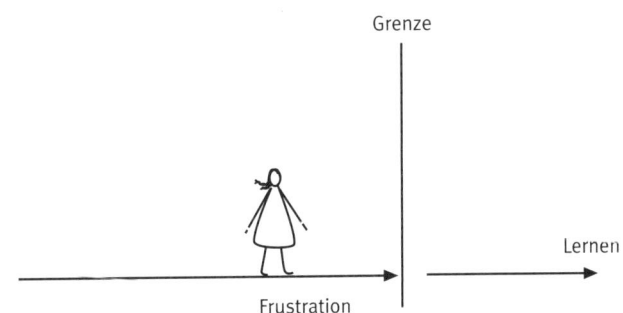

Wenn der freie Fluss der Energie, die uns zu einem Ziel führen will, gestoppt wird, entsteht eine Stauung im Menschen, die ein unangenehmes Gefühl hervorruft. Wir nennen es Frustrationsgefühl. Diese Stauung führt, eben gerade, weil sie unangenehm ist, zu einer Intensivierung des Tatendrangs. Suchen und Finden neuer Möglichkeiten ist die Folge: Lernen! Häufig finden Kinder angesichts einer Grenzsetzung sehr kreative Lösungen, um doch noch ihr Ziel zu erreichen.

Beispiele

Beispiel 1:
Die Eltern fordern, dass ihr Kind um eine bestimmte Uhrzeit das Licht ausschaltet, um zu schlafen. Das Kind liest mit der Taschenlampe unter der Bettdecke weiter in dem spannenden Buch.

Beispiel 2:
Eltern beschließen, dass ihr Kind aus gesundheitlichen Gründen keine Süßigkeiten essen soll. Es läuft zu Fuß zur Schule und gibt das gesparte Busgeld für Süßigkeiten aus.

Beispiel 3:
Ein Kind macht einen Fehler in einer Rechenaufgabe. Dadurch, dass es die richtige Lösung nicht herausfindet, stößt es an die Grenzen seines Könnens. Die Verärgerung über das Scheitern aktiviert den Ehrgeiz des Kindes. Es fängt noch einmal von vorne an zu rechnen und findet einen neuen Lösungsweg.

Beispiel 4:
Hier noch ein Beispiel für eine kreative Lösung von Kindern angesichts einer natürlichen Grenze: Als meine beiden Töchter ungefähr sechs und neun Jahre alt waren, wurde ihnen bewusst, dass sie gegenüber den Jungen einen Nachteil hatten. Sie konnten beim Pipimachen den Strahl nicht so gezielt lenken wie die Jungen. Da nahmen sie die übrig gebliebenen, verbrauchten Toilettenpapierrollen und übten das Zielen durch diese Rollen. Sie empfanden sich nun den Jungen ebenbürtiger und hatten viel

Freude beim Üben. Sie gelangten zu zufriedenstellenden Ergebnissen zum «Leidwesen» der Mutter, die nach ihren Übungen das Badezimmer mit ihnen zusammen putzte.

An diesen und vielen anderen Beispielen kann man beobachten, dass Kinder durch sinnvolle Grenzen nicht entmutigt werden. Grenzen regen Kinder zum Finden kreativer neuer Wege an und führen zu sinnvollen Lernprozessen.

28

Das Erlebnis der Grenze

29 Die Rolle der Wut

In diesem Kapitel werde ich beschreiben, wie es Eltern gelingen kann, Kindern zu helfen, mit dem Gefühl der Wut umzugehen. Das Kapitel stellt ein Handlungsmodell dar, das einem Ideal folgt. Eltern, die es lesen, könnten denken: Das liest sich theoretisch gut, aber in der Praxis ist es schwierig, dem Modell zu folgen. Darin gebe ich den Lesern Recht. Trotzdem brauchen wir ein solches Modell, um mit der nötigen Distanz zu betrachten, wie wir uns in den entsprechenden Situationen fühlen und wie sich unsere Kinder fühlen. Wenn es uns gelingt, in einem ruhigen Augenblick über diese emotional hoch aufgeladenen Situationen nachzudenken, nehmen wir vielleicht einige neue Erkenntnisse oder ein neues Handlungselement mit in die nächste aktuelle Szene. Das Handeln ist dann ein Übungsweg. Mit der Zeit findet jeder Erwachsene seine persönliche, liebevolle Handlungsstrategie, um seinem Kind zu helfen.

Trennung des Gefühls der Wut von der Sache, um die es geht

Wird ein Mensch in seinem Zielstreben durch eine Grenze so gestoppt, dass er keine alternativen Handlungsmöglichkeiten mehr wahrnehmen kann, so gesellt sich zu dem Frustrationsgefühl (wie ich es im vorigen Kapitel beschrieben habe) Hilflosigkeit. Diese Gefühlsmischung steigert sich zu Ärger, dann zu Wut. Auch die Wut ist zunächst ein gesundes Gefühl: Körperlich, seelisch und geistig werden alle Energien mobilisiert, um das Ziel zu erreichen.

Ein Kind, das wütend ist, ist immer berechtigt wütend. Es ist manchmal in der Sache im Irrtum oder möchte ein Ziel verfolgen, von dem es noch nicht weiß, dass es gefährlich ist bzw. ihm schadet. Oder es weiß zwar, dass der Erwachsene Recht hat, aber es empfindet sein Ziel als zu wichtig. In jedem Fall ist die Wut der berechtigte Ausdruck der Not, zugleich frustriert und hilflos zu sein und doch dringend sein Ziel erreichen zu wollen.

Eigentlich benötigt ein wütendes Kind zuallererst und unbedingt, dass der Erwachsene versucht wahrzunehmen, dass das Kind so sehr in Not ist. Er muss verstehen, dass nur noch die Wut zum Ausdruck bringen kann, was im Kind vorgeht. Die *Sache*, um die es geht, ist also zunächst zweitrangig.

Die Wut des Kindes auf den Erwachsenen

Wenn das Kind auf den Erwachsenen wütend ist, fällt es diesem oft schwer, Verständnis für die wütende Reaktion des Kindes aufzubringen. In solchen Situationen sollte der Erwachsene zunächst eine entschiedene Grenze setzen und dann innerlich die Wut des Kindes akzeptieren und wohlwollend bleiben. Äußerlich aber sollte er die Situation beenden oder eine Pause einlegen, in der das Kind seine Wut durch Weinen oder Schreien ausleben kann. Das Kind benötigt vom Erwachsenen einen ernsten, verstehenden Blick, durch den es merkt, dass es ernst genommen wird.

Die Wut verstehen und zum Ausdruck bringen lassen

Wenn das Kind nicht auf den Erwachsenen wütend ist, fällt es dem Erwachsenen leichter, in folgender Weise auf das wütende Kind zu reagieren:

Der Erwachsene stoppt zuallererst die gesamte Situation. Er verhindert Gewalt, zur Not hält er das Kind fest. Er kann wohlwollend bleiben und sich darauf konzentrieren, dass sein Vorgehen gegenüber dem Kind in diesem Augenblick nicht rechtfertigen muss, und kann gleichzeitig wahrnehmen, wie schwer es für das Kind ist, die Grenze zu akzeptieren.

Grenzsetzungen lösen Frustrationen und Schmerz aus. Der Erwachsene sollte hier mitfühlend und zugleich gelassen bleiben. Er muss sich unbeliebt machen können. Er braucht keinen einzigen Rechtfertigungssatz für die Maßnahme der Grenzsetzung.

Er kann innerlich den Frust des Kindes aushalten und äußerlich eindeutig handeln. Sein Wohlwollen wird sich auf seinem Gesicht abzeichnen und dem Kind schneller die Möglichkeit geben, sich so weit zu beruhigen, dass ein Gespräch möglich wird. Dann braucht das Kind einen Blick, der es ernst nimmt, und etwa einen Satz wie folgenden: «Nun bist du aber sehr wütend, das wäre ich jetzt auch!» oder (wenn man sich nicht ganz sicher ist): «Bist du wütend?» Dabei wird sich die Stimme des Erwachsenen ein bisschen dem Erregungsniveau des Kindes anpassen. Das Kind hört aus der Emotionalität in der Stimme des Erwachsenen Verständnis für die eigene Emotion heraus. Bei hohem Erregungszustand des Kindes lässt der Erwachsene das Kind schreien, weinen, schimpfen, seine ganze Wut zum Ausdruck bringen, aber er lässt keine Gewalt zu. Ab und zu sagt der Erwachsene bestätigende Sätze, zum Beispiel: «Ja, das stimmt», «Ja, das ist blöd», «Ja, das verstehe ich.» Dann sollte der Erwachsene erst einmal schweigen.

Wenn sehr kleine Kinder in Wut geraten, benötigen sie dringend dieses Vorgehen, weil der Erwachsene auf diese Weise das überbordende Gefühl im Kind mit dem richtigen Wort verbindet. Das kleine Kind weiß nun zweierlei: Zum einen hört es vom Erwachsenen das Wort, welches sein Gefühl bezeichnet, zum anderen erfährt das Kind, dass der Erwachsene sein Gefühl kennt. So kann das Kind schlussfolgern: Wenn es für dieses überflutende, starke Gefühl ein Wort in der Erwachsenenwelt gibt, dann scheint es das Gefühl wohl öfter zu geben und ganz normal zu sein. Das hört sich so selbstverständlich an, ist es aber nicht, denn viele Erwachsene reagieren ablehnend auf Wutäußerungen von Kindern. Sie sagen zum Beispiel den sinnlosen Satz: «Sei doch nicht so wütend!» Und sie machen ein so böses Gesicht dabei, dass das Kind denken muss, es habe etwas extrem Schlimmes getan, nur weil es seine Wut zum Ausdruck gebracht hat. Oder Erwachsene haben so viel Abstand zur Wut des Kindes, dass sie bei diesem Satz lachen. Dann fühlt das Kind sich in seinen starken, realen Gefühlen nicht ernst genommen. Viele Kinder werden dann noch wütender, und die Beziehung zwischen dem Erwachsenen und dem Kind leidet.

Die Auflösung der Wut

Wenn der Erwachsene mitfühlend und zugleich gelassen reagiert hat, dann kann er beim Kind etwas sehr Interessantes beobachten: Das Kind atmet aus. Manchmal fließen dann auch Tränen der Erleichterung, und das Kind erzählt, was es so wütend gemacht hat oder warum die Grenzsetzung so unakzeptabel ist. Der Erwachsene kann anerkennend bleiben: «Ja, ich verstehe» oder: «Erkläre mir mal, wie … oder was …» Ungünstig ist nach dem Warum zu fragen, denn die wirklichen Motive des Handelns bleiben dem Kind (und selbst uns Erwachsenen) oft unbewusst. Dann könnte der Erwachsene etwa fragen, was dem Kind jetzt guttäte oder was das Kind nun tun will. Der Erwachsene kann nun sehr neugierig sein, welche Ideen das Kind zur Lösung seines inneren Problems findet.

Es gibt Situationen, da weiß das Kind keinen Ausweg. Dann könnte der Erwachsene einen vorsichtigen Vorschlag machen, zum Beispiel erst einmal zu seufzen oder tief auszuatmen. Oder es könnte dem Kind helfen, die Fäuste zu ballen und zu schreien. Oder das Kind braucht eine halbe Stunde Zeit, in der es etwas tut, was ihm hilft, die hohe Erregung abzubauen. Bei einigen Kindern ist Bewegung hilfreich, bei anderen eher Ruhe. Es geht in dieser Phase jedenfalls noch immer nicht um den Inhalt des Konfliktes, sondern nur um die Gefühle des Kindes.

Manchmal hilft es dem Kind, wenn der Erwachsene dem Kind ein Kissen hinhält und das Kind auffordert: «Wirf es heftig gegen die Wand!» oder: «Darauf kannst du schlagen!» Der Erwachsene kann dem Kind auch einen spielerischen Kampf anbieten und sagen: «Zeig mir deine Kraft!» Eine andere Möglichkeit besteht darin, dass der Erwachsene das Kind auffordert, seine Wut herauszuschreien. Das Kind darf dann auch mit den Händen auf einen Tisch trommeln oder mit den Füßen stampfen. Der Erwachsene sollte ganz ernst und konzentriert bleiben. Nicht selten findet dann im Kind ein blitzschneller Wechsel von Wut zu Weinen statt. Dann braucht das Kind eine tröstende Hand oder eine andere Art von Körperkontakt (am besten ohne Worte oder höchstens mit ein paar Trostworten: «Ich verstehe dich» oder:

«Du warst so wütend, und jetzt bist du traurig»). Oder es findet ein blitzschneller Wechsel von Wut zu Lachen statt. Dann kann der Erwachsene mitlachen oder das Kind kitzeln.

Der Erwachsene als Vorbild

Auch in der Vorbildleistung des Erwachsenen stecken Chancen, den Kindern zu zeigen, wie sie mit Wut umgehen können. Hier ein Beispiel aus meiner eigenen Erfahrung: Als meine Kinder klein waren, arbeitete ich als Lehrerin. Wir fuhren mittags gemeinsam von der Schule nach Hause. Ich war manchmal noch sehr angespannt von der Arbeit. Wenn mir dann ein anderer Autofahrer die Vorfahrt nahm oder dergleichen passierte, rief ich in den hinteren Teil des Autos den Kindern zu: «Haltet euch die Ohren zu. Es hat nichts mit euch zu tun!» Und dann schimpfte und fluchte ich kräftig und laut, um mich von meiner Wut zu befreien. Im Rückspiegel sah ich lachende Kindergesichter, die nur so taten, als ob sie sich die Ohren zuhielten. Sie waren viel zu neugierig mitzuerleben, wie ihre Mutter mit ihrer Wut umging. Dann musste ich auch lachen.

Nicht in jeder Situation hat ein Erwachsener die Gelegenheit und die Zeit, in der beschriebenen Weise zu handeln. Das hier empfohlene Vorgehen kann als Modell verstanden werden, in solchen Situationen mit Kindern verständnisvoll umzugehen. Es muss in den Alltagssituationen an die Erfordernisse der Situation angepasst werden. Hat der Erwachsene das Modell verstanden, so entsteht in ihm ein Gefühl für die Bedürfnisse des Kindes in einer so schwierigen Gefühlslage, und er wird spontan Ideen entwickeln, diese Erkenntnisse in den konkreten Situationen so gut umzusetzen, wie es eben geht. Hat ein Kind in vielen Situationen einen erwachsenen Begleiter gehabt, der in der beschriebenen Weise gehandelt hat, kann es auch andere Konfliktsituationen aushalten, in denen ein Erwachsener das Kind nicht in dieser Weise begleiten kann.

30 Der Erziehende als Konfliktpartner – Der Erziehende als Begleiter in Konflikten

Auf der Grundlage des vorangegangenen Kapitels soll es im Folgenden darum gehen, über Handlungsstrategien nachzudenken, die ein Erwachsener anwenden kann, um Kindern in Konflikten mit anderen Kindern zu helfen. Wenn wir Erwachsenen Gelegenheiten hätten, Konfliktsituationen, die Kinder untereinander austragen, von außen zu beobachten, ohne uns selbst betroffen zu fühlen, so würden wir schneller sehen, welche Aufgabe uns dabei zufällt.

Geschwisterstreit ist sinnvoll

Wie ich schon in verschiedenen Kapiteln (z. B. Kap. 5 und 9) ausgeführt habe, ist der Streit unter Kindern nicht zu vermeiden, weil er ihnen wichtige Lernerfahrungen verschafft. An Kindern, die keine Geschwister haben, mit denen sie sich auseinandersetzen konnten, lässt sich beispielsweise im Kindergarten oft beobachten, dass sie in ihrer sozialen Kompetenz weniger Entwicklungsschritte als die anderen gemacht haben.

Zunächst ist es für Eltern ungewöhnlich zu denken, dass man sich in Geschwisterstreitigkeiten möglichst nicht einmischen sollte. Man kann aber beobachten, dass etwa Schulkinder, wenn sie draußen spielen, ihren Streit sehr oft selbst wieder befrieden können.

Hier möchte ich kurz noch einmal auf mein Beispiel aus dem Kapitel über die Erwartungen der Eltern zurückkommen. Eine Mutter hatte sich in den Streit ihrer Söhne eingemischt, indem sie ihrem älteren Sohn verboten hatte, sich gegenüber einem jüngeren Bruder zu wehren. Daraufhin wusste der Ältere nicht, wie er sich verhalten sollte, als ihn der Jüngere gebissen hatte.

Die Mutter hatte daraufhin den Größeren aufgefordert zurückzubeißen. An diesem konkreten Beispiel lässt sich erkennen, dass es (ab dem Alter von drei Jahren) häufig am sinnvollsten ist, sich aus dem Geschwisterstreit *von vornherein* herauszuhalten. Jede Einmischung wird immer von jeweils einem der Kinder als ungerecht empfunden.

Wenn die Erwachsenen sich im gleichen Raum aufhalten, in dem die Kinder streiten, sind sie gezwungen, «Richter» zu sein, weil die Kinder intuitiv die Verantwortung für die Situation an die Eltern abgeben.

Der Erwachsene gerät in die Rolle des Richters.

Sind die Kinder unter sich, dann regeln sie ihren Streit auf kindliche Weise selbst. Deshalb sollten Eltern das Weite suchen, sobald sie ahnen, dass sich in absehbarer Zeit ein Streit zwischen den Kindern anbahnen wird.

Kinder regeln ihren Streit selbst.

Manchmal muss sich ein Erwachsener einmischen. Wenn der Erwachsene zufällig im selben Raum war, als der Streit begann, oder wenn es zu einer tätlichen Auseinandersetzung gekommen ist und ein Kind die Hilfe des Erwachsenen erbittet oder wenn die Kinder noch zu klein und mit der Situation überfordert sind, kann sich der Erwachsene nicht heraushalten. Dann lassen sich zwei verschiedene Methoden des Vorgehens von Eltern beobachten. Die eine nenne ich die Rolle des Konfliktpartners, die andere ist die Rolle des Begleiters.

Der Erwachsene in der Rolle des Konfliktpartners

Wenn der Erwachsene die Rolle des Konfliktpartners übernimmt, fühlt er sich persönlich von dem Fehler des Kindes betroffen, verletzt oder geärgert. Eigentlich ist es für uns Erwachsene selten nötig, in diese Rolle zu schlüpfen. Als Konfliktpartner sind wir nicht Erziehende, sondern wir verteidigen uns selbst. Wann muss sich ein Erwachsener gegenüber einem Kind wehren? Nur wenn das Kind unsere persönliche Grenze überschritten hat, zum Beispiel wenn wir persönlich beleidigt oder körperlich angegriffen werden, ist es angebracht, dass wir Konfliktpartner sind. Dann ist es sinnvoll, seine Betroffenheit zum Ausdruck zu bringen und sich zu wehren. Und selbst dann sollte uns bewusst bleiben, dass wir im Streit dem Kind überlegen sind.

Häufig aber fühlen wir uns nur persönlich angegriffen, ohne es wirklich zu sein, geraten in einen Schlagabtausch von Worten oder Argumenten, werden ärgerlich und streiten mit unseren Kinder, als wären wir ihre Geschwister.

Nehmen wir ein Beispiel: Ein kleineres Kind zerreißt dem größeren Bruder das Schulheft. Der Vater kommt in dem Moment dazu, als das größere Kind einen Wutanfall bekommt und das kleinere Kind schlagen will. Würde sich der Erwachsene mit dem jüngeren Bruder identifizieren, dann würde er mit ihm Mitleid haben und ihn wütend gegen den größeren Bruder verteidigen. Der Erwachsenc würde viele Doch-Sätze sagen, Vorwürfe machen und verurteilend und böse auf sein größeres Kind blicken.

«Lass deinen kleinen Bruder in Ruhe!»

Der Erwachsene wäre parteiisch, und der ältere Bruder würde sich unverstanden und sehr ungerecht behandelt fühlen. Und in der Tat wäre das Kräfteverhältnis nicht ausgewogen. Ganz davon abgesehen, gäbe es dann niemanden mehr, der das berechtigte Interesse des größeren Kindes in Bezug auf die Unversehrtheit seines Schulheftes vertritt.

Solche ungleichgewichtigen Konfliktsituationen führen häufig zu Entmutigungsgefühlen bei den Kindern, die sich unterlegen und unverstanden fühlen. Diese Entmutigungen bewirken unterschwellige Beziehungsspannungen zwischen Eltern und Kindern, die eine Kette von vielen Folgekonflikten verursachen können, ohne dass die Betroffenen wissen, woher sie kommen. Denn der größere Sohn muss dann in anderen Situationen herausfinden, ob, wann und warum sein Vater oder seine Mutter zu ihm hält oder nicht. Auch der Erwachsene empfindet nach einem auf diese Weise ausgetragenen Konflikt schwerlich Zufriedenheit. Handelt er als Konfliktpartner, weiß sich der Erwachsene zwar «im Recht», aber meistens hat er das Gefühl, den Konflikt nicht gut bewältigt zu haben.

Konfliktpartner

Begleiter

Der Erwachsene in der Rolle des Begleiters

In der Rolle als Begleiter des Kindes bleibt der Erwachsene unbetroffen und unparteiisch. Er betrachtet die Konfliktsituation der Kinder als liebevoller Beobachter von außen und kann wahrnehmen, dass beide Kinder sehr viel daraus lernen können. Als Erziehender hat er in einer solchen Situation nicht die Aufgabe, den Richter für seine Kinder zu spielen, sondern er begleitet sie bei einer aufregenden, interessanten Erfahrung. Beide Kinder dürfen in seinen Augen «Recht haben», jedes auf seine Weise. Er nimmt seine Kinder liebevoll und mitfühlend wahr, nennt im Moment größter Gefühlsaufwallung die Gefühle beim Namen und gibt den Kindern die Sicherheit, dass diese Gefühle sein dürfen und bewältigbar sind.

In unserem Beispiel unterbricht der Vater ruhig und gelassen den Streit der Kinder und entscheidet, welches der beiden Kinder ihn zuerst braucht. Meistens benötigt interessanterweise das aggressiv gewordene Kind den Erwachsenen mehr.

Das leidtragende Kind ist oft mit einem tröstenden Körperkontakt und dem mit Mitgefühl ausgesprochenen Satz: «Hol dir mal ein Kühlkissen aus dem Kühlschrank, und leg es auf deine Beule» zufrieden. Einige Zeit später kann der Erwachsene sehen, wie es dem Kind geht. Wenn es innerlich noch mit dem Konflikt beschäftigt ist, kann der Vater noch ein Gespräch mit dem leidtragenden Kind in der schon beschriebenen Weise führen: «Das tat weh, nicht wahr? …» Dann kann er interessiert zuhören, was das Kind erzählt. Innerlich bejaht der Vater den Konflikt.

Deshalb kommt er nicht auf die Idee, parteiisch zu werden, moralisch zu argumentieren oder Konfliktvermeidungsstrategien vorzuschlagen.

Eskalationen

Das aggressiv gewordene Kind ist häufig von seiner Wut so überwältigt, dass der Vater eine Strategie finden muss, die Wut ernst zu nehmen und gleichzeitig den Streit zu entschärfen. Dabei kann er so vorgehen, wie ich es im vorangegangenen Kapitel beschrieben habe.

Manchmal schreit ein sehr wütendes Kind: «Ich bring Malte um, wenn ich ihn erwische!» Selbst bei einer so drastischen Wutäußerung des Kindes sollte ein Erwachsener sich nicht dazu verleiten lassen, eine Moralpredigt darüber zu halten, dass man seinen Bruder niemals umbringen und so etwas Böses auch nicht androhen darf. Denn über Moral sollte man nur in völliger Ruhe sprechen und nicht, während ein Konflikt ausgetragen wird.

Ethische Werte vermitteln sich übrigens am allerbesten durch Märchen, Geschichten oder das Erzählen erlebter Situationen, erst im Pubertätsalter dann durch Reden und Argumentieren (siehe Kap. 33).

«Ich bring Malte um ...!»

Zum einen weiß jedes Kind, dass es das nicht darf. Zum anderen will kein gesundes Kind auf dieser Welt seinen Bruder ernsthaft umbringen. Auch dann nicht, wenn dieser ihm zum

Beispiel das Schulheft zerrissen hat. So eine Äußerung ist also immer nur symbolisch gemeint und will also dem Erwachsenen nur drastisch zeigen, wie unerträglich wütend das Kind ist. Anders kann es das in einer derart aufgeladenen Situation nicht ausdrücken.

Wie im vorigen Kapitel geschildert, kann auch in dieser Situation der Erwachsene zwei Ebenen gut voneinander trennen: Auf der Handlungsebene setzt der Erwachsene eine Grenze. Auf der Gefühlsebene bleibt er mitfühlend und begleitend.

Sollte das wütende Kind sich bei dieser Äußerung auf seinen kleinen Bruder stürzen wollen, so hält der Erwachsene das Kind mit aller Bestimmtheit fest, blickt das Kind ernst an und sagt laut, aber nicht wütend: «Oh, jetzt bist du aber *richtig* wütend!» Oder er setzt eine Grenze, ohne moralisch zu argumentieren, etwa mit folgender Äußerung: «Das geht zu weit!» Dann könnte der Erwachsene das Kind hochheben und in einen anderen Raum tragen.

«Oh, jetzt bist du aber richtig wütend!»

Dort gibt er dem Kind die Möglichkeit, die Wut zu zeigen (wie ich es im vorigen Kapitel beschrieben habe). Auf jeden Fall geht der Erwachsene noch nicht zum Inhalt des Konfliktes zwischen den beiden Kindern über. Erst lenkt er das Gespräch bis zu einer deutlich sichtbaren Entlastung des Kindes (die man an folgenden nonverbalen Zeichen ablesen kann: seufzen, ausatmen, Entspannung der Muskulatur, leisere, tiefere Stimme, entspannterer Gesichtsausdruck). Nun kann der Erwachsene einen gebührenden Übergang suchen («Ist deine Wut jetzt kleiner geworden?» oder «Ich verstehe, dass du dich aufgeregt hast»). Auch mit der abschließenden Frage, wie das Kind beim nächsten Mal verhindern könnte, dass sein kleiner Bruder ihm das Schulheft zerreißt, bleibt der Erwachsene empathisch. Dann erst hat der Erwachsene eine reale Chance, mit dem Kind zusammen faire Verhaltensweisen von unfairen zu unterscheiden.

Konfliktvorbeugung

Grundsätzlich können Eltern durch Erziehungsmaßnahmen, die die Identität des Kindes stärken, den Konfliktpegel unter den Kindern gering halten. Die wichtigsten Erziehungsmaßnahmen dafür sind das Verstärken der Unterschiede unter den Kindern (siehe Kap. 5 u. 9) und der gezielte Einzelkontakt (siehe Kap. 32).

Wenn es gelingt, dass sich Erwachsene überwiegend als Begleiter erleben und verhalten, entdecken sie in vielen Situationen Möglichkeiten, Grenzen zu setzen, ohne böse oder streng sein zu müssen.

Eine typische Situation, in der ein Erwachsener die Wahl hat, sich als Konfliktpartner zu fühlen oder als Begleiter, ist folgende. Eine Schar kleinerer Kinder spielt fröhlich im Kinderzimmer. Nach einiger Zeit bemerkt der Erwachsene, dass die Kinder anfangen zu toben, sie werden lauter, vielleicht fangen sie sogar an zu streiten. Der Erwachsene kann sich nun durch die Lautstärke persönlich gestört fühlen und die Kinder anschreien. Oder er merkt, dass die Kinder keine Auseinandersetzung haben, die sie selbst zu Ende führen können, sondern einen Impuls vom Erwachsenen benötigen. Dann könnte er den Kindern sehr freundlich vorschlagen, nun draußen weiterzuspielen, oder er schlägt vor, mit ihnen ein bestimmtes Spiel zu spielen, oder er liest ihnen eine Geschichte vor. Häufig benötigen kleinere Kinder, dass die Erwachsenen ihnen helfen, einen Spielnachmittag zu strukturieren. Ein einfühlsamer Erwachsener merkt häufig schon daran, dass die Kinder lauter werden, dass sie einen Wechsel in ihren Aktivitäten brauchen. Wenn er dann sofort eine solche Veränderung, zum Beispiel von Bewegung zur Ruhe, von drinnen nach draußen etc., veranlasst, noch ehe es zum Streit kommt, so verhindert er Konflikte.

Durch diese Art, Begleiter zu sein, ermutigt der Erwachsene seine Kinder und fördert das Wachstum ihres Selbstwertgefühls. Er ist Vorbild in Sachen Fairness und Konfliktmanagement. Und nebenbei bleibt der Erwachsene durch den ganzen Prozess hindurch gelassen, souverän, ruhevoll und sicher, was wiederum verhindert, dass der Konflikt weiter eskaliert. Aber der Erwachsene ist nicht kühl oder ignorant. Wenn ein Kind sehr aufgeregt ist, wird ein mitfühlender Erwachsener intuitiv mit seiner Stimme ein wenig emotionaler sein. Und auch seine Mimik und Gestik zeigen Einfühlung. Ich drücke dies so aus: Der Erwachsene «surft» in das Erregungsniveau des Kindes, ohne selbst betroffen zu sein.

Zum Schluss hat der Erwachsene das Gefühl, ein guter, gerechter Erziehender zu sein, und kann an seinen Kindern ablesen, dass sie sich wieder wohl fühlen.

Aus Konflikten aussteigen

Kinder können erstaunlich schnell aus Konflikten aussteigen und wieder fröhlich miteinander spielen. Wenn sich Nachbarskinder miteinander streiten, mischen sich manchmal die Eltern ein. Sie ergreifen jeweils Partei für ihr Kind. Oft sind die Kinder nach einer Viertelstunde schon wieder aus dem Konflikt ausgestiegen und spielen miteinander, während sich die Erwachsenen noch wochenlang weiterstreiten. Es ist deshalb nicht ratsam, parteiisch zu werden. Besser ist es, wenn sich die Erwachsenen grundsätzlich mit den Nachbarn darüber verständigen, dass sie sich im Konfliktfall als Eltern nicht inhaltlich einmischen, sondern sich höchstens als Begleiter verhalten.

31 Provozieren: Wut und Gegenwut

Provozieren heißt hervorlocken.* Es geht den Kindern beim sogenannten «Provozieren» um Fragen, die sie nicht verbal stellen können. Provokationen sind in Form von Handlungen gestellte Fragen, die so drängend sind, dass die Kinder unbedingt eine Antwort, eine Reaktion hervorlocken wollen. Wenn ein dreijähriges Kind den Vater verbal fragt, ob es auf seinen Schoß kommen darf, kann der Vater mit Ja oder Nein antworten. Wenn das Kind aber dringend mit dem Vater in Kontakt kommen muss, weil es sonst das Gefühl bekommt, dass es nicht da ist (wie ich es ausführlich in Kap. 26 beschrieben habe), dann kommt das Kind erfolgreicher zu seinem existenziell wichtigen Ziel, wenn es den Vater provoziert, denn dann *muss* der Vater reagieren. Es geht um Bedürfnisse der Kinder, die bisher unerfüllt geblieben sind. Am häufigsten wünschen sich die Kinder Kontaktreaktionen. Darüber hinaus geht es ihnen aber auch ums Wahrgenommenwerden, um Anerkennung, Wertschätzung, Liebe, um Gleichwertigkeit gegenüber den Geschwistern (nicht um Gleichbehandlung, denn jedes Kind muss aufgrund seines individuellen Wesens und aufgrund seines speziellen Alters anders behandelt werden) oder um die Aufklärung von Lebenslügen oder verborgenen Haltungen der Erwachsenen.

Ich betrachte hier mehr den emotionalen Aspekt von Konflikten zwischen Eltern und ihren Kindern. Der Situations- und Sachaspekt dient den Erwachsenen dazu, wahrzunehmen, welchen Anlass das Kind benutzt, um den Konflikt auszulösen. Er gibt wichtige Hinweise auf das Problem, das hinter dem Konflikt steckt.

* lat. provocare: hervorrufen, herausfordern, reizen

«Fliegenverscheuchen»

Wir können beobachten, dass Eltern sich häufig in solchen Situationen, in denen sie sich von ihren Kindern provoziert fühlen, mit ihrer Grenzsetzung sehr lange Zeit lassen. Sie ermahnen ihr Kind zunächst ganz nebenbei. Diese halbherzigen Ermahnungen (meist ohne Blickkontakt, ohne Namensnennung) werden dann oft mehrmals wiederholt: «Lass das bitte!», «Hör auf!» Ich nenne solche Maßnahmen der Eltern «Fliegenverscheuchen». Sie zeigen meist wenig Erfolg. Eltern werden nicht gleich wütend, denn sie sind bestrebt, den Familienfrieden zu erhalten. Irgendwann, wenn die Geduld des Erwachsenen zu Ende ist, bekommt er große Wut. Es wirkt, als ob ein Vulkan ausbricht. Mithilfe der Wut setzt der Erwachsene endlich eine Grenze.

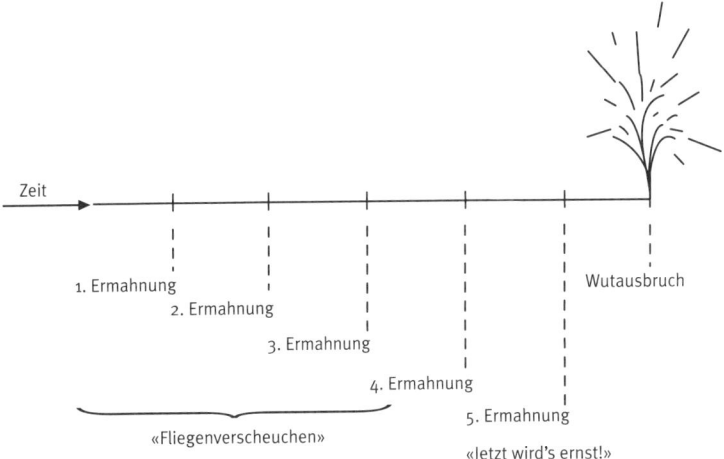

Ein Bruchteil der Kraft, die der Erwachsene für die Wut aufbringt, hätte am Anfang des Konfliktes (z. B. statt des zweiten Ermahnens) ausgereicht, um eine echte, wirkungsvolle, entschiedene Grenze zu setzen. Sie hätte dem Familienfrieden keinen Schaden zugefügt (siehe Kap. 11).

Wenn der Erwachsene sich in einem Konflikt als Konfliktpartner erlebt und auch wütend wird (die Wut über die Wut des Kindes), so ist die Wahrscheinlichkeit sehr groß, dass ein Konflikt eskaliert. Häufig ist der Ausgang einer solchen Szene eine impulsive Machtausübung des Erwachsenen durch eine extrem laute Stimme und böse Worte mit verärgertem Gesichtsausdruck. Danach folgt leider oft eine Strafmaßnahme oder eine Distanzhandlung («Geh jetzt in dein Zimmer»), wobei der Erwachsene meistens über kurz oder lang ein Gefühl des Scheiterns oder ein schlechtes Gewissen hat. Viele Eltern ärgern sich dann sehr über sich, weil sie mit Schrecken feststellen, dass sie sich verhalten haben, wie sie es auf keinen Fall wollten. Sie ärgern sich über ihre eigene Aggression. Manchmal fühlen sie auch, dass sie nicht verstanden haben, was ihr Kind eigentlich wollte.

In einer solchen Szene dient die Wut dem Erwachsenen dazu, eine klare Entscheidung zu fällen und eine eindeutige Grenze zu setzen, weil Wut einen Erwachsenen entscheidungsfähiger macht. Aber Erziehende irren sich sehr, wenn sie denken, die Wut diene dem Lernen des Kindes! Das wiederholte Auftreten dieser hohen Vehemenz führt zu inflationären Entwicklungen in der Kommunikation zwischen Erwachsenen und den Kindern. Eltern erzählen manchmal: «Er/sie hört nur, wenn ich schreie!» Dies ist eine fatale Fehldeutung.

Mithilfe des Provozierens erhalten Kinder das Gefühl, Einfluss («Macht») über ihre Eltern zu gewinnen. Sie können vehemente Reaktionen verlässlich auslösen. Das Gleiche können sie durch erwünschtes Verhalten oft nicht bewirken. Leider müssen sie dann mit der Tatsache leben, dass sie keine liebevollen, anerkennenden Reaktionen bei den Eltern auslösen können, sondern nur Wutreaktionen. Diese schaffen ja eher Distanz als Kontakt, können also aus der Sicht von uns Erwachsenen eigentlich keinen Ersatz dafür darstellen, was die Kinder brauchen. Aber in Bezug auf die kindliche Urangst vor dem Nicht-Dasein ist der Wutausbruch ein befriedigender Kontakt, weil er dem Kind eindeutig das Gefühl verschafft, da zu sein, und eine intensivere Handlung zwischen Erwachsenem und Kind auslöst.

Wenn ein Erwachsener bemerkt, dass ein kleines Kind Reaktionen auslösen will, kann er sich bewusst entscheiden, innerlich gelassen zu bleiben und das anfängliche Provozieren kurz und ohne viele Worte zu begrenzen. Oder er leitet es in Humor oder in ein Spiel um (z. B. ein Fangen- oder ein Necken-Spiel), wenn die Situation dies ermöglicht. Ein solches Spiel würde beiden Seiten mehr Freude machen und würde auch sicher weniger Zeit in Anspruch nehmen als ein Konflikt.

Dagegen lösen machtvoll wütende oder ignorante Reaktionen von Erwachsenen bei Kindern viele innere Fragen aus, die sie niemals verbal formulieren können. Diese Fragen werden von den Kindern dann erneut durch provokantes Verhalten gestellt.

Ich formuliere einige solche Fragen aus der Perspektive des Kindes:

Fragen von provozierenden Kindern

- Liebst du mich nur, wenn ich lieb und brav (d. h. angepasst) bin?
- Bist du davon abhängig, dass ich als Kind deine Grenzsetzung bejahe? (Soll ich dir eine Erlaubnis oder Absolution erteilen dafür, dass du mir etwas verbietest?)
- Ist dir die Sache wichtiger als ich?
- Wenn ich nur ich selbst bin, werde ich von dir ignoriert oder zu wenig anerkannt. Muss ich dich aus der Reserve locken, damit du mich wahrnimmst?
- Bin ich so mächtig, dass ich bei dir eine solche Erregung verursachen kann?
- Wie unsicher bist du, wenn du dich von meiner kindlichen Wut so provoziert fühlst?
- Warum löst *meine* Wut bei *dir* Wut aus?
- Warum verstehst du mich ausgerechnet dann ganz und gar nicht, wenn ich es am nötigsten brauche? etc.

Der Erwachsene empfindet das Kind, das Antworten auf diese und andere Beziehungsfragen braucht, oft nur als «provozierend». Er merkt gar nicht, dass es dem Kind schon lange nicht mehr um die Sache geht, die gerade Anlass des Konfliktes ist, sondern um die grundsätzliche Haltung des Erwachsenen zum Kind. Häufig sagen zum Beispiel Eltern von älteren Schulkindern: «Er/sie ist intelligent, aber faul.» Sie bemerken nicht oder viel zu spät, dass ihr Kind wissen will, ob den Eltern der Schulerfolg wichtiger ist als das Kind selbst. Das Kind bleibt dann in der Schule sitzen, obwohl es intelligent und kompetent ist. Die Lebens- und Beziehungsfragen des Kindes werden leidvollerweise oft so beantwortet, dass die Eltern sehr enttäuscht sind und ihm sogar manchmal ihre Liebe entziehen. Diese Antwort auf seine eigentliche Frage ist für das Kind dann viel bitterer, als möglicherweise sitzen zu bleiben.

Sinnvolle Reaktionen auf Provokationen

Provozierende Kinder benötigen zweierlei Reaktionen. Zum einen sollte der Erwachsene in der konkreten Situation eine kurze, eindeutige, entschiedene Grenze setzen ohne Moralpredigt und ohne Vorwurf. Und zum anderen sollte der Erwachsene langfristig überlegen, wodurch die Beziehung zum Kind gelitten hat oder wie er die Beziehung intensivieren und eine Vertrauenssituation herstellen kann. Um solche Überlegungen anstellen zu können, braucht der Erwachsene inneren Abstand zu der Situation. Seine innere Erregung muss sich völlig gelegt haben, damit er in der Lage ist, auch selbstkritische Gedanken zu hegen. Die Suche nach der Schuld oder aus Verärgerung erhobene Vorwürfe führen hier nicht weiter, selbst dann nicht, wenn der Erwachsene nach reiflicher Überprüfung feststellt, dass das Kind im Unrecht ist. Wenn der Erwachsene sich die Frage nach der Genese der Beziehungsstörung gestellt hat, sollte er an zukünftige Situationen und Veränderungsprozesse denken und es nicht dabei belassen, über vergangene Situationen zu grübeln. Der Erwachsene sollte sich fragen: «Wie kann ich dazu beitragen, eine positive Beziehung herzustellen?» In der Regel gelingt dies dadurch, dass der Erwachsene bewusst Situationen von Nähe, Kontakt und Liebe schafft, in denen sich das Kind wahrgenommen, ernst genommen, geliebt und anerkannt fühlt (siehe Kap. 32: Ich habe einen Termin mit meinem Kind).

32 Konflikte, die sich wiederholen («Machtspiele»)

Ich definiere einen Konflikt als einen Prozess emotionaler Erregung zwischen Menschen in einer Situation, die aus der Unvereinbarkeit zweier Standpunkte zu einem bestimmten Thema oder einer Handlung entsteht. Konflikte werden in demokratischen Systemen durch Auseinandersetzung, Klärung, Einigung oder Kompromiss gelöst. Wenn die Sache geklärt ist, ist der Konflikt vorbei.

Zwischen Eltern und Kindern gibt es eine Art von Konflikt, der daran erkennbar ist, dass er sich sachlich nicht klären lässt, sondern sich ständig wiederholt. Irreführenderweise nennt man solche sich wiederholenden Konflikte «Machtspiele». Dieser Begriff ist deshalb entstanden, weil sich Eltern angesichts dieser Wiederholungskonflikte, die so erscheinen, als könne man sie nicht lösen, machtlos fühlen. Es ist aber nicht der Fall, dass Kinder Macht ausüben oder mit ihren Eltern ein böses Spiel spielen wollen! Sie erzeugen lediglich eine starke Wirkung, weil sie die eigentlich gewünschte Wirkung nicht erzielen können. Manchmal kommentieren Eltern diese Geschehnisse so: «Er will Aufmerksamkeit bekommen» oder: «Sie will im Mittelpunkt stehen». Es steckt in dieser Interpretation nicht mehr als ein Salzkorn Wahrheit.

Konflikte dieser Art treten im Kindergartenalter, beispielsweise morgens beim Anziehen oder abends beim Zähneputzen, auf, bei älteren Kindern können die Hausaufgaben oder die Pflichten im Haushalt zum Anlass werden. Nahezu jede Situation des Familienlebens kann von einem solchen Dauerkonflikt betroffen sein. Sie gehören zu den intelligentesten unbewussten Strategien von Kindern. Diese «Probleme» oder «Störungen» sind oft Versuche, ein tiefer liegendes Problem zu lösen. Die eigentlichen Konflikte drehen sich in Wirklichkeit nie um die Sache, um die es vordergründig zu gehen scheint – das Zähneputzen oder die Hausaufgaben –, sondern es geht dabei immer um die Beziehung zwischen den Kindern und ihren Eltern selbst. Kinder wählen unbewusst, aber zielsicher für ihre «Machtspiele» Situationen aus, die den Erwachsenen besonders wichtig sind. Der Sohn eines Zahnarztes wählt beispielsweise das Zähneputzen als Ort des «Machtspiels», während die Tochter einer Mutter, der die Wahrheit extrem wichtig ist, eher lügt, um eine hohe Wirksamkeit zu erreichen. Gerade in einer Situation, die uns wichtig ist, fällt es uns am schwersten, gelassen zu bleiben, wenn uns unsere Kinder provozieren. So können die Kinder mit an Sicherheit grenzender Wahrscheinlichkeit in einer solchen Situation mit einer möglichst starken Reaktion von uns Erwachsenen rechnen – und dies ist es ja, was sie auch erzielen wollen. Diese Dynamik gilt es mit innerem Abstand und Vernunft zu betrachten: Die Kinder wollen die Erwachsenen nicht ärgern! Sie benötigen nur eine intensive Beziehung.

Schon mit kleinen Kindern erleben Eltern Situationen wie die, dass der dreijährige Sohn jeden Mittag beim Essen so lange Unruhe stiftet und Störungen des Tischgespräches und des Essensverlaufes produziert, bis die Mutter ihn wütend in sein Zimmer befördert. Eine solche Maßnahme ist für ein kleines Kind sehr schmerzlich, weil Kinder in diesem Alter sehr darauf angewiesen sind, in der Gemeinschaft zu bleiben. Aber selbst diese Grenzsetzung hindert ihn nicht daran, die Provokation täglich zu wiederholen.

«... wie war's in der Schule?»

Aus den Erkenntnissen der vorangegangenen Kapitel dieses Buches lässt sich ein solches «Machtspiel» verstehen und auflösen.

Der Sohn ist den ganzen Vormittag mit der Mutter zu Hause. Wenn seine älteren Geschwister aus der Schule nach Hause kommen, möchte die Mutter hören, was sie erlebt haben. Sie fragt die Älteren, blickt sie an und hört ihnen aufmerksam zu. Der Dreijährige verliert währenddessen nicht nur die Aufmerksamkeit seiner Mutter, sondern, was ihn viel existenzieller bedroht, er verliert ihren Kontakt und damit sein Daseinsgefühl.

Er *muss* nun stören, damit die Mutter ihn ansieht, vehement «Benjamin» zu ihm sagt und ihm seine Orientierung darüber, dass er noch da ist, zurückgibt. Den Raum verlassen zu müssen ist zwar einerseits unangenehm, weil er doch gerade jetzt an allem teilnehmen möchte, aber es gibt ihm den intensivsten Kontakt, der in einer solchen Situation möglich ist. Aber er zahlt den hohen Preis des Konflikts, um sich existent fühlen zu können. Ist er dann allein in seinem Zimmer, leidet er wieder und sogar noch mehr als vorher unter dem Kontaktmangel. Die Mutter ist dann erstaunt, dass er selbst jetzt im Zimmer keine Ruhe gibt.

Jedes «Machtspiel» hat zwei Aspekte:
- Die Situation selbst (wiederholte Grenzüberschreitung)
- Ein berechtigtes Bedürfnis (Grund der Störung)

Die Situation selbst

Betrachten wir die beiden Aspekte dieser und aller anderen Machtspielsituationen getrennt und lösen sie auch getrennt, so entwirren und beenden wir die bisher als zwangsläufig erscheinenden Wiederholungen.

Die Situation selbst ist ein Konflikt, der durch eine Grenzüberschreitung entsteht. Der kleine Sohn stört das Gespräch bei Tisch. Eine Grenzsetzung durch die Mutter ist nötig. Würde die Mutter ausschließlich diesen Aspekt sehen, so wäre sie gut beraten, eine eindeutige Grenze zu setzen, wie sie in Kapitel 10 beschrieben wurde. Die Mutter würde eine Entscheidung fällen, und zwar in dem Sinne, dass sie nun den größeren Kindern zuhören will. Sie würde diese Entscheidung mit aller Eindeutigkeit und Bestimmtheit zum Ausdruck bringen. Da die Mutter aber unterschwellig ahnt, dass der Kleine ein *berechtigtes* Bedürfnis nicht befriedigt bekommt, und zwar ein sehr existenzielles, nimmt sie seine Not wahr und behält ein schlechtes Gewissen zurück, wenn sie eine rigorose Grenze setzt. Infolge dieser Zwiespältigkeit ist das Ausdrucksverhalten der Mutter nicht eindeutig und entschieden genug. Also muss zuerst der zweite Aspekt, der Grund der Störung, wahrgenommen und bearbeitet werden.

Das berechtigte Bedürfnis

Der Sohn benötigt Kontakt, und zwar sofort und anhaltend. Er ist erst drei Jahre alt und kann noch nicht aushalten, während eines längeren Gespräches von seiner Mutter gar nicht wahrgenommen zu werden. Das gibt ihm das Gefühl, gar nicht da zu sein. So ähnlich empfinden auch kleine Kinder, wenn ihre Eltern telefonieren oder Gäste zu Besuch kommen und die volle Aufmerksamkeit der Eltern auf sich ziehen. (Hinzu kommt, dass sich Eltern in der Tat anders verhalten, wenn Besuch da ist, und die kleinen Kinder dies spüren. Es geht ihnen die Orientierung verloren.) Durch solche Situationen entstehen ein akuter Mangel an notwendigem Kontakt und ein starkes Bedürfnis nach Orientierung. Auch in diesen Fällen sorgen Kinder unbewusst für so provozierende Störungen, dass die Eltern sich zur sofortigen Kontaktaufnahme gezwungen sehen. Leider sind diese Kontakte negativ. Die Erregung dient lediglich der sofortigen Kontaktaufnahme und macht sie intensiv, kostet aber häufig den Familienfrieden. Freundliche, vorsichtige Versuche der Kinder, den Kontakt zu erreichen, scheitern fast immer daran, dass die Eltern auf dem friedlichen Wege nicht erkennen, wie dringend die Kontaktaufnahme für das Kind ist. Da dies alles unbewusst geschieht, kann das Kind es nicht verbal formulieren: «Mama, ich brauche sofort deine Hand!» Nichts weiter als das wäre nämlich erforderlich, damit der Dreijährige friedlich bei Tisch sitzen könnte und sich wohl fühlen würde.

Kontakt

Legt die Mutter eine Hand auf das Bein oder den Arm des Kindes und drückt ihn ab und zu liebevoll, um ihm das Gefühl zu geben, dass es da ist, so gewinnt das Kind sein Daseinsgefühl zurück. Hat das kleine Kind auch das Gefühl, in Anwesenheit der großen Brüder nicht zum Erzählen zu kommen, so kann etwa der Vater, der tagsüber nicht zu Hause war, sich abends an sein Bett setzen und ihn fragen: «Was hast du denn heute alles erlebt?» Dann kann auch der Kleine erzählen.

Die emotionalen Hintergründe eines «Machtspiels»

Nehmen wir das Beispiel eines fünfjährigen Sohnes, der sich morgens vor dem Kindergarten nicht anziehen will. Da die Mutter aufgrund ihrer halbtägigen Berufstätigkeit darauf angewiesen ist, pünktlich zu sein, gerät sie durch ihren trotzenden Sohn unter Druck. Emotional nimmt sie ihren kleinen Sohn in dem Augenblick, in dem er laut schreit: «Ich zieh mich nicht an!», so wahr, als wäre er riesig groß und machtvoll.

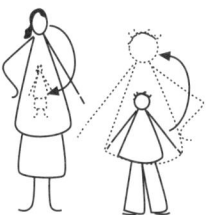

«?»   «Ich zieh mich nicht an!»

Der Sohn nimmt im Gesichtsausdruck seiner Mutter diese Fehleinschätzung wahr. Für ihn erscheint seine Mutter emotional hilflos, als wäre sie noch viel kleiner als er. Dadurch wird er innerlich sehr unsicher. Wäre seine Mutter wirklich so klein, hätte er keine erwachsene Mutter mehr, die ihn versorgt und beschützt. Nun wird er blitzschnell noch wütender, so wütend, dass die Mutter aus ihrer Hilflosigkeit erwacht und nun ebenfalls wütend wird.

Bei sehr vielen kleinen Kindern lässt sich beobachten, dass sie ihr provozierendes Verhalten steigern, wenn der Erwachsene unsicher wird. Es ist anzunehmen, dass sie dies tun, um den existenziell nötigen Zustand ihrer Sicherheit wiederherzustellen. Denn stets bringt dieses Verhalten des Kindes den Erwachsenen in Wut, und Wut bringt den Erwachsenen zu einer Entscheidung und damit zu sicherem Auftreten.

Aus meiner Beratungsarbeit kenne ich Fälle, in denen die Hilflosigkeit von Müttern oder Vätern daraus resultiert, dass ihre Kinder sie an frühere Lebenssituationen erinnern, in denen sie wirklich ein anderer machtvoll unterdrückt hat (siehe Kap. 19 u. 36).

Also wird die Mutter in einer Weise wütend, die gegenüber ihrem kleinen Sohn völlig unangemessen ist, als hätte sie es mit einer wirklichen Übermacht zu tun. Nun weint der Sohn und «schrumpft» aus der emotionalen Sicht der Mutter wieder auf seine eigentliche Kindergröße zurück. Weinend erscheint er ihr nun vielleicht sogar noch jünger und hilfloser, als er in Wirklichkeit ist.

«Du ziehst dich sofort an!»

Nun kann auch die Mutter aus ihrer Machtgebärde, in der sie dem Sohn emotional riesengroß erschienen war, wieder zu ihrem natürlichen Maß zurückkehren und ihren Sohn beschwichtigen.

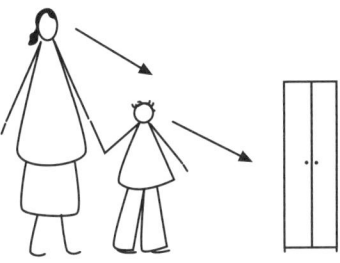

«Komm, wir ziehen uns an!»

Meist hat eine berufstätige Mutter ein latentes Schuldgefühl, dass sie ihr Kind früh am Morgen unter Zeitdruck setzen muss und es um diese Zeit nicht spielen darf wie ein Kind, dessen Mutter nicht berufstätig ist. In unserem Beispiel interpretiert die Mutter das Störungsverhalten des Sohnes dann als Zeichen ihres Scheiterns. Auf diese Weise kommt ihr Unterlegenheitsgefühl zustande, durch das sie sich gegenüber ihrem Sohn so klein fühlt.

Entscheidungen für die Situation fällen

Sie kann sich bewusst dafür entscheiden, dass ihr Sohn am Nachmittag eine Spielstunde für sich ganz allein mit ihr bekommt. Sie kann dafür sorgen, dass sie dies verlässlich und regelmäßig einrichtet, und sie kann eine Zeit dafür wählen, in der sie selbst ausgeruht ist und gern mit ihm spielt. Sie kann entscheiden, dass morgens keine Spielzeit ist, und sie kann von ihrem fünfjährigen Sohn selbstverständlich erwarten, dass er sich anzieht. Wenn diese Entscheidungen eindeutig und ohne Schuldgefühle von ihr gefällt worden sind, wird sie in der morgendlichen Situation als die erwachsene Mutter erscheinen und sprechen, die sie real ist, und sie wird ihrem Sohn zutrauen, dass er sich anzieht (siehe Kap. 10). Der Sohn wird an ihr bemerken, dass sie ihn in seiner

Möglichkeit, zum morgendlichen Ablauf positiv beizutragen, ernst nimmt. Sie wird sogar mit großer Selbstverständlichkeit davon ausgehen, dass er sich alleine anzieht, und er wird dies ziemlich sicher ohne größere Probleme tun.

Der richtige Zeitpunkt

Wenn die Mutter ihre Forderung als berechtigt ansieht und gleichzeitig merkt, dass ihr Kind Kontakt braucht, wird sie erfinderisch werden und eine Situation herstellen, die ohne Konflikt allen Bedürfnissen gerecht wird. Sie drückt etwa ihrem Sohn gleich morgens die Anziehsachen in die Hand und nimmt ihn dahin mit, wo sie gerade etwas erledigt, und er kann sich dann neben ihr anziehen. Oder die Mutter regelt den morgendlichen Ablauf so, dass sie sich gleichzeitig mit ihm anzieht und daraus ein Spiel macht. Allerdings sollte sie dies nicht tun, falls es schon zum Konflikt gekommen ist. Erfolgt die Befriedigung der berechtigten Bedürfnisse (meist Zuwendung und Kontakt) nämlich in prompter Reaktion auf die Störung, dann bestätigt der Erwachsene, dass man ihn durch «Machtspiele» zu Kontakt erpressen kann. Deshalb sollte der Kontakt schon vor Beginn einer solchen Situation ganz selbstverständlich zustande kommen. Will die Mutter ganz sichergehen, dass ihr Sohn genügend Kontakt bekommt, so kann sie mit ihrem Sohn etwa ein kleines Gutenmorgenritual veranstalten. Sollte er mehr fordern, obwohl nachmittags intensiver Kontakte mit der Mutter in ausreichendem Maß und auf verlässliche Weise zustande kommt, dann ist sein «Machtspiel» kein Zeichen für zu wenig Kontakt, sondern nur eine Reaktion auf ihr mütterliches Schuldgefühl. Er fragt sozusagen durch sein Handeln: «Findest du, dass ich ein armer Junge bin, weil du mir morgens so wenig Zeit widmen kannst?» Die Mutter kann in diesem Augenblick nur den aktuellen Aspekt beachten und entschieden eine Grenze setzen (womit sie seine indirekte Frage durch ihr Handeln beantwortet: «Nein, du bist kein armer Junge, und jetzt ziehst du dich an»). Am Nachmittag aber kann sie sich dem Kind eine bestimmte Zeit lang verlässlich und regelmäßig sehr intensiv zuwenden.

Es kommt also auf den Kontakt zum richtigen Zeitpunkt an. Die Lösung des Problems erfolgt zu einem anderen Zeitpunkt als der Konflikt selbst. Deshalb muss man, wenn es schon zu einem «Machtspiel» gekommen ist, eine eindeutige Grenze setzen und den nachfolgenden Konflikt zunächst einmal aushalten. Die Lösung (nämlich die Befriedigung des Kontaktbedürfnisses) findet, in diesem Beispiel, am Nachmittag statt. Wenn die Mutter den nachmittäglichen Kontakt verlässlich und regelmäßig herstellt und morgens kein schlechtes Gewissen mehr hat, kommt das Kind nach einiger Zeit gar nicht mehr auf die Idee, morgens ein «Machtspiel» zu beginnen.

Das Auflösen von «Machtspielen»

Bei der Auflösung von «Machtspielen» geht es darum, dem Kind zu einer Situation zu verhelfen, in der es das, was es braucht, bekommt. Das Kind soll sein Bedürfnis nicht durch ein «Machtspiel» befriedigen, sondern durch ein freiwilliges Geben des Erwachsenen zum richtigen Zeitpunkt (siehe das Schaubild auf Seite 226/227).

In den Konflikten, die sich in der Familie durch «Machtspiele» ergeben, erhalten die Kinder durch die starke Erregung der Eltern eine Begegnung von hoher Intensität. Ein ruhiges nachmittägliches Vorlesen oder Spielen mit einem Elternteil befriedigt zwar das Kontaktbedürfnis des Kindes, ist aber oft keine Konkurrenz zu der Intensität, die sich in einem Konflikt abspielt (Schreien, starrer Blickkontakt, das Kind wird gepackt und ins Zimmer getragen, Zappeln des Kindes, es wirft sich auf den Boden etc.). Deshalb ist es bei der Auflösung von «Machtspielen», die sich schon eine Zeitlang sehr vehement abgespielt haben, ratsam, auch zunächst mit Tobespielen am Nachmittag zu beginnen, bei denen alle starken Impulse (Schreien, starrer Blick …) nun spielerisch und humorvoll wieder auftauchen. Hilfreich ist es, wenn der Erwachsene das Tobespiel unter den Bedingungen verlässlicher, konsequenter und gut durchschaubarer Regeln einführt und auch den zeitlichen Rahmen konsequent einhält (Tobespiele: Beudels, W. u. Anders, W., «Wo rohe Kräfte sinnvoll walten», siehe Literaturverzeichnis). So fühlen sich Kinder auch dann noch vom Erwachsenen gut gehalten, wenn beim Spielen ihr Temperament mit ihnen durchgeht. Wenn das «Machtspiel» sich aufgelöst hat und der Erwachsene den nachmittäglichen Kontakt beibehält, kann daraus auch eine ruhigere Beschäftigung werden.

Das Kind trifft eine «empfindliche Stelle» des Erwachsenen

Kinder wählen unbewusst und gleichzeitig sehr intelligent Situationen für ihre «Machtspiele» aus, die Eltern oft an ihrer empfindlichsten Stelle treffen. Dies tun Kinder, um eine möglichst intensive Wirkung bei ihren Eltern zu erzielen. Dabei werden wir von unseren Kindern stark herausgefordert. Die Bereitschaft zur Selbstkritik und eine klare Selbsterkenntnis sind hier für den Erwachsenen ebenso hilfreich wie die Fähigkeit, loszulassen und zu überprüfen, ob er eine Sache wirklich so wichtig nehmen muss. Der Erwachsene wird seine Forderung (z. B. bezüglich des Zähneputzens) nicht vollständig aufgeben, er nimmt aber wahr, dass ein anderes Geschehen, nämlich die Beziehung zum Kind, hier im Vordergrund steht. Er wird Prioritäten setzen und wie oben geschildert zuerst die Beziehung verbessern und dann erwarten, dass das Zähneputzen gut klappt.

Wenn Eltern aufgrund von «Machtspielen» oder grenzüberschreitendem Verhalten von ihren Kindern enttäuscht oder anhaltend böse auf sie sind, sollten sie dringend einen Weg suchen, wieder eine optimistische Grundhaltung zu erlangen und ihren Kindern wieder mit Zutrauen und Achtung zu begegnen.Manchmal hilft dabei eine einmalige Beratungssitzung bei einem Erziehungsberater, Austausch mit anderen Eltern, deren Kinder schon größer sind, oder ein Tag ohne das Kind, um in der Distanz Mut zu schöpfen und wieder zu einer liebevollen Einstellung zurückzufinden. Manchmal hilft auch die Erinnerung an Situationen, in denen das Kind seine Begabungen, Stärken und seine gesunde, gute Entwicklung gezeigt hat. Hier ist auch die Übung hilfreich, die ich unter dem Stichwort «Die Übung mit Zauberkraft» in Kapitel 19 beschreibe.

Wie verhindert man das Entstehen von «Machtspielen»?

Da vielen «Machtspielen» das berechtigte Bedürfnis des Kindes nach Intensivierung des Kontaktes und der Beziehung mit dem Erwachsenen zugrunde liegt, ist es ratsam, hier eine vorbeugende Erziehungsmaßnahme zu finden. Wenn Erwachsene dafür sorgen, dass es jeden Tag zu einer besonders intensiven Begegnung mit ihrem Kind kommt, wird das Bedürfnis grundsätzlich befriedigt. Ein «Machtspiel» entsteht dann erst gar nicht.

Zu kleinen Kindern reißt der Kontakt den ganzen Tag über nicht ab, in diesem speziellen Fall ist aber ein sehr intensiver, ausschließlicher Kontakt gemeint. Diese intensive Begegnung braucht jedes Kind. Und jedes Kind braucht sie unterschiedlich häufig. Selbstverständlich ist es wünschenswert, dass Kinder in den Genuss dieser Art von Kontakt so oft kommen, wie sie es brauchen, und dass dieser Kontakt echt ist (nicht nur «gut gemeint» und in Wirklichkeit halbherzig). Ablesen lässt sich dieses «Brauchen» daran, dass Kinder den Kontakt «aufsaugen» wie ein Schwamm die Flüssigkeit, mit der er in Berührung kommt. Wenn sie «gesättigt» sind, erkennt man es unmissverständlich daran, dass sie einfach keine Lust mehr haben und ein Spiel allein oder mit einem anderen Kind beginnen.

«Ich habe einen Termin mit meinem Kind»

Handelt es sich um kleine Kinder, nenne ich diese Methode «Spielstunde», bei größeren sage ich zu den Eltern: «Sie haben einen Termin mit Ihrem Kind.» Die abstrakte Frage danach, wie viele «Termine» ein Kind in einem bestimmten Alter braucht, ist ohne die Berücksichtigung des konkreten Familienzusammenhanges schwer zu beantworten. Um Eltern einen Anhaltspunkt zu geben, rate ich in meiner Beratungspraxis Folgendes: Kleine Kinder brauchen ihre Bezugspersonen den ganzen Tag mit immer wieder wechselnder Intensität. Der Erwachsene nimmt intuitiv wahr, wie stark das Bedürfnis nach engem, intensivem Kontakt ist. Die meisten größeren Schulkinder brauchen eine intensive, ausschließliche Begegnung mit einem Erwachsenen

Auflösung von Machtspielen

Zeit		Was passiert?

1. Machtspielphase
- Kind löst immer wieder Machtspiel aus (Grenzüberschreitung), z. B. jeden Morgen mit der Weigerung, sich anzuziehen

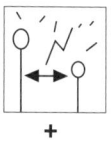

2. Beginn des Lösungsweges
- Situationen, in denen kein Machtspiel erfolgt, z. B. am Nachmittag

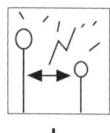

3. Weiterführung des Lösungsweges
- Kind löst (aus Gewohnheit) wieder Machtspiel aus
- Kind steigert evtl. den Konflikt, um doch noch die gewohnte Reaktion beim Erwachsenen auszulösen

4. Lösung
- Kind löst kein Machtspiel mehr aus

Wie reagiert der Erwachsene?	Wie wirkt es sich auf das Kind aus?
• wütend, halbherzige Grenzsetzung • Moralpredigt • Schuldgefühle, Hilflosigkeit, Wut • Evtl. Suche nach der Ursache der Störung (Erwachsener ahnt das berechtigte Bedürfnis des Kindes)	• Eskalation (Befriedigung des Bedürfnisses, z. B. Kontakt, durch Anschreien) • Kind merkt Zwiespalt des Erwachsenen zwischen Grenzsetzung und Schuldgefühlen • Kind bekommt großen «Schauplatz» mit hoher negativer Aufmerksamkeit • Kind wird darin bestätigt, dass seine Methode, Kontakt zu erzwingen, gut funktioniert
• Erwachsener gibt freiwillig, verlässlich, regelmäßig intensiven Kontakt • Erwachsener hat Zeit und Freude am Kontakt mit dem Kind • Erwachsener begrenzt die Situation von vornherein	• Bedürfnisse des Kindes nach intensivem Kontakt wird befriedigt • Kind erlebt die authentische Freude des Erwachsenen • Kind merkt, dass es, ohne eine Störung auslösen zu müssen, verlässlich Kontakt bekommt • Kind hat Machtspiel nicht mehr nötig
• Erwachsener hält das Machtspiel aus, ohne dem Kind einen großen «Schauplatz» zu gewähren • Erwachsener setzt konsequente, kurze Grenze (z. B. sagt er nur einen Satz) ohne Schuldgefühle • Erwachsener bleibt klar ohne emotionale Erregung • Erwachsener stellt weiterhin in anderen Situationen regelmäßig, freiwillig Kontakt her	• Die Ursache der Störung ist behoben: Das Bedürfnis des Kindes ist befriedigt • Das Machtspiel wird überflüssig
• Erwachsener ermöglicht dem Kind täglich kurze, intensive, freudige Kontaktsituationen	• Kind ist zufrieden • Kind akzeptiert Grenzen

jeden Tag für mindestens eine halbe Stunde, etwa direkt nach der Schule, und dann noch einmal mindestens eine halbe Stunde beim Zubettgehen. Manche Kinder brauchen den Kontakt öfter oder länger, andere seltener oder nicht so lang. Hauptsache: Die Intensität der Begegnung ist hoch. Bekommen sie zu wenig Kontakt, so zeigen sie dies sehr deutlich durch Konflikte («Machtspiele»), die sie zum Beispiel bei den Hausaufgaben oder bei jeder alltäglichen Anforderung, wie etwa beim Anziehen, Ausziehen, Zähneputzen und dergleichen, provozieren. In den Zeiten zwischen diesen intensiven Kontakten mit einem Elternteil sind die Kinder ja auch ständig mit uns zusammen, aber eben in der Gemeinschaft der ganzen Familie oder im Spiel miteinander oder auch mal für sich allein, je nach den Bedürfnissen des Kindes und dem Zeitplan der Familie. Größere Kinder brauchen täglich kurze, persönliche, intensive Ansprachen mit echtem Interesse, Blickkontakt und zumindest kleine körperliche Kontakte (wenn man bemerkt, dass sie aus pubertärer Scham längere Kontakte wie Schmusen nicht mehr mögen). Neben den selbstverständlichen Familienkontakten und den gemeinsamen Unternehmungen der Familie sollten sie dann einmal in der Woche einen verlässlichen «Termin» für eine oder zwei Stunden oder auch mehr mit einem Elternteil ganz für sich allein haben, bei dem etwas Intensives miteinander erlebt wird, etwa Sport, ein Spiel oder Zwiegespräche. Eltern sollten sich aber nicht allein auf einen zwangsläufig verallgemeinernden Rat, wie ich ihn hier nur geben kann, verlassen. Sie können ihr Kind beobachten und die Umstände der Lebenssituation, die spezielle Entwicklungssituation des Kindes, die Familienkonstellation, das Alter und viele andere Kriterien mit einbeziehen, um herauszufinden, wie viele intensive Begegnungssituationen für ihr Kind nötig sind.

Das Ziel dieser Kontakte ist es, ausschließlich Freude miteinander zu erleben. Deshalb sollten die Erwachsenen während dieser Kontakte vermeiden, zu «meckern» oder Pflichten und andere leidige Themen, wie beispielsweise die Hausaufgaben, anzusprechen.

In der Regel ist es notwendig, dass während dieses intensiven Kontaktes alle anderen Personen ausgeschlossen sind. Dies haben vor allem Erstgeborene nötig. Bestimmte Handlungen der Erwachsenen zeigen dem Kind dann, wie wichtig es den Eltern ist. Hierzu zählen etwa das Ausstellen des Handys, das Ziehen des Telefonsteckers oder Einschalten des Anrufbeantworters oder auch das Aufhängen eines Bitte-nicht-stören-Schildes. Wenn beispielsweise eine Mutter ihren Mann fragt, ob er ihr abends bei einer bestimmten Tätigkeit helfen kann, und der Vater im Beisein des Kindes antwortet, dass er dies gerne täte, aber dass er schon eine wichtige Verabredung mit seinem Kind hat, die sich nicht verschieben lässt, so spürt das Kind, wie ernst der Vater es selbst und den Kontakt mit ihm nimmt.

Empfindsame Kinder spüren dagegen sofort, wenn ein Erwachsener diese Treffen nicht so wichtig nimmt oder im Kontakt unkonzentriert ist. Sie erleben es wie Untreue, wie Verlassenwerden oder Verlorengehen. Die Auflösung des «Machtspiels» gelingt dann nicht.

33 Lügen

Bei kaum einem anderen Vergehen geraten so viele Eltern in Aufregung wie beim Lügen und Stehlen. Lügen und Stehlen gehören zu den Delikten, die, wenn sie von Erwachsenen ausgeübt werden, als unmoralisch angesehen werden. Deshalb glauben fälschlicherweise viele Eltern, dass es ein schlimmes Zeichen für eine Fehlentwicklung oder ein Scheitern ihrer Erziehungsarbeit sei, wenn ihre Kinder lügen oder stehlen.

Was ist «die Wahrheit»?

Eigentlich wissen wir Erwachsenen, dass jeder Mensch seine eigene Wirklichkeit subjektiv erzeugt. Wir gleichen unsere Vorstellung darüber, was wir als wirklich erleben, zwar ständig miteinander ab, aber es bleibt doch ein subjektiver Vorgang. Diesen Vorgang erübt sich das Kind in konkreten Situationen mit seinen Bezugspersonen.

In unserer Gesellschaft ist der Umgang mit der Wahrheit für Kinder sehr schwer zu durchschauen. Wir Erwachsenen fordern beispielsweise Ehrlichkeit, leben diese aber oft nicht vor. Wir sind nicht immer gute Vorbilder. Auch wir Erwachsenen leben manchmal mehr in Wunschwelten als in der Realität. Wir machen andere Menschen für unsere eigenen Fehler verantwortlich, oder wir verharren in Zuständen, die wir eigentlich dringend ändern müssten. Wir sind manchmal nach außen höflich und innerlich wütend. All diese Situationen enthalten Lügen, Halbwahrheiten oder Scheinwelten. Kinder nehmen diese Situationen manchmal intensiver wahr als die Erwachsenen und leiden mehr darunter.

Um dem Thema Lügen gerecht zu werden, muss man an dieser wie an kaum einer anderen Stelle einen Unterschied machen zwischen Kindern und Jugendlichen. Zunächst betrachte ich das Lügen von jüngeren Kindern und gehe dann zum Lügen von älteren Kindern über. Wenn Kinder beim Stehlen erwischt werden, kommt es sehr häufig vor, dass sie dann auch lügen. Deshalb enthält auch das Kapitel über das Stehlen (siehe Kap. 34) Hinweise für das Erziehen von Kindern, die lügen.

Das Gefühl für Wahrheit, Wirklichkeit und Normalität wird erst im Laufe der Kindheit und Jugendzeit langsam erlernt. Bis zum zwölften Lebensjahr ist die Vermischung von Realität und Phantasie noch völlig normal und gesund. Was eine erfundene Geschichte und was real ist, können kleine Kinder noch nicht unterscheiden. Mit dem Schulbeginn entstehen bei manchen Kindern erste Zweifel an der Realität des Christkindes, des Osterhasen und der anderen symbolischen Repräsentationen unserer gesellschaftlichen und religiösen Werte. Den meisten Kindern gelingt es, eine bewusste Trennung (wie sie in unserem Kulturkreis üblich ist) zwischen Phantasie, Traum, Fiktion und der Realität spätestens im Alter zwischen dem neunten und zwölften Lebensjahr herzustellen. Aber selbst uns Erwachsenen passiert es manchmal, dass wir etwas wiederzuerkennen meinen und uns fragen, ob wir eine Szene schon einmal geträumt, gelesen, im Film gesehen oder real erlebt haben.

Phantasiegeschichten

Nicht selten verarbeiten kleine Kinder den Verlust eines wichtigen Menschen durch das Erfinden von Phantasiegestalten.

Ein Beispiel: Ein kleines Mädchen, dessen Freundin in ein anderes Land umgezogen war, erzählte ihrer Mutter immer wieder von zwei neuen Spielgefährten, die für die Mutter unsichtbar mit der Tochter spielten. Einfühlsame Eltern wissen, dass die Akzeptanz dieser Phantasiewesen die beste Hilfe für ihr Kind ist. Im Auto forderte das Kind, dass die Mutter die neuen Spielgefährten auch anschnallen solle. Die Mutter antwortete darauf: «Schnalle du die beiden bitte an, denn du weißt ja, Erwachsene können sie ja leider nicht sehen.» Daraufhin sah die Tochter ihre Mutter mitleidig an und schnallte ihre unsichtbaren Freunde fürsorglich an. Ein paar Wochen später verschwanden die beiden unsichtbaren Kinder aus dem Leben der Familie, so selbstverständlich, wie sie gekommen waren. Die Mutter thematisierte das Verschwinden nicht. Aber sie konnte nun davon ausgehen, dass ihr Kind den Abschied von der Freundin gut verarbeitet hatte.

Dieser Mutter ist die Gratwanderung, auf der einen Seite die kindliche Phantasiewelt zu akzeptieren und auf der anderen Seite bei ihrer erwachsenen Realitätssicht zu bleiben, hervorragend gelungen. Es ist in einer solchen Situation nicht sinnvoll, sich als Erwachsener vollständig in die Phantasien der Kinder mit hineinzubegeben und mitzuspielen. Es ist hilfreicher, bei der erwachsenen Sicht zu bleiben, die kindliche Sicht aber bejahend und liebevoll zu begleiten. Diese Methode gibt dem Kind am meisten Orientierung. Humor ist hierbei ein guter Helfer, nicht aber Ironie oder gar Auslachen. (In anderen Situationen, beim Erzählen von Geschichten oder beim Rollen- oder Puppenspiel, gehen Erwachsene selbstverständlich in die Phantasiewelt der Kinder mit hinein.)

Erwischt werden

Kleine Kinder, die bei einem verbotenen Tun «erwischt» werden, erschrecken sich oft und behaupten dann ganz fest, dass sie es nicht getan haben. Meistens ist der Wunsch, es nicht getan zu haben, so übermächtig, dass sie dann, je öfter sie es behaupten, desto sicherer selbst glauben, dass sie es wirklich nicht getan haben. Ihr Bewusstsein trennt hier noch nicht so scharf. Deshalb hat es in diesem Alter keinen Sinn, dass wir Erwachsenen mit den Kindern darum streiten, was die Wahrheit ist.

Unbewusste und bewusste Strategien

Etwa in dem Alter zwischen drei und sechs Jahren zeugt das Lügen oft vom Ausprobieren einer neu errungenen Klugheit. Wenn ein Kind begreift, dass es eine Strafe bekommt, wenn es die Wahrheit über eine Grenzüberschreitung gesteht, dann ist es aus der Sicht des Kindes klüger zu lügen. Da diese Fähigkeit des strategischen Handelns in den ersten Lebensjahren noch nicht vorhanden ist, muss das Kind seine neu errungene Klugheit dann erst einmal ausprobieren und seine Erfahrungen damit machen. Mit Moral hat das noch nichts zu tun. Viel später lernt das Kind erst, was es bedeutet, bei der Wahrheit zu bleiben. Wir Eltern könnten uns also einerseits freuen, dass unsere Kinder ihre Intelligenz erproben, andererseits müssen wir selbstverständlich auch in diesem Alter schon erziehen. So sollten wir diesen wichtigen Lernschritt nicht moralisch bewerten, sondern als einen normalen Entwicklungsschritt ansehen. Am besten bleiben wir Erwachsenen ruhig und souverän, klären die Situation und sagen liebevoll: «Ich möchte, dass du das nicht mehr tust.» Und wir gehen nicht weiter auf das Lügen ein.

Wenn die Kinder im Schulalter sind, kommt es seltener vor, dass sie unbewusst lügen. Sie lügen nun hauptsächlich strategisch, das heißt, sie lügen, wenn sie eine Strafe befürchten, falls sie die Wahrheit sagen würden. Wer könnte ihnen das verübeln? Dies stellt eine Herausforderung an die Erziehungsfähigkeit und Fairness der Erwachsenen dar. Wenn es den Erziehenden gelingt, ohne Strafe und ohne Moralpredigten zu erziehen, wird es nicht nötig sein, dass Kinder deswegen lügen. Sie können ihre Fehler freimütig eingestehen und werden fair und gerecht behandelt.

Geheimnisse haben und Dinge verschweigen, jemand anderen an der Nase herumführen, um zu sehen, wann er es merkt – all diese spielerischen Versuche gehören in die mittlere Kindheit und dienen dem Üben von strategischem Handeln. Größere Kinder sind darauf gerade deshalb so stolz, weil kleinere Kinder dies noch nicht beherrschen. Sie zeigen damit den Zuwachs an Entwicklung ihrer Intelligenz.

Größere Kinder und Jugendliche lügen manchmal, weil sie spüren, dass sie mit dem Lügen eine außergewöhnliche Wirkung bei den Erwachsenen herbeiführen können. Dies ist dann ein Beziehungsproblem und hat nichts mit Moral zu tun (siehe Kap. 32 u. 34).

33

Lügen

Ethische Werte

Sinnvolle erzieherische Übermittlung von ethischen Werten, wie zum Beispiel Ehrlichkeit, Offenheit, Verlässlichkeit und Gerechtigkeit, findet dort statt, wo Erwachsene sich bemühen, im Leben mit den Kindern authentisch und ehrlich zu sein, und zwar nicht nur gegenüber den Kindern, sondern auch sich selbst gegenüber.

In selbst erlebten, selbst erfundenen oder literarischen Geschichten, Märchen und Mythen tauchen viele vorbildhafte Situationen auf, in denen sich zeigt, wie wohltuend und vertrauensbildend sich beispielsweise Ehrlichkeit auf menschliche Beziehungen auswirkt. Diese Geschichten und berichteten Erfahrungen der erwachsenen Bezugspersonen sind vor allem im Alter von drei bis zwölf Jahren für Kinder sehr gut geeignet. Sie wirken tief in die Vorstellungswelt der Kinder ein.

Ab etwa neun Jahren können Kinder dann auch in Gesprächen mit Erwachsenen über Werte diskutieren. Gespräche über Werte finden beim Tischgespräch, abends vor dem Schlafengehen oder in anderen ruhigen Momenten den geeigneten Rahmen, in dem ohne moralischen Appell oder vorwurfsvolle Aufgeregtheit, sondern eher besinnlich darüber gesprochen werden kann. In der ersten Phase der Pubertät, zwischen zwölf und fünfzehn Jahren, wird dann in der Familie über soziale Normen und ethische Werte oft heiß diskutiert. Anregungen kommen in dieser Zeit auch aus der Schule, aus dem Religionsunterricht der Konfessionen und auch aus dem Sport.

Alle diese Impulse bewirken schließlich im Laufe der gesamten Kindheit ein sicheres Gefühl für Gerechtigkeit und Wahrhaftigkeit. Dies nennen wir in unserer Gesellschaft «das Gewissen».

33
Lügen

34 Stehlen

Es gibt zwei sehr unterschiedliche Arten des Stehlens: das bewusste absichtsvolle Stehlen eines Jugendlichen oder Erwachsenen und daneben das unbewusste Stehlen von Kindern. Ich werde mich im Folgenden hauptsächlich mit der zweiten Art beschäftigen.

Auch für das Stehlen gilt, was schon über das Lügen gesagt wurde: Bei kleinen Kindern hat Stehlen nichts mit Moral zu tun. Sie stehlen zum Beispiel, weil sie eine bestimmte Sache so gerne haben wollen. Ihr riesiger Wunsch, die Sache zu besitzen, hat mehr Herrschaft über die Kinder als die Forderung, dass man jemand anderem nichts wegnehmen darf.

Besitzverhältnisse

Die Familie ist ein Ort, an dem völlig anders mit Besitz umgegangen wird als ansonsten in unserer Gesellschaft. Die Art des Umgangs mit Besitz in der Familie ist für kleine Kinder schwer durchschaubar. Die Zahnpasta und die Handtücher sind zum Beispiel Gemeinschaftseigentum, die Gesichtscreme gehört aber nur der Mutter. Zwischen dem Alleineigentum und dem Gemeinschaftseigentum wird häufig keine klar erkennbare Grenze gezogen. Das Kind wächst mit dem Älterwerden in die bestehenden Verhältnisse hinein. Eines Tages nimmt es die Rasiercreme des Vaters oder die schöne Dose auf dem Schreibtisch der Mutter und will erleben, was jetzt geschieht. Das Wegnehmen war also die Frage des Kindes: Wem gehört hier was, und wann und wie wird der Besitz durchgesetzt. Die Aufregung, das Verbalisieren und Zurückholen der Gegenstände ist die Antwort. Nach einem solchen Versuch werden meist die Eigentumsverhältnisse in der Familie zum ersten Mal verbal geregelt. Über Moral reden oder darüber beunruhigt sein müssen Eltern in einer solchen Situation nicht.

Kontaktbedürfnis

Manchmal hängt der Diebstahl, den ein kleines Kind begeht, mit seiner Sehnsucht nach Kontakt zu einem Familienmitglied zusammen. Das Kind identifiziert den Gegenstand mit der Person. Der kleine Sohn stiehlt das Parfum der Mutter, weil er den Geruch der Mutter auch dann riechen möchte, wenn sie gerade einmal nicht in seiner Nähe ist. Oder die kleine Tochter klaut den Lippenstift der Mutter, weil sie auch so schön sein will wie ihre Mutter. Häufig haben bestimmte Gegenstände, die einem geliebten Elternteil oder älteren Geschwistern gehören, einen hohen ideellen Wert für kleine Kinder, und gar keinen materiellen Wert. Sie fühlen sich einfach der Person näher, wenn sie einen Gegenstand von dieser Person besitzen. (Später im Jugendalter sind es dann die Idole, von denen man Gegenstände oder Bilder mit Autogramm haben möchte, um sich ihnen näher fühlen zu können.)

Stehlen als Symptom

Schulkinder stehlen manchmal Geld aus dem Portemonnaie der Eltern. Manchmal kaufen sie davon eine Menge Süßigkeiten und verschenken den Rest, weil sie noch gar keine Vorstellung davon haben, was sie damit anfangen sollen. Sie stehlen nicht bewusst, um sich Wünsche zu erfüllen, sondern sie stehlen, um etwas (z. B. Anerkennung, Zuwendung, Interesse etc.) von den Erwachsenen zu bekommen. Meistens ist es ein Zeichen für eine ins Ungleichgewicht geratene Beziehung zwischen den Familienmitgliedern. Die Frage der Erwachsenen, *warum* das Kind gestohlen hat, kann kein Kind beantworten. Dieser Vorgang ist unbewusst.

Diese Art von Stehlen erkennt man gerade daran, dass Kinder, die zwar die Fähigkeit hätten, das Stehlen so zu verbergen, dass es niemand bemerken würde, sich trotzdem erwischen lassen. Es zeigt, dass sie den Konflikt mit dem Erwachsenen (unbewusst) suchen. Die Intensität des Konflikts gibt dem Kind einen Kontakt mit dem Erwachsenen, den es braucht. Die Hintergründe des Problems können sehr unterschiedlich sein, manchmal hat es etwas damit zu tun, dass der Erwachsene das Kind nicht genügend wertschätzt und das Selbstwertgefühl des Kindes darunter leidet (siehe Kap. 25, 26 u. 32).

Manchmal stellen Kinder mit einem Verhalten wie Stehlen oder Lügen wichtige, nonverbale Fragen in Bezug auf das Beziehungsgefüge der Familie. Ein Beispiel aus meiner Praxis kann dies veranschaulichen: Familie X baute gerade ein Haus. Die finanzielle Lage der Familie war angespannt. Der Vater, der Alleinverdiener war, ermahnte häufig zu sparen. Der Mutter fiel es schwer zu sparen. Sie empfand die Ermahnungen des Mannes als Druck. Sie kaufte sich zwei Pullover und begründete die Käufe damit, dass sie sich nicht hätte entscheiden können, welchen Pullover sie lieber hätte. Der Vater war enttäuscht über das Verhalten seiner Frau. Die Mutter verschwieg daraufhin solche Käufe, oder sie log. Der Vater legte sehr großen Wert auf Ehrlichkeit. Die Eltern kamen durch derartige Konfliktsituationen in eine eigenartige Rollenverteilung: Der Vater verhielt sich, als wäre er der Vater seiner Frau. Die Mutter verhielt sich, als wäre sie eine pubertierende Tochter ihres Mannes. Der achtjährige Sohn wurde daraufhin mehrmals beim Stehlen erwischt und bestritt jedes Mal heftig, gestohlen zu haben. Die Eltern bestraften ihr Kind nicht, sondern redeten liebevoll und moralisierend auf ihr Kind ein und erwarteten das Zurückgeben des Gestohlenen. Das Kind stahl immer wieder, und der Vater reagierte sehr enttäuscht und besorgt. Er zweifelte am Charakter seines Sohnes und an der Richtigkeit der elterlichen Erziehungsmethoden.

In dem Verhalten des Sohnes sind verschiedene Fragen verborgen, die der Sohn verbal nicht stellen kann. Der Symptomcharakter des Verhaltens des Sohnes wird besonders deutlich dadurch, dass der Sohn Dinge stiehlt, die er gar nicht braucht. Er streitet den Diebstahl ab, obwohl offensichtlich ist, dass er ihn begangen hat. Und er wiederholt es ständig, obwohl er versprochen hat, es nicht wieder zu tun.

Ich habe im Laufe meiner jahrelangen Beratungsarbeit mit Familien gelernt, darüber zu staunen, wie vielschichtig ein solches symptomatisches Geschehen in bestimmten familiären Situationen sein kann und wie viele verschiedene Ziele Kinder gleichzeitig mithilfe von Symptomen verfolgen können. Es ist hier gar nicht der Raum, alle Facetten des intelligenten, unbewussten strategischen Fragens des Sohnes aufzudecken. Ich werde deshalb nur einige hauptsächliche Anliegen des Sohnes formulieren:

Der Vater der Familie X verfolgt ein Ziel (Bauen, Sparen) und vernachlässigt dabei andere für die Familie wichtige Ziele (Zeit und Aufmerksamkeit für seinen Sohn, Liebe und Einvernehmen mit seiner Frau und ihren Bedürfnissen). Die Mutter solidarisiert sich nicht mit ihrem Mann in Bezug auf die Verantwortung, die sie gemeinsam bei der Entscheidung zu bauen übernommen haben. Die Mutter macht ihren Mann dadurch zum «Buhmann» und begibt sich selbst in die bequeme Position des verdeckten Widerstands. Die Mutter lügt ihren Mann an. Die Eltern verurteilen aber das Lügen des Sohnes. Dadurch verlieren die Eltern ihre Glaubwürdigkeit. Der Sohn bringt durch sein Verhalten das Rollengefüge der Familie wieder ins Gleichgewicht: Dadurch, dass er klaut und lügt (also typisch kindliche Fehler macht), bringt er sich in die Rolle des Kindes. Die Eltern kommen durch die Sorge um sein Verhalten wieder in die Elternrolle. Die Mutter schimpft und ist entrüstet. Darin zeigt sie sich nicht mehr als Pubertierende, sondern als erwachsene Mutter. Der Vater moralisiert nicht mehr gegen die Mutter, sondern gegen seinen Sohn, d. h., er verhält sich väterlich gegenüber dem wirklichen Kind in der Familie.

Im Symptom liegt auch eine Frage des Sohnes in Bezug auf die Prioritäten des Vaters verborgen. Man kann die Frage etwa so formulieren: «Ist dir der Bau des Hauses und das Sparen wichtiger als die Liebe zu deiner Frau und zu mir?» Der Sohn spürt, dass die Liebe des Vaters zur Mutter durch ihr Verhalten ins Wanken gerät, und er stellt durch sein Verhalten die Frage, ob auch die Liebe des Vaters zu ihm durch unmoralisches Handeln erschüttert werden kann. Auf jeden Fall erreicht der Sohn, dass sich der

Schwerpunkt der Aufmerksamkeit der Eltern vom Sparen und von ihrem Beziehungskonflikt auf den Sohn verlagert. Gerade mit dieser Verlagerung vereinen sich die Eltern in gemeinsamer Sorge um den Sohn. Sie gehen zur Erziehungsberatung. Der Beginn für eine Arbeit an ihrem aus dem Gleichgewicht geratenen Familiensystem ist damit initiiert. Ohne das Stehlen des Sohnes wäre dies nicht geschehen.

Hilfreiche Maßnahmen

Auch wenn wir wissen, dass Kinder aus symptomatischen Gründen stehlen und nicht aus unmoralischen, können Eltern praktische Konsequenzen ziehen. Sie können zum Beispiel Portemonnaies wegschließen, gestohlene Dinge zurückgeben lassen, Entschuldigungen gegenüber Dritten fordern, um Grenzen zu setzen, oder mehr Taschengeld bewilligen, um größere Spielräume zu schaffen. Diese Maßnahmen allein reichen nicht aus. Wenn man weiß, dass Kinder mit solchen Verhaltensweisen tiefe Fragen stellen und berechtigte Bedürfnisse zum Ausdruck bringen, kann man versuchen, diesen Fragen auf den Grund zu gehen, wie ich es in dem Beispiel skizziert habe. Daraufhin kann man die eigentlichen Bedürfnisse befriedigen. Meistens geht es um Haltungen der Eltern gegenüber den Familienmitgliedern.

In meiner Beratungspraxis gebe ich Eltern, die sehr entsetzt und enttäuscht sind über das Verhalten ihres Kindes, eine kleine, aber sehr wirkungsvolle Hausaufgabe mit auf den Weg. (Ich beschreibe sie in Kap. 19 unter dem Stichwort: Die Übung mit «Zauberkraft».) In vielen Fällen reicht es aus, dass die Eltern diese Übung regelmäßig durchführen, und es zeigt sich, dass die Kinder mit dem Stehlen oder anderen «Unarten» aufhören, ganz ohne etwas vom Üben ihrer Eltern zu wissen.

Stehlen in der Pubertät

Wenn Jugendliche im Kaufhaus Nagellack oder Zigaretten stehlen und dabei nicht erwischt werden, liegt der Grund für das Stehlen höchstwahrscheinlich lediglich darin, dass sie ihr Taschengeld schon ausgegeben haben und diese Gegenstände gerne haben wollen. In ihrem altersgerechten Widerstand gegen die Werte und Normen der Erwachsenen gehen Jugendliche häufig eine Zeitlang über die Besitzregelung der Erwachsenen hinweg. Nicht selten ist auch eine Mutprobe vor der Gruppe der Gleichaltrigen damit verbunden. Nach der Pubertät hört dieses Verhalten in der Regel von selbst wieder auf.

34

Werden die Jugendlichen erwischt, kann man davon ausgehen, dass ein häuslicher Konflikt das unbewusste Ziel des Jugendlichen war. Nicht selten führt das Erwischtwerden durch die Polizei in der Folgezeit des Deliktes zu einer größeren Beschäftigung der Eltern mit ihrem jugendlichen Kind (siehe Kap. 31).

35 Unordnung

Im Vorpubertäts- und Pubertätsalter (manchmal auch schon ab dem Schulkindalter) wird in vielen Familien ein Thema aktuell, das zu vielen Konflikten zwischen den Eltern und ihren Kindern Anlass gibt, nämlich die Ordnung.

Die Wohnung oder das Haus, in dem eine Familie lebt, gehört am Anfang, bevor Kinder geboren werden, den Erwachsenen. Wenn die Kinder erwachsen geworden sind, ziehen sie aus. Wieder gehört die Wohnung den Erwachsenen. In der Zwischenzeit müssen sich alle Familienmitglieder die Wohnung teilen (siehe Kap. 1).

Die Ausweitung des Territoriums

Anfangs nehmen die Kinder nicht viel Platz in Anspruch. Je älter sie werden, desto mehr Raum nehmen sie ein. Und damit meine ich nicht nur ihr eigenes Zimmer, sondern die ganze Wohnung. Die liegen gelassene Süßigkeitenverpackung im Wohnzimmer, der Schulranzen im Flur, die Unterwäsche im Badezimmer – Kinder haben die Tendenz, ihre Habseligkeiten überall zu verstreuen. Es erinnert mich an die Art, wie Hunde überall Markierungen hinterlassen, als wollten sie sagen: «Das alles ist mein Territorium.»

Das Interessante ist, dass viele Kinder es lieben, sich mit all ihren Spielsachen, Anziehsachen, Schulsachen und anderen Gegenständen auf dem Fußboden auszubreiten. Eine Parallele dazu findet man bei Säuglingen, die ihren Kot nicht nur in die Windeln drücken, sondern, wenn es geht, auch gern überall ausbreiten und dabei auch die Wände nicht verschonen. Auch Säuglinge versuchen damit ihr Territorium auszuweiten (als wären der Kot und der Geruch eine Erweiterung ihres Körpers).

Nicht alle Kinder sind unordentlich. Zum einen ist es eine Typfrage. Zum anderen gibt es Phasen, in denen Kinder ein mehr oder weniger ausgeprägtes Ordnungsbedürfnis haben oder eher Unordnung lieben. Im älteren Kindes- und Jugendalter kann die Unordnung ein Zeichen des Widerstandes des Jugendlichen gegen die Ordnungsregeln der Eltern sein. Insofern stellt dieses Problem oft eine Begleiterscheinung des Loslösungsprozesses der Kinder von ihren Eltern dar.

Aus systemischer Sicht betrachtet, kann man sagen: Die Unordnung ist nicht «das Problem des Kindes». Es geht vielmehr um die richtige Balance im System der Familie zwischen den Ordnungsgesichtspunkten der Eltern und den Autonomiebestrebungen des Kindes.

Jugendliche lieben oft ihr ausgebreitetes Chaos auf dem Fußboden und in der ganzen Wohnung und finden die Ordnungsgesichtspunkte der Eltern unverständlich, kleinlich und ungemütlich. So beginnt oft ein Jahre dauernder Kampf um die Ordnung. Wie mir scheint: ein Territoriumsstreit.

Belustigt stelle ich mir manchmal vor, wie es wäre, wenn Kinder sich immer mehr und mehr ausbreiten würden, bis schließlich die Wohnung zu klein wird und die Eltern ausziehen. Oder ich stelle mir aus Spaß vor, die Amsel würde an ihr Nest anbauen, wenn die Jungen größer werden und der Platz zu eng wird. Zum Glück gelingt es sowohl bei Amseln als auch bei Menschen, dass es den Jungen irgendwann zu eng wird und sie das Elternhaus verlassen, weil sie «flügge» sind. Und das erscheint mir auch sehr sinnvoll.

Kinder haben das Recht zu versuchen, sich auszubreiten, und zu erforschen, wie viel Raum sie sich nehmen können. Gleichzeitig haben Eltern das Recht, ihren Kindern in Bezug auf diesen Ausbreitungsvorgang Grenzen zu setzen, die ihr Territorium einschränken. (Ich habe in der Tabelle in Kapitel 19 auf diese Widersprüche aufmerksam gemacht.) So wird manchmal ein ernstes «Spiel» daraus, das zu heftigen Auseinandersetzungen führen kann. (In Kapitel 32 gehe ich darauf ein, welche Gründe diese «Spiele» haben und wie sie zu behandeln sind.)

Eine praktikable Lösung

Manche Eltern stellen in den Keller oder auf einen Schrank eine große Kiste, in die sie alles legen, was sie irgendwo in der Wohnung herumliegen sehen, wo es nicht hingehört oder wo es stört. Einmal in zwei Monaten kündigen sie dann an, dass alles, was nicht bis zu einem festgesetzten Termin von den Kindern aus der Kiste geholt worden ist, weggeworfen wird. Diese Lösung ist fair und berechenbar. Kinder können damit gut umgehen.

Unordnung im Zimmer des Kindes

Auch Eltern verletzen berechtigte Grenzen der Kinder, wenn sie ohne zu fragen in das Zimmer der Kinder gehen. Ab dem Schulalter, spätestens ab der Vorpubertät sollte das eigene Zimmer als der Intimbereich des Kindes geachtet werden. Je älter die Kinder sind, desto mehr Freiheiten sollten die Kinder darin bekommen, ihr Zimmer selbst zu gestalten. Eltern haben kein Recht, ihre Ordnungsvorstellungen auch im Kinderzimmer durchzusetzen. Eltern, die sich einmischen, dort Ordnung machen oder gar Dinge wegwerfen, überschreiten die Grenzen der Kinder. Vertrauen geht dabei verloren (siehe Kap. 9).

Eine bessere Lösung entsteht, wenn Eltern verhandeln. Hier ein Vorschlag:
Im eigenen Zimmer sollten keine Essensreste und keine nassen Handtücher schimmeln und keine schmutzige Wäsche und kein Geschirr gehortet werden. Mindestens einmal am Tag sollte gelüftet werden. Alles andere ist Sache des Kindes. Außerhalb des eigenen Zimmers gelten dann die Ordnungsregeln der Eltern, bzw. der Familienrat (siehe Kap. 22) bestimmt, welche Ordnungsregeln gelten sollen.

Grundsätzlich können Eltern sich für die Zeit der achtzehn Jahre der Kindererziehung darauf einstellen, dass es für das Familienleben wichtiger ist, Freude miteinander zu erleben, als eine perfekte Ordnung zu haben. Man muss hier Prioritäten setzen und bereit sein, mit Kompromissen zu leben. Wer auf makellose Ordnung nicht verzichten kann, sollte sich überlegen, ob er Kinder erziehen will. Ständige Verärgerung würde die Stimmung in der Familie vergiften (siehe Kap. 1).

36 Schuldgefühle bei Eltern

In meinen Beratungen begegnen mir viele Eltern, die von Schuldgefühlen berichten. Viele von ihnen haben die Grenzsetzungen *ihrer* Eltern als böse Machtgebärde erlebt. Manche von ihnen sind sogar mit körperlicher Gewalt bestraft worden. Erfahrungen dieser Art in der Kindheit bewirken häufig, dass die erwachsen gewordenen Kinder die Haltung ihrer Eltern nun auf sich selbst anwenden. Sie setzen sich selbst unter Druck und haben so hohe Ansprüche an sich, dass sie sie gar nicht erfüllen können. Gleichzeitig fühlen sie sich als Erwachsene schnell schuldig. Sie möchten liebevolle Eltern sein. Sie haben es als Eltern besonders schwer, das gesunde Maß und die richtige Methode des Grenzensetzens zu finden. Viele von ihnen vermeiden das Grenzensetzen, weil sie nicht so «böse» Eltern sein wollen wie ihre eigenen Eltern. Dann bekommen ihre Kinder zu wenig Grenzen, das heißt zu wenig Orientierung. Diese Kinder werden provozieren müssen, um echte Entscheidungen zu bekommen. Andere Erwachsene verfallen in Konfliktsituationen in die Fehler ihrer Eltern und reagieren auch autoritär. Das Unterlegenheitsgefühl gegenüber den machtvollen Eltern, das sie als Kind erlebt haben, hinterlässt bewusst oder unbewusst eine Vorwurfshaltung den Eltern gegenüber. Wenn sie sich nun selbst als «böse» Eltern fühlen, bekommen sie Schuldgefühle (siehe Kap. 37). Schuldgefühle lassen sie unsicher aussehen. Das autoritäre Reagieren wirkt in den Augen der Kinder dadurch nicht authentisch – ein Teufelskreis!

Schuldgefühle nach unangemessenen Reaktionen von Erwachsenen

Ein Beispiel:
Ein Vater möchte mit seinen beiden Kindern (Sohn acht Jahre alt, Tochter sechs Jahre alt) mit dem Auto eine längere Fahrt ma-

chen. Er schenkt jedem Kind eine Tüte Süßigkeiten und hofft, beim Fahren zwei ruhige, beschäftigte Kinder zu haben. Nach einer Stunde Fahrt entdeckt die Tochter, dass sie ihre Süßigkeitentüte zu Hause vergessen hat. Sie versucht, ihren Bruder dazu zu bewegen, ihr von seinen Süßigkeiten etwas abzugeben. Er verweigert dies hartnäckig. Die beiden fangen an zu streiten. Der Vater fühlt sich beim Fahren gestört und mischt sich ein. Er spricht viele Doch-Sätze zu seinem Sohn, wie z. B. «Gib ihr doch etwas ab! Du bekommst es doch zu Hause aus ihrer Tüte wieder zurück!» Vergeblich – der Sohn beharrt auf seinem rechtmäßigen Besitz. Die Szene eskaliert. Schließlich wird der Vater so wütend, dass er das Auto unsanft bremst, aus dem Wagen springt, schimpfend dem Sohn die Tüte entreißt und sie im hohen Bogen wegwirft. Der Sohn weint, die Tochter schweigt betroffen. Der Vater fährt schließlich mit nagenden Schuldgefühlen und zwei schweigenden Kindern weiter.

In meiner Praxis sagt der Vater: «Ich reagiere manchmal unangemessen heftig. Hinterher habe ich Schuldgefühle.» Wenn wir eine solche Szene bearbeiten, stellen wir sie im Praxisraum nach: Ein Stuhl symbolisiert den Sohn, ein anderer den Vater. Der Vater stellt sich an den Stuhl, der ihn selbst repräsentiert. Er blickt zu dem Stuhl, der für seinen Sohn dort steht. Er sagt: «Mein Sohn wirkt auf mich so mächtig. Und ich fühle mich klein und hilflos. Ich habe das Gefühl, als wäre ich ein kleines Kind und er wäre riesig groß.»

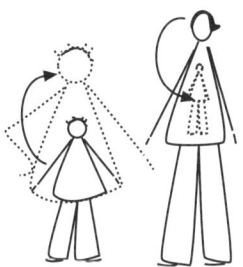

«... als wäre ich ein kleines Kind,
und er wäre riesig groß!»

Als Beraterin stelle ich einen weiteren Stuhl zwischen die beiden vorhandenen Stühle und frage den Vater: «Stellen Sie sich bitte vor, zwischen Ihnen und Ihrem Sohn sei ein riesig großes Gespenst. Und Ihre Reaktion sei eigentlich eine Reaktion auf dieses Gespenst.» Der Vater starrt eine Weile das «Gespenst» an. Nach einer Weile frage ich ihn: «An wen erinnert Sie das Gespenst?» Er antwortet sehr spontan: «Na klar, das ist meine Mutter! Sie war auch immer so besserwisserisch und prinzipientreu und beharrend. Da hatte ich als Kind keine Chance. Ich fühlte mich hilflos.»

Das «Gespenst»

Dann ziehe ich als Beraterin langsam den Stuhl für das Gespenst aus der Szene und sage: «Das Problem mit Ihrer Mutter lassen wir hier jetzt mal beiseite. Das lösen Sie auf andere Weise.» Dann lasse ich dem Vater einen Moment Zeit. Ich frage ihn: «Was ändert sich, wenn Sie jetzt auf Ihren Sohn schauen?» Er blickt auf den Stuhl des Sohnes. Der Vater lächelt gerührt und sagt: «Mein kleiner Sohn, er ist erst acht Jahre alt. Er ist o.k. Ich liebe ihn.» Ich frage ihn, wie er sich selbst jetzt fühlt, und er antwortet: «Ja, ich bin der Vater. Mir geht es gut. Ich fühle mich gar nicht mehr hilflos. Ich fahre ins nächste Dorf und kaufe noch eine Tüte Süßigkeiten. Es ist eigentlich ganz einfach», und er lacht mich erleichtert an.

«... mein kleiner Sohn ...!»

An diesem Beispiel sieht man, wie unsere eigenen Erfahrungen aus unserer Kindheit in Situationen mit unseren Kindern hineinwirken. Irgendein Detail erinnert uns (in diesem Beispiel die Beharrlichkeit des Sohns) an alte Gefühle (hier das Gefühl der Hilflosigkeit). Wir reagieren dann mehr auf unsere alten Erfahrungen als auf unsere realen Kinder. Das lässt sich daran erkennen, dass man selbst (hier der Vater) im Nachhinein sein Handeln und seine Gefühle unangemessen empfindet. Die Schuldgefühle sind die logische Folge der Unangemessenheit. Sie haben die Aufgabe von Alarmsignalen, die uns darauf aufmerksam machen, dass an unserer Wahrnehmung der aktuellen Situation etwas nicht stimmt.

Dieser Vater zog aus den Erkenntnissen der Beratung unter anderem auch den Schluss, dass er selbst noch einen Schritt im Emanzipationsprozess von seiner Mutter unternehmen möchte, um in Situationen mit seinen Kindern souveräner, erwachsener reagieren zu können.

Schuldgefühle als Alarmsignal

Nehmen wir ein weiteres Beispiel:
Eine Mutter hat ihrer älteren Tochter (zwölf Jahre alt) abverlangt, auf ihren kleinen Bruder aufzupassen, während sie zu einer abendlichen Veranstaltung gegangen ist. Nach ihrer Rückkehr stellt sie fest, dass die Kinder einen Konflikt hatten. Beim Streiten ist den Kindern ein Küchengerät heruntergefallen und zerbrochen. Der kleine Sohn kommt der Mutter

barfuß auf kalten Fliesen und weinend entgegengelaufen. Die ältere Tochter hat sich in ihrem Zimmer «verschanzt» und hört viel zu laut Musik. Die Mutter ist wütend, dass es der Tochter nicht gelungen ist, auf den Bruder aufzupassen. Gleichzeitig hat sie Schuldgefühle, dass sie weggegangen ist und die Kinder allein gelassen hat. Entweder die Mutter bekommt nun einen Wutanfall und fühlt sich anschließend schuldig. Oder die Schuldgefühle zwingen sie, die Szene um des lieben Friedens willen zu ertragen, obwohl sie weiß, dass sie eigentlich eine Grenze setzen müsste. Beim nächsten Mal zieht der Sohn aus der Halbherzigkeit der Mutter die Konsequenz, dass er seine Schwester wieder provozieren kann. (Er tut dies ja nicht, um die beiden zu ärgern, sondern weil er unsicher und überfordert ist und dies nicht anders zeigen kann.) Besser wäre es, wenn die Mutter bemerken würde, dass ihr Schuldgefühl eine berechtigte Botschaft enthält: Sie sollte ihrer zwölfjährigen Tochter eine so verantwortungsvolle Aufgabe nicht auferlegen. Ältere Geschwister sind damit überfordert, auf ihre jüngeren Geschwister aufzupassen (dies ist ja auch eine Aufgabe für Erwachsene).

Die Mutter könnte in Zukunft entscheiden, für solche Situationen Nachbarn, Verwandte oder einen Babysitter zu engagieren. Die Mutter kann zu ihrer Tochter sagen: «Ich kann mir gut vorstellen, dass diese Aufgabe für dich schwierig war.» Sie kann sich für ihren guten Willen bedanken und die Kinder auffordern, ihr zu helfen, die Unordnung, die entstanden ist, wieder aufzuräumen.

Die eigentliche Aufgabe von berechtigten Schuldgefühlen ist es, uns Menschen zu Veränderungen unserer fehlerhaften Wahrnehmungen, Einstellungen und Handlungen zu führen. Wir können uns die Frage stellen: Liegt der Fehler wirklich beim Kind oder bei uns Erwachsenen? Wenn wir bemerken, dass wir einen Fehler gemacht haben, ist es besser, wir entschuldigen uns und verändern unser Handeln, als hartnäckig das Gesicht zu wahren.

Wenn wir unser Handeln geändert haben, hört das Schuldgefühl sofort auf. Für das Grenzensetzen bedeutet dies: Wenn wir

Methoden für das Grenzensetzen finden, die uns und unseren Kindern nicht böse erscheinen, sondern vernünftig, normal und förderlich, so treten keine Schuldgefühle auf.

Sich auf die Gegenwart konzentrieren

Schuldgefühle wirken sich im Erziehungsprozess so hinderlich aus, weil sie den Situationen die Klarheit rauben und den Eltern die Kraft für eindeutige Entscheidungen entziehen. Kinder spüren die Uneindeutigkeit und provozieren dann, um eindeutige Signale von den Eltern zu bekommen. Dies führt zu Emotionalisierung und Eskalation.

In unserer durch das Christentum geprägten Tradition, in der der Schuldbegriff so tief verankert ist wie in keiner anderen, neigen wir dazu, den Schuldigen für etwas zu suchen oder Ursachenforschung zu betreiben. Dabei bleiben wir im Blick auf die Vergangenheit stehen oder nehmen eine vorwurfsvolle Haltung uns selbst oder den anderen gegenüber ein. Dies bringt uns aber in der Situation nicht weiter, sondern verschlechtert nur die Beziehungen. Wenn wir uns als Eltern immer wieder klarmachen würden, dass es in *konkreten Handlungssituationen* mit Kindern weder darum geht, die Ursachen für das Verhalten der Kinder zu suchen, noch darum, sich oder ihnen für ihr Verhalten Schuld zuzuschreiben, würden wir unsere eigentliche Aufgabe deutlicher sehen und leichter erfüllen können. Diese Aufgabe hat damit zu tun, sich auf die Gegenwart zu konzentrieren. Wir sind als Erwachsene in solchen Momenten erst einmal nur verantwortlich dafür, dass die augenblickliche Situation, in der wir uns gerade mit unserem Kind befinden, zum Wohle der Familie und zum Wohle des Kindes geregelt wird. Deshalb möchte ich den Begriff der Schuld durch den Begriff der *Verantwortung* für die gegenwärtige Situation ersetzen. Dabei ist besonders hilfreich, lösungsorientiert vorzugehen: Der Erwachsene sollte die aktuelle Situation wach realisieren und Gefühle und andere Tatsachen benennen. Dann kann er Vorschläge zu einem flexiblen Umgang mit den Notwendigkeiten der Situation machen oder sofort Veränderungsprozesse einleiten.

36

Selbstverständlich ist es daneben sinnvoll und unumgänglich, dass Eltern und andere Erziehende immer wieder die Ruhe finden, *außerhalb konkreter Handlungszusammenhänge* ihr Handeln zu hinterfragen und zu reflektieren. Der Blick auf vergangene Situationen und die Suche nach Ursachen ist in der Reflexionssituation der erste und wichtigste Schritt, um positive Veränderungen einzuleiten.

Exkurs: Einige Bemerkungen zum Begriff der «Liebe»

In unserer Sprache benutzen wir den Begriff «Liebe» sowohl für die Beziehung zwischen Partnern als auch zwischen Eltern und ihren Kindern. Besser wäre es, wenn wir dafür ein anderes Wort hätten, dann würde leichter erkennbar, dass es sich um eine andere Art von Zuneigung handelt. Die Beziehung zwischen Eltern und ihren Kindern ist nicht im gleichen Sinne eine freie Entscheidung, die revidierbar ist, wie wir es in einer Beziehung von Partnern kennen. Sie ist vielmehr eine durch biologische Fortpflanzung entstandene Beziehung. Diese hat einen seelischen Anteil, den man in den meisten Fällen durchaus mit dem Begriff «Liebe» bezeichnen kann. Aber sie hat auch einen unabdingbaren, existentiell verankerten Anteil, den man gar nicht einem einzelnen Gefühl zuordnen kann. Er ist mit Worten nicht hinreichend zu beschreiben. Die Forschung nennt ihn «Bindung». In dieser tief verankerten Beziehung zu unseren Kindern erleben wir alle Gefühle. Sie reichen von emotionaler Nähe bis zu emotionaler Distanz. Man erlebt sie als Liebe, Hass, Verzweiflung, Enttäuschung, Angst, Stolz, Erniedrigung, innige Identifikation oder auch Gleichgültigkeit. Und alle diese Gefühle (und viele andere) wechseln im Laufe des Lebens von Situation zu Situation, von Phase zu Phase. Alle Eltern und alle Kinder erleben in der Beziehung zueinander nahezu alle diese Gefühle irgendwann einmal oder auch öfter. Aber in unserer Gesellschaft gibt es moralische Vorstellungen und Normen, die festlegen wollen, was man gar nicht festlegen kann, nämlich, dass sich Eltern und Kinder immer «lieben» sollen. Diese unnatürlichen Vorstellungen erzeugen Unglück, weil sie einen Maßstab erzeugen, der kaum einzuhalten ist. Und sie tragen nicht wirklich dazu bei, dass sich die Menschen lieben. Aus ihnen entspringen viel mehr Schuldzuschreibungen und Schuldgefühle, Eifersucht, Konkurrenz, Entbehrung, Sehnsucht und Vorwürfe.

Es wäre gesünder, wenn wir in unserer Gesellschaft diese alten Vorstellungen aufgeben und genauer hinsehen würden. Dann könnten wir klar und nüchtern feststellen, dass Beziehungen von Eltern und ihren Kindern intensiv sind und alle Farben und Formen, alle Nuancen aufweisen können und dürfen.

Wenn wir aus dieser nüchternen Perspektive blicken, sehen wir zum Beispiel eine Mutter, die ihr Kind zeitweise ablehnt oder sogar hasst. Sie setzt sich vielleicht extrem intensiv gerade mit diesem Kind auseinander. Dadurch entsteht einerseits eine starke Beziehung, die dem Kind viel Aufmerksamkeit beschert. Vielleicht hat dies andererseits negative Auswirkungen auf die Entwicklung des Kindes, weil es keine positive Aufmerksamkeit ist. Die Mutter zu verurteilen, hilft niemandem. Die Frage ist vielmehr: Wie können wir die Rahmenbedingungen so verändern, dass die Mutter ihr Kind mit anderen Augen sehen kann? Viele Beispiele dafür finden sich in diesem Buch (siehe oben z. B. der Vater mit seinen zwei Kindern auf der Autofahrt in diesem Kapitel).

Lieben zu können ist ein Geschenk, keine Pflicht. Man kann Bedingungen schaffen, unter denen es wahrscheinlicher ist, dass sich Liebe ereignet. Liebe kann niemals eingefordert werden.

Wir Erwachsenen haben gegenüber unseren Kindern wichtige Aufgaben zu erfüllen (siehe Kap. 1 u. 20). Unsere Kinder entwickeln sich besser, wenn wir ihnen mit Wertschätzung, Achtung, Fairness und Interesse begegnen. Diese Haltungen können wir leichter einnehmen, wenn wir die Kinder lieben. Wir können diese Haltungen aber auch ohne das Gefühl der Liebe einnehmen. Dies ist schwieriger und benötigt ein waches, reifes Bewusstsein und einen festen Willen. An vielen professionellen Erziehenden lässt sich studieren, dass es gelingen kann.

Grundsätzlich ist es für den Erwachsenen hilfreich, sich zu fragen, von welchen Kriterien es eigentlich abhängt, ob und wie er jemanden lieben kann. Manchmal entdeckt man dann an sich selbst überhöhte oder intolerante Ansprüche, von denen man sich verabschieden kann. Manchmal entdeckt man auch, dass man sich selbst zu wenig liebt. In diesem Fall sollte man sich zunächst darin üben. Man wird dann feststellen, dass man liebesfähiger gegenüber anderen wird, wenn man sich selbst mehr liebt und mit sich selbst und seinem eigenen Leben zufriedener ist (siehe Kap. 39).

In Phasen geringerer Liebesfähigkeit hilft es Erwachsenen, wenn sie aus einer wohlwollenden inneren Distanz heraus Neugier für den Werdegang des Kindes entwickeln und es intensiv beobachten (siehe Kap. 19).

Mit Eltern, die sich mit Schuldgefühlen quälen, weil sie eines ihrer Kinder mehr lieben als ein anderes, unternehme ich in meiner Beratungsarbeit eine intensive Übung. Ich begleite sie dabei, versuchshalber Sätze zu sagen, die ihre aktuellen Gefühle ausdrücken. Dabei ermutige ich sie, sich immer näher an die realen Gefühle heranzuwagen.

Eine Mutter kommt zum Beispiel nach anfänglichen Umschreibungen zu dem niederschmetternden Satz: «Ich liebe Kai mehr als Tim.» Bei diesem Satz zittert ihre Stimme, und sie weint. Aber sie spürt zugleich eine große Erleichterung, sich eingestehen zu dürfen, was sie bisher nicht wahrhaben wollte. Dann erforschen wir im Detail die Gefühle der Mutter gegenüber Tim und Kai. Sie stellt fest: «Kai ähnelt mir seinem Wesen nach. Es fällt mir leicht, ihn zu verstehen. Tim ist ganz anders als ich. Ich finde oft nicht heraus, was er fühlt oder denkt. Das macht mich hilflos und ärgert mich.»

Wir stellen fest, dass es nicht Hass ist, sondern Unverständnis und Entfremdung, die zu Hilflosigkeitsgefühlen führen. Die Mutter findet eine Lösung, indem sie sich vornimmt, toleranter gegenüber Tim zu sein und ihn genauer zu beobachten. Sie stellt fest, dass sie ihn lieber mag, wenn sie ihn besser versteht.

Ein anderes Beispiel: Ein Vater findet keinen Zugang zu seiner Tochter. In der Beratung stellt sich heraus, dass sie ihn an ihre Mutter erinnert, von der er sich getrennt hat. Der Vater macht zu Hause über Wochen eine Übung: Er schreibt alle Unterschiede zwischen seiner Tochter und ihrer Mutter auf. Nach dieser Übung stellt er fest, dass er eine neue Perspektive auf seine Tochter gewonnen hat. Er kann sich ihr nun viel unbefangener öffnen.

Wenn wir die Beziehung zwischen Eltern und ihren Kindern als intensive, existenzielle Verbindung ansehen und sie uns nicht zwanghaft als Liebesbeziehung vorstellen, entsteht in uns erleichternde Toleranz unseren Gefühlen gegenüber. Wir erlauben uns dann, dass alle wechselnden Gefühle der Welt auftreten und auch wieder vergehen dürfen. Die intensive, existenzielle Verbindung zu unseren Kindern bleibt von den wechselnden aktuellen Gefühlen unbetroffen.

37 Ideensammlung für nicht «böse» Erziehungsmaßnahmen

Die folgende Liste enthält Vorschläge und kann beliebig erweitert werden.

- Humor und Spiele («Der Teddy sagt, wohin du die Socken räumen kannst»);
- Zeichen statt Worte (z. B. der Klang eines Gongs gibt das Zeichen für das Beenden der Spielzeit und setzt den Anfang zum Aufräumen);
- erst eindeutige Entscheidungen fällen, dann mitteilen, dabei im Kontakt bleiben;
- so handeln, als würde man sagen: «Ich nehme mein Segel aus deinem Wind» (Rudolf Dreikurs), dann nur einen Grenzen setzenden Satz, dann Themenwechsel oder Beenden der Situation;
- Mimik statt Worte;
- Ablenken;
- zur Tagesordnung übergehen, kein Aufhebens machen;
- Rhythmen (immer erst das, dann das), Gewohnheiten;
- das Kind zur Mitarbeit gewinnen, etwas gemeinsam tun;
- im Kontakt bleiben, während das Kind etwas tun muss;
- Einsichten erzeugen, mit dem Kind auf die Sache sehen;
- Grenzen veränderlich halten, Veränderungen der Grenzen in Aussicht stellen («Wenn du so groß bist wie Paul, bekommst du auch …»);
- «… ich bin neugierig, wie du das nächste Mal …»
- «schlechte» Erfahrungen machen lassen, ohne «siehste» zu sagen, logische Folgen wirken lassen;
- Mut zur Konsequenz;
- Ausnahmen zulassen, aber als solche kenntlich machen;

- dem Jugendlichen eine altersspezifische Wahl lassen, wie, wann, was etc., (nicht bei kleinen Kindern);
- Abmachungen, Regeln, Mitbestimmung;
- Gefühle achten und benennen;
- Konflikte bejahen, das Kind begleiten;
- Klarheit, Sachlichkeit, Eindeutigkeit;
- Vorwürfe und die «Mecker-Stimme» vermeiden;
- anerkennen, nicht beschuldigen;
- zutrauen, zumuten, bestärken.

37

Ideensammlung für nicht «böse» Erziehungsmaßnahmen

38 Exkurs:
Selbsterziehung der Erwachsenen

Wir sind nur dann authentische Erziehende und gute Vorbilder, wenn wir auch bereit sind, an uns selbst «Erziehungsarbeit» zu leisten. Viele Erwachsene verschließen die Augen davor, dass sie für eine Veränderung in ihrem Leben eine Entscheidung fällen müssen. Manchmal geht es darum, eine Tatsache zu akzeptieren oder das Leben in neue Bahnen zu lenken, weil das Alte überholt ist oder sogar schadet. Wenn Erwachsene in ihrer Entwicklung stecken bleiben, sind es oft die Kinder, die durch Symptome zeigen, dass sie die Missstände im Leben des Erwachsenen nicht ertragen können. Kinder haben dann unbewusst das Gefühl, keinen einzigen weiteren Schritt in ihrer Entwicklung machen zu können, ehe nicht die Eltern ihre eigenen Schritte gehen. Es ist, als hätten diese Kinder das Vertrauen in ihre Zukunft verloren und als hätten sie Angst vor ihrem eigenen Leben, wenn sie mit ansehen müssen, dass die schon erwachsenen Eltern ihr Leben nicht meistern. Deshalb ist es für Kinder sehr wichtig, dass Eltern und Erziehende bewusst und mutig an ihrer eigenen Entwicklung arbeiten.

Erwachsene übernehmen Verantwortung für sich selbst

In vielen Kapiteln in diesem Buch habe ich beschrieben, wie Kinder in unserem nonverbalen Verhalten «lesen» können, wie sie uns herausfordern und spiegeln. Sie helfen uns dabei, uns selbst weiterzuentwickeln.

Während wir ein Kind erziehen, das beispielsweise fünf Jahre alt ist, ist in uns (unter anderem) die Erinnerung an die Gefühle aktiviert, die wir hatten, als *wir* selbst fünf Jahre alt waren.

Die Kindheit unserer Kinder lässt uns noch einmal aus neuer Perspektive auf die Gefühle in unserer eigenen Kindheit blicken. Wenn Probleme aus unserer Kindheit noch nicht gelöst sind, besteht die Gefahr, dass sie in unser aktuelles Leben hineinwirken (siehe Kap. 1: Generationenkette). Es ist, als ob wir uns bewusst oder meistens eher unbewusst noch einmal fragen wollen, ob wir die Probleme von damals jetzt lösen können, da wir erwachsen sind. Jetzt ist die Zeit, mit diesen Problemen als Erwachsene noch einmal bewusst umzugehen und sie in irgendeiner Form in unser Leben zu integrieren, damit unsere Kinder sich nicht von unseren Problemen an ihrer gesunden Entwicklung gehindert fühlen müssen.

Auch für jene Probleme, die Eltern in ihrem gegenwärtigen Kontext, etwa in ihrem Partnerschaftsleben oder im Beruf, haben, gilt, dass es für die Kinder wichtig ist, dass die Erwachsenen diese Probleme selbst lösen. Sonst versagen sie als Vorbild. Für kleine Kinder ist es nicht immer richtig mitzuerleben, wie wir unsere Probleme lösen (manchmal wäre dies nicht altersadäquat), aber sie müssen fühlen können, dass wir sie als unsere eigenen Probleme annehmen und sie lösen. Aufgeschobene Problembewältigungen zeigen sich manchmal darin, dass Erwachsene unzufrieden und unausgeglichen sind, schnell «meckern», mit ihren Kindern ungeduldig sind oder psychosomatische Symptome entwickeln, wie beispielsweise Schlafstörungen, dauernde

Kopfschmerzen, Magengeschwüre, Erschöpfung, depressive Grundstimmung etc. (siehe Kap. 20).

Erwachsene werden erstaunt feststellen, dass die Arbeit an eigenen Veränderungen auf Kinder enorm wirkt, auch wenn man weder darüber spricht noch den Kindern die Ergebnisse der eigenen Veränderung zeigt. Sie spüren die Kraft, die im Erwachsenen entsteht, der sich um seine eigene Weiterentwicklung bemüht. Diese Kraft überzeugt Kinder und lässt sie Achtung und Zuneigung empfinden. Und sie gibt den Kindern Mut und Zuversicht in Bezug auf ihr eigenes Leben.

Die Ergebnisse der jüngsten neurologischen Forschung (siehe Literaturverzeichnis: Bauer, Hüther, Kandel, Spitzer) zeigen beeindruckend, wie das menschliche Gehirn dazu in der Lage ist, gewohnte Verhaltensmuster zu ändern.

Wie gehen die Erwachsenen mit ihren eigenen Grenzen um?

Wenn wir wollen, dass es uns wirkungsvoll gelingt, unseren Kindern faire Grenzen zu setzen, dann ist es hilfreich, wenn wir selbst gelernt haben, Grenzen zu wahren. Wir können dann besser einschätzen, wann und wie Begrenzungen sinnvoll sind, und wir sind gute Vorbilder. Manchmal ist es für Erwachsene auch hilfreich, selbst Grenzen zu überschreiten oder sich einmal zu erlauben, einen Fehler zu machen, um sich gefühlsmäßig in die Lage der Kinder versetzen zu können.

In der folgenden Tabelle finden sich Fragen für Erwachsene, die mit Kindern leben und arbeiten. Diese Fragen können sie anregen, darüber nachzudenken, wie sie selbst in ihrem eigenen Leben und Handeln mit Begrenzungen umgehen können.

Fragen zur Selbsterziehung der Erwachsenen

- Kann ich Ja und Nein sagen (ohne Schuldgefühle, ohne Bereuen)?
- Wie klingt meine Stimme beim Neinsagen?
- Bin ich in gutem Kontakt mit mir selbst und anderen?

- Kann ich Grenzen wahren (bei Alkohol, Rauchen, Süßigkeiten, Kaffee, körperlichem Gewicht, Reden, wenn ich Recht haben, jemanden von etwas überzeugen, einen anderen ändern oder etwas besitzen will etc.)?
- Kann ich entscheiden? Wie lange brauche ich dafür?
- Bleibe ich bei Entscheidungen?
- Kann ich zwischen Arbeit und Privatleben trennen?
- Wie viel Prozent meiner Zeit ist zurzeit auf die jeweiligen Bereiche (Arbeit, die anderen, ich selbst) verteilt? Welche Verteilung wünsche ich mir? Kann ich es mir ab sofort so einrichten, wie ich es mir wünsche?
- Kann ich Balance halten zwischen Altruismus und Egoismus?
- Kann ich traurig, wütend, ängstlich, schwach, stark, enttäuscht, glücklich, zufrieden etc. sein? Kann ich alle Gefühle bewältigen und sie anderen offen zeigen und benennen?
- Gebe ich mir selbst genügend Anerkennung?
- Überschreite ich manchmal selbst Grenzen? Wie geht es mir dabei?
- Kann ich es aushalten, mich bei meinen Familienmitgliedern punktuell unbeliebt zu machen?
- Kann ich mich bei anderen entschuldigen, wenn ich einen Fehler gemacht habe? Wie fühle ich mich dabei?
- Kann ich mir selbst Fehler verzeihen?
- Kann ich diszipliniert sein, zum Beispiel mir etwas vornehmen und es dann auch verlässlich tun, obwohl es mir schwerfällt?
- Kann ich mir selbst etwas Schönes, Neues, Grenzüberschreitendes gönnen und es dann genießen?

Stellt man fest, dass es einem schwer fällt, im eigenen Leben und Handeln mit Grenzen so umzugehen, wie man es sich eigentlich wünscht, so kann man anfangen, sich darin zu üben. Interessant ist, dass sich im Familienleben sofort eine Entspannung zeigt, wenn Eltern beginnen zu üben, selbst wenn sie nicht gleich perfekte Ergebnisse erzielen.

39 «Gute Laune»

Wie ich in vielen Kapiteln dieses Buches erläutert habe, ist es für Kinder und Jugendliche sehr entscheidend, *wie* ein Erwachsener in Erscheinung tritt, wenn er eine Erziehungsmaßnahme ergreift. Wenn er überzeugend und authentisch ist, können die Kinder Grenzen als Orientierung erleben und sie akzeptieren. Ob es uns Erwachsenen gelingt, die Grenzen so zu ziehen, wie es uns fair und richtig erscheint, hängt in entscheidendem Maße davon ab, ob wir selbst uns in der konkreten Situation erwachsen, souverän und gelassen fühlen.

Humor

Wenn wir eine positive Grundstimmung haben, fallen uns auch Methoden des Erziehens ein, die humorvoll sind oder die die gute Stimmung der Familie nicht zerstören. Bei Steven Biddulph (siehe Literaturverzeichnis) fand ich eine Szene, die mich begeisterte: Ein Lehrer verlässt für ein paar Minuten die Klasse. Ein Schüler (nämlich Biddulph selbst als Kind) macht während der Abwesenheit des Lehrers Unsinn am Lehrerpult. Die Klassenkameraden sind dadurch belustigt und laut. Der Schüler merkt zu spät, dass der Lehrer wieder in den Klassenraum getreten ist. Der Lehrer (der Humor hatte) lässt, als er den Schüler am Lehrerpult entdeckt, ein «Löwenbrüllen» hören. Der überraschte Schüler springt hastig wieder zu seinem Platz. Er erwartet nun eine Strafe oder Strafpredigt. Als er sich dann aber wieder getraut, in das Gesicht des Lehrers zu blicken, sieht er ihn fröhlich lachen. Der Schüler hat eine eindeutige Grenzsetzung erfahren. Er schreibt in seinem Buch, dass er solch einen Unsinn nicht wieder gemacht und den Lehrer geliebt hat.

Der Vorteil eines solchen Vorgehens ist, dass es die «gute Laune» vermehrt, das Vertrauen erhöht und die Liebe und Achtung steigert. Wenn wir dagegen unter Stress stehen oder in unserer momentanen Lebenssituation unzufrieden sind, drückt sich diese Missstimmung auch in unserer Stimme und unserem Verhalten aus. Wir sind dann ungeduldig, schnell zu verärgern und unkonzentriert.

Niemand anderer als wir selbst können am besten dafür sorgen, dass es uns gut geht und wir gelassene Erwachsene sind. Zwar können wir nicht alle Wechselfälle des Lebens, Schicksalsschläge, Krankheiten und Probleme von uns fernhalten, auch leidvolle Erfahrungen gehören ganz selbstverständlich zu unserem Leben. Aber wir können jeden Tag neu entscheiden, wie stark diese Probleme und Sorgen in unser alltägliches Leben mit unseren Kindern hineinwirken sollen.

Ausgewogenheit zwischen Erziehung und Beziehung

Es kommt vor, dass der hauptamtlich erziehende Elternteil im Laufe der Jahre immer mehr die Angewohnheit des permanenten Erziehens annimmt, das heißt, sein Selbstverständnis ist es, sich ganz und gar mit der Aufgabe des Erziehens zu identifizieren. Daneben verliert seine Rolle als Mitmensch in der Familie an Bedeutung. Wie ich schon in Kapitel 16 über das sogenannte «Meckern» schrieb, passiert es dann häufig, dass dieser Elternteil seine Erziehungsaufgabe überwiegend darin sieht, zu kontrollieren, zu korrigieren, zu appellieren und Impulse zu setzen, etwa zu Handlungen aufzufordern oder an Aufgaben zu erinnern. Mit diesem Teil der Erziehungsarbeit macht man sich nicht immer beliebt. Die Wahrscheinlichkeit ist groß, dass man durch diese Einseitigkeit ungeduldig wird, sich im Ton vergreift und die «gute Laune» verliert. Vor allem in der Jugendzeit der Kinder (siehe auch Kap. 22: Die gute Erziehung geht auf «Tauchstation») gerät durch diese Entwicklung manchmal der Familienfrieden in eine Schieflage. Es entstehen dann zu selten Situationen, in denen der Erziehende mit den Kindern Freude erlebt oder Anerkennung für erreichte Ziele gibt. Das Kind erlebt zu selten, dass es so, wie es ist, bejaht und geliebt wird.

Um eine solche Entwicklung zu verhindern, hat mir selbst das folgende einfache Vorstellungsbild immer wieder geholfen.

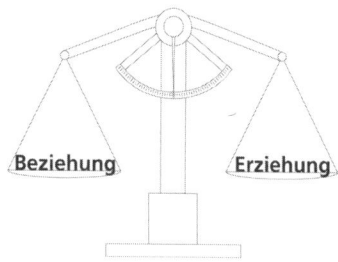

Das Bild zeigt, dass das Verhältnis zwischen Erziehungssituationen und solchen, in denen der Erwachsene sich dafür entscheidet, die liebevolle Beziehung zwischen dem Kind und sich zu pflegen, ausgewogen sein sollte.

Dieses Bild ließ mich abwägen zwischen verschiedenen Schwerpunkten. Ich stellte mir selbst die Frage: Muss ich jetzt als Erziehende auftreten, oder kann ich die Situation einfach nur miterleben, ohne einzugreifen? Dahinter steckt die tiefere Fragestellung: Was ist mir wichtiger, langfristig eine liebevolle Vertrauensbeziehung zwischen meinen Kindern und mir zu wahren oder in jedem gegebenen Augenblick meine aktuellen Erziehungsziele durchzusetzen?

Die Beantwortung dieser Frage brachte mich nicht etwa dazu, alle Erziehungsmaßnahmen aufzugeben und zu einer Laisser-faire-Haltung überzugehen, nur um meine Kinder gut zu stimmen. Diese Form der kurzen Besinnung auf das Wesentliche ermöglichte mir viel mehr, aus dem «Rechthaberstandpunkt» in den Begleiterstandpunkt (siehe Kap. 30) zu wechseln. Manchmal ermutigte mich diese Frage, zuzulassen, dass meine Kinder eigene Erfahrungen ohne meine Kommentare machen konnten. Ein anderes Mal förderte diese Frage meine Fähigkeit, zu unterscheiden zwischen Situationen, in denen ich erziehen musste, und solchen, in denen ich dies nicht musste.

Eine solche Frage innerlich abzuwägen, erzieht uns Erwachsene dazu, achtsam mit unseren Kindern umzugehen. Wenn man beispielsweise mit einem fünfjährigen Kind spricht, kann man innerlich wahrnehmen, dass auch das kleine Kind schon die Persönlichkeit in sich trägt, die uns dann entgegentritt, wenn es fünfundzwanzig Jahre alt sein wird. Das Kind ist nicht nur das Objekt von Erziehung. Es ist nicht förderlich, ihm gegenüber ausschließlich Appelle, Handlungs- und Kontrollimpulse zu geben. Auch ein sehr kleines Kind verdient schon die Achtung und Wertschätzung, ernst genommen zu werden als Familienmitglied und geliebter Mensch.

Das Beachten der Ausgewogenheit von Erziehung und Beziehung in meiner Haltung und in meinen Handlungen half mir als Mutter, langfristig – auch über die Kindheit meiner Kinder hinaus – eine tragfähige Vertrauensbeziehung mit ihnen zu behalten und in den einzelnen Situationen des Familienlebens «gute Laune» zu bewahren.

Ein guter Zeitplan

Manchmal ist es gut, sich den Tag so zu planen, dass man Zeiten einrichtet, in denen die Kinder an der Reihe sind, andere Zeiten, in denen man Pausen des Ausruhens hat, und wieder andere Zeiten, in denen man über Probleme nachdenkt und Entscheidungen fällt. Manche Entscheidungen lassen sich im Voraus fällen, etwa am Vorabend in aller Ruhe, während die Kinder schlafen, und am nächsten Tag ist man dann schon vorbereitet.

Die Arbeit eines hauptamtlich Erziehenden wird in unserer

Gesellschaft wenig geachtet. Auch diejenigen, die diese Aufgabe erfüllen, achten sich selbst mit ihrer Leistung häufig zu wenig. Deshalb benutze ich wieder ein Bild: Ich stelle mir die Arbeit einer Mutter von drei Kindern als vergleichbar mit der Arbeit eines Managers vor, der ein fünfköpfiges Team leitet (Vater, Mutter, drei Kinder). Um diese Aufgabe erfolgreich zu managen, entscheidet er sich zum Beispiel dafür, ein- bis zweimal im Jahr in Urlaub zu fahren, in der Freizeit pro Woche einmal zum Sport zu gehen, einmal einen Spaziergang zu machen und sich zweimal in der Woche mit Freunden zu treffen, drei Mahlzeiten pro Tag einzunehmen, pro vierundzwanzig Stunden mindestens acht Stunden zu schlafen und nicht mehr als maximal zehn Stunden am Tag zu arbeiten. Und er weiß auch von sich, wie oft am Tag es ihm guttut, sich für ein paar Minuten oder eine Viertelstunde zurückzuziehen, um mit sich selbst allein zu sein und Ruhe zu haben, etwa um Zeitung zu lesen, nachzudenken, einen Tee zu trinken oder in die Badewanne zu gehen, um zu entspannen, etc. So muss auch jemand, der hauptberuflich Mutter oder Vater ist, für sich sorgen, um arbeitsfähig zu bleiben. Und Erwachsene, die sowohl berufstätig als auch Eltern sind, müssen besonders gut auf sich achten, damit sie nicht ausbrennen.

Gesunde Distanz

Um ein Problem zu lösen oder Entscheidungen für die Familie zu fällen, brauchen wir immer wieder die Perspektive des Überblicks. Wenn wir uns aber sozusagen «mittendrin» fühlen, zu stark betroffen, überfordert, voll Mitleid oder auf andere Weise mit einem Familienmitglied identifiziert sind, so fehlt uns die gesunde Distanz. Dann reagieren wir zu emotional oder zu unbedacht. Zum Beispiel durchleben unsere Kinder manchmal Entwicklungsphasen, in denen sie unter Angst, Selbstzweifeln oder Minderwertigkeitsgefühlen leiden. Mütter, die zu stark mitleiden, helfen ihren Kindern damit gar nicht. Hätten die Mütter eine gesunde Distanz, könnten sie mehr Zutrauen und Ermutigung vermitteln. Gerade wenn wir in solchen Situationen nicht für unsere Kinder handeln, bewältigen sie ihre Probleme schneller und ziehen ein gesundes Selbstwertgefühl aus ihren Erfahrungen. Im Alltag kommt uns manchmal die angemessene Distanz abhanden. Wie finden wir diese wieder? Für hauptamtliche Eltern ist es sehr wünschenswert, wenn sie einen Raum in der Wohnung nur für sich haben und Zeiten eingerichtet haben, in denen man sie nur stören darf, «wenn das Haus brennt». Manchmal braucht man dann einen kurzen Schlaf, ein entspannendes Bad oder eine andere Beschäftigung, die neue Kraft spendet.

Neben meiner beruflichen Tätigkeit als Erziehungsberaterin bin ich Supervisorin. Dabei geht es darum, Einzelpersonen und Teams, die mit Kindern und Jugendlichen pädagogisch oder therapeutisch arbeiten, einen Rahmen zu verschaffen, in dem sie unter fachlicher Anleitung eine professionelle Distanz zu ihrer Arbeit gewinnen und ihre Tätigkeit reflektieren können. Es lag nahe, auch Eltern Supervision anzubieten. Ich leite seit über zehn Jahren Elternsupervisionsgruppen. Bei diesen Treffen, die einmal im Monat stattfinden, können Eltern zu ihrer alltäglichen Erziehungsaufgabe Distanz gewinnen, indem sie mit anderen Eltern über konkrete Situationen des Familienlebens nachdenken und neue Perspektiven und Lösungen finden. Im Moment des Austausches stehen sie nicht unter Handlungsdruck und sind auch nicht so emotional betroffen wie in Situationen mit ihren Kindern. Aus dieser Distanz heraus können sie innerlich loslassen oder auch einmal gemeinsam lachen oder weinen. Es entstehen neue Ideen, und die Eltern werden ermutigt, in Bezug auf bestimmte Probleme einen neuen Anfang zu wagen.

In meinen Supervisionsgruppen und Kursen zeige ich Eltern und professionell Erziehenden eine einfache und zugleich sehr wirksame Methode der Entspannung, die man in fast jeder Situation anwenden kann. Sie wird von vielen Leistungssportlern benutzt, um optimale Leistungen zu erbringen. Sie ist Konzentrationsschulung und Entspannung zugleich und hilft auch (wenn man sie gut beherrscht) mitten in Konfliktsituationen, sich zu entspannen und die Situation zu deeskalieren. Die Methode heißt PMR (Progressive Muskelrelaxation) und wurde von Jacobson erfunden (siehe Literaturverzeichnis: Gerl/Peter).

Entspannungsübungen

Bei dieser Übung spannt man einen beliebigen Körperteil an, zum Beispiel ballt man die Hände zur Faust, genießt die gesunde Kraft, die man durch die Anspannung in dem Körperteil spüren kann, und hält diese Anspannung eine kurze Zeit aufrecht. Beim Anspannen kann man still von fünf bis null zählen (manche Menschen brauchen ein längeres Zeitintervall, um den Körperteil intensiv wahrzunehmen). Man achtet darauf, dass man beim Anspannen normal weiteratmet und auch nur den einen dafür ausgewählten Körperteil anspannt. Dann entspannt man diesen Körperteil, indem man die Anspannung loslässt. (Wenn man die Übung z. B. im Sitzen macht, legt man die Hände beim Loslassen locker und geöffnet auf den Oberschenkeln ab.) Beim Entspannen geht man mit seiner inneren Aufmerksamkeit in alle Details des Wohlgefühls in diesem Körperteil, nimmt etwa in aller Ausführlichkeit jeden einzelnen Finger wahr. Bei der Entspannung sollte man sich mehr Zeit lassen als beim Anspannen. Man kann diesen Anspannungs- und Entspannungsvorgang wiederholen oder anschließend denselben Vorgang mit einem anderen Körperteil ausführen. Wenn man genügend Zeit hat, beispielsweise abends vor dem Einschlafen, kann man von den Füßen bis zum Kopf alle möglichen Muskelgruppen nacheinander anspannen und entspannen und so den ganzen Körper wahrnehmen und entspannen. Hat man noch mehr Zeit, kann man es sich gönnen, danach noch etwas zu «träumen», man imaginiert etwa einen schönen Augenblick des letzten Urlaubs oder dergleichen. Bei dieser einfachen Übung entspannt man nicht nur die Körperteile, mit denen man die Übung macht, sondern intuitiv auch den übrigen Körper. Man intensiviert seine Körperwahrnehmung und verbannt quälende, im Kopf kreisende Sorgen, Gedanken oder Ängste für kurze Zeit aus dem Bewusstsein. Physiologisch wirkt man allen Stresssymptomen des Körpers entlastend entgegen. Man kehrt zu seiner normalen Tätigkeit zurück, indem man Bewegungen macht, wie man sie vom morgendlichen Aufwachen her kennt, z. B. Räkeln und Strecken, Seufzen und Gähnen.

PMR wirkt ähnlich wie eine Meditation oder eine Yogaübung.

Es hat den Vorteil, dass man weder liegen muss noch irgendein Hilfsmittel benötigt. Wenn man PMR in ruhigen kleinen Pausen im Alltag übt, kann man es nach einiger Zeit auch mitten im Stress einer Konfliktsituation benutzen, um das Erregungsniveau «herunterzufahren» und gelassen zu bleiben. Auch in den akuten Situationen spannt man z. B. die Hände an (zu Fäusten ballen), hält sie einen Augenblick oder mehr angespannt und öffnet sie dann langsam oder ruckartig, wie es gerade zu der Situation passt. Dabei kann man tief und genießend ausatmen oder laut oder leise seufzen. Interessant ist, dass man dabei intuitiv die Schultern entspannt und eine sanftere Stimme bekommt. Dies wirkt in Situationen mit Kindern oft auch entspannend auf die Kinder.*

Urlaub von der Familie

Manchmal reicht eine Viertelstunde der Ruhe aber nicht aus, um eine neue Perspektive für das Geschehen in der Familie zu gewinnen. Dann wäre es wünschenswert, wenn der Erwachsene sich durch andere Menschen entlasten könnte und sich einen freien Tag oder sogar ein freies Wochenende gönnen würde. Ein kleiner Urlaub von der Familie oder eine Kur ermöglichen Eltern nicht nur Erholung, sondern auch, mit Abstand auf die Familie zu blicken. So können neue Ideen und andere Einstellungen entstehen.

Viele Eltern denken, dass sie kein Geld, keine Zeit oder keine Möglichkeiten haben, für kürzere oder längere Zeit Abstand zur Familie einzunehmen. Sorgen Eltern nicht genügend für sich

---

* In dem im Jahr 2004 erstmals auf Deutsch erschienenen Buch «Die neue Medizin der Emotionen» schreibt der französische Psychiater David Servan-Schreiber über viele Methoden, sich ohne Medikamente bei Angst, Stress und Depression zu helfen. Das Buch ist leicht und kurzweilig zu lesen, und es zeigt an vielen Beispielen, dass wir in unserem Alltag ohne großen Aufwand vieles tun können, um uns bei «guter Laune» zu halten und damit unser Leben und das unserer Familie in erfreuliche Bahnen zu lenken.
Wer sich für Meditation interessiert und eine Methode sucht, die ganz an unserem westlichen Lebensstil orientiert ist, der kann durch das Buch «Gesund durch Meditation» von Jon Kabat-Zinn viele gute Anregungen bekommen.

selbst, so vergeuden sie ihre Kraft, sind ständig überfordert und werden auf diese Weise ihren vielfältigen Aufgaben nicht gerecht. Irgendwann werden sie unzufrieden oder sogar krank. Spätestens dann zwingt sie das Schicksal zu einer Pause.

Selbstachtung

Für die eigene Zufriedenheit und Gelassenheit kann man selbst sorgen. Dies ist nicht zu verwechseln mit Egoismus und Vernachlässigung der Kinder. Eine gesunde Selbstachtung ist eine Lebensart, bei der man sich genauso liebt wie die Mitmenschen und täglich auch für sich selbst und seine eigenen Bedürfnisse sorgt.

In Beratungen in meiner Praxis male ich vielen «selbstlosen» Müttern die folgenden zwei symbolischen Zeichnungen auf ein Stück Papier:

1. Kind   2. Kind   3. Kind

Ich erkläre ihnen, dass aus der Perspektive der gesunden Selbstachtung heraus die Geschwisterfolge in der Familie symbolisch eine andere ist, als wenn ich die Kinder sonst aufzähle.

«1. Kind»

«2. Kind» «3. Kind» «4. Kind»

Das «bedürftige Kind» in der Mutter

Das Kind im Bauch der Mutter ist das Symbol für die kindliche, bedürftige Seite der Mutter. Aus dieser Perspektive gesehen ist es das *erste* Kind und muss auch als Erstes von der Mutter zufriedengestellt werden. Wenn dieses «Kind» morgens, bevor die Kinder aufgestanden sind, erst einmal Zeit haben darf, einen Tee zu trinken und in Ruhe die Zeitung zu lesen, oder wenn es in der Mittagszeit eine kleine Ruhepause bekommt, oder wenn es kurz vor der anstrengenden Phase des abendlichen Zu-Bett-Bringens der Kinder sich zehn Minuten dafür nehmen kann, die Füße hochzulegen und die Ruhe zu genießen, geht es der Mutter in der übrigen Zeit des Tages so viel besser, dass die ganze Familie sich entspannter fühlen kann. Damit ist nicht gemeint, dass eine Mutter ihre Kinder um ihres eigenen Wohles willen vernachlässigen soll, sondern sie soll sich nur ebenso lieben wie ihre Kinder und sich ebenso gut versorgen. (Siehe auch den Exkurs zum Thema Depression in Kapitel 20.)

Ich gebe manchen Frauen, die als überforderte Mütter in meine Praxis kommen, gerne zusätzlich zu einer detaillierten Beratung eine lustige, aber zugleich ernst zu nehmende Hausaufgabe: Sie kaufen sich, gleich auf dem Nachhauseweg von meiner Beratung, eine Großpackung Pralinen und werden von mir aufgefordert (als wäre ich ein Arzt, der ein Rezept verschreibt), drei Wochen lang täglich morgens früh nach dem Aufstehen eine Praline genüsslich zu essen und damit dem «Kind in ihrem Bauch» eine Freude zu gönnen. (Dabei ist es nicht egal, was man isst. Kinder – auch die «Kinder im Bauch» – essen eben gerne Süßes!) Nach drei Wochen fällt diese Mutter eine eigene Entscheidung, was sie stattdessen jeden Morgen oder zu anderen Tageszeiten für sich selbst tut, damit es ihr am Tag gut geht. Meistens ist die «Verschreibung» der Pralinen sehr notwendig, weil die «selbstlosen» Mütter denken, sie hätten für sich selbst keine Zeit. Für eine Praline hat man aber immer Zeit. So entsteht mithilfe der Praline eine Angewohnheit, an sich selbst liebevoll und versorgend zu denken. Und nach drei Wochen stellen sie fest, dass sie sich auch für andere entspannende Momente Zeit nehmen können, ohne dass der Familie etwas fehlt. Ganz im Gegenteil: Alle Familienmitglieder spüren sehr bald, dass die «gute Laune» zunimmt. Und wer «gute Laune» hat und für seine eigenen Bedürfnisse selbst Verantwortung übernimmt, der ist auch gut dazu in der Lage, für Kinder zu sorgen, die es noch brauchen, dass andere sich um ihre Bedürfnisse kümmern.

Ich habe hier von «selbstlosen» Müttern erzählt, weil die überwiegende Zahl der Kinder in unserer Gesellschaft im Tagesverlauf mehr Stunden mit ihren Müttern leben als mit ihren Vätern, aber für Väter gelten selbstverständlich genau die gleichen Überlegungen.

Partnerschaft

Auch für die Beziehung der Eltern muss gut gesorgt werden, damit in der Familie die «gute Laune» erhalten bleibt.

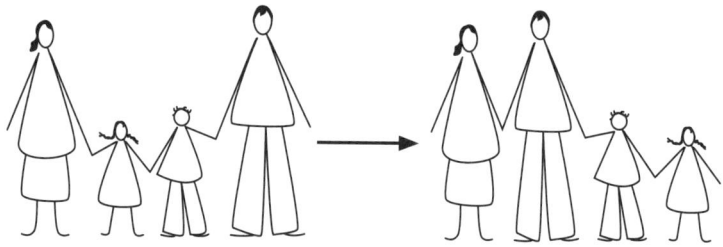

Eine Partnerschaft ist in der Zeit des Kindererziehens harten Proben ausgesetzt, weil die Partner nicht mehr so viel Zeit füreinander zur Verfügung haben. Es ist aber ein Irrtum zu glauben, dass eine Partnerschaft ganz von selbst gelingt oder warten kann, bis die Kinder größer sind. Die Partnerschaft ist auch nicht der Ort, wo Berufsstress und Kindersorgen «abgeladen» werden können wie auf einer Müllhalde.

Folgende witzig übertriebene Darstellung mag dies illustrieren: Ein Ehemann und Vater fährt nach Feierabend von seiner Arbeitsstelle nach Hause. Er hatte während des Tages viele berufliche Erfolgserlebnisse und ist dadurch vitalisiert und erfreut. Er mag seinen Beruf. Während der Fahrt singt er zur Musik im Radio. Noch beim Hineinfahren in seine Garage geht es ihm gut.

Doch plötzlich, als er den Haustürschlüssel im Schloss dreht, werden ihm der stechende Schmerz in seinem Kopf und all die Erschöpfung des Tages bewusst. So steht er eine Minute später blass und erschöpft vor seiner Frau. Sie sieht ihm an, dass er nicht mehr dazu in der Lage sein wird, die Kinder zu übernehmen oder etwas im Haushalt zu tun. So ähnlich ergeht es auch der Frau. Während des Vormittags ist sie froh, dass sie Zeit hat, eine lange Liste von Erledigungen abzuarbeiten. Oder sie ist halbtags berufstätig, mag ihren Beruf und empfindet ihn vielleicht als guten Ausgleich zu ihrer Mutterrolle. Das Kochen des Mittagessens macht ihr Spaß und gelingt ihr gut. Die Kinder kommen fröhlich aus der Schule und essen mit gutem Appetit. Sie geht dann mit den Kindern zum Schwimmen. Die Stimmung ist gut und heiter bis zu dem Augenblick, als sie den Haustürschlüssel ihres Mannes im Türschloss hört. In diesem Augenblick werden ihr der Druck auf ihren Schultern und das Gefühl der Erschöpfung bewusst. Ihr Mann sieht ihr an, dass sie nicht mehr dazu in der Lage sein wird, das Abendbrot zuzubereiten und die Kinder ins Bett zu bringen.

An diesem humorvoll überzogenen Beispiel erkennt man eine unbewusste, kluge Strategie der Eheleute: Um zu verhindern, dass der eine am Abend anspruchsvolle Erwartungen an den anderen richtet, fokussieren sie ihre Aufmerksamkeit blitzartig auf ihre Erschöpfung. Sie können damit rechtfertigen, sich nun ausruhen und nichts mehr für die anderen tun zu wollen. Aber die beiden zahlen einen hohen Preis: Sie versagen es sich nämlich, den Feierabend gemeinsam zu genießen und den Fokus der Aufmerksamkeit auf die positiven Gefühle in ihnen zu lenken.

Wenn sich diese Eltern den Vorgang bewusst machen und offen darüber austauschen, finden sie bessere Strategien, den Feierabend zu gestalten. Beide Eltern könnten sich beispielsweise noch eine halbe Stunde Zeit nehmen zum Ausruhen, für Sport oder eine andere Entspannung, ehe die Familie mit vereinten Kräften das Abendbrot herrichtet. Oder sie könnten einen Wochenplan aufstellen, der darüber bestimmt, wer wann Freizeit hat und wer wann die Arbeit erledigt, so dass sich nach der Arbeit beide Partner gleichermaßen berechtigt fühlen können, sich auszuruhen.

Die Entwicklung und Erhaltung einer guten Partnerschaft gehört ebenso zum Für-sich-selbst-Sorgen wie auch die bittere, aber manchmal unumgängliche Entscheidung, eine Partnerschaft zu trennen, wenn sie für das Zusammenleben nicht mehr förderlich ist. Ehe es dazu kommen muss, ist es hilfreich, wenn die Eltern es organisieren können, mindestens einmal in der Woche Zeit für die Beziehung zu haben, ohne dass die Kinder dabei sind. Wer bereitwillige Großeltern in der Nähe hat oder einen guten Babysitter, kann es sich ermöglichen, auch einmal wieder einen Abend auszugehen, wie vor der Kinderzeit. Wenn Partner es ab und zu einrichten, gemeinsam ein Wochenende ohne Kinder zu verleben, steigt die Wahrscheinlichkeit, dass die Kinder in der übrigen Zeit gut gelaunte, entspannte Eltern erleben.

Ein Beispiel für «gute Laune» mitten in einem Konflikt fand ich bei dem in Amerika berühmten Eheforscher John M. Gottman. Er erzählt in seinem interessanten Buch «Die sieben Geheimnisse der glücklichen Ehe» von Partnern, die Wege gefunden haben, aus einer zunächst eskalierenden Konfliktsituation auszusteigen und die Situation friedlich zu beenden. Er sagt, es zeige sich, dass solche Ehen statistisch mehr Chancen haben zu überleben. Er berichtet von einer Frau, die mitten in einem schlimmen Ehestreit aus dem Schlagabtausch vernichtender Argumente ausbricht, sich wie ein Clown vor ihren Ehepartner stellt, eine Grimasse schneidet, die Zunge herausstreckt und dann in Lachen ausbricht. Ihr Mann kann daraufhin auch nicht ernst bleiben. Beide lachen und können diesen unfruchtbaren Teil ihres Streites beenden. Später können sie vielleicht entspannter das Thema ihres Streites wieder aufgreifen. An diesem Beispiel sieht man, wie einfach manchmal die Lösung ist. Das Ziel ist, rechtzeitig aus eskalierenden Konflikten auszusteigen, um sie in einer anderen Situation klären zu können.

Eine solche humorvolle Lösung von Konflikten gelingt Menschen eher, wenn sie in ihrem gemeinsamen Leben vorbeugend für Entspannung und die Befriedigung ihrer eigenen Bedürfnisse sorgen, sei es Ruhe oder Bewegung, Alleinsein oder Zweisamkeit, Essen, Schlaf oder andere Erfordernisse.

40 Zusammenfassung

Eltern können ihren Kindern Spielräume für alle möglichen Erfahrungen gewähren. Geben sie ihnen auch intensiven Kontakt, Vertrauen und Sicherheit, Liebe und Anerkennung, so können sie empfinden, dass sie gute Eltern sind. Sie sollten dabei auch an sich selbst denken und sich mit dem Wesentlichen versorgen, das sie brauchen, um sich wohl zu fühlen. Wenn Eltern auf diese Weise mit ihren Kindern leben, empfinden sie sich berechtigt und sogar aufgefordert, ihren Kindern begründete, sinnvolle Grenzen zu setzen, die ihre Kinder und andere Menschen schützen und ihnen helfen, sich in der Welt zu orientieren. Diese Grenzsetzungen sind nötig und hinterlassen deshalb in den Eltern keine Schuldgefühle. Weil die Grenzen ohne Schuldgefühle zustande kommen, wirken sie authentisch, eindeutig, gerecht und überzeugend. Grenzsetzungen und Kritik verletzen Kinder und Jugendliche nicht, wenn sie unter Anerkennung der Person des Kindes erfolgen. Dies kann ein Erwachsener am besten meistern, wenn er sich als Begleiter des Kindes versteht und dem Kind auch unangenehme Erfahrungen und Fehler zubilligt. Ist das Zusammenleben der Familie von wohlwollender, gegenseitiger Achtung getragen, stört es weder die Kinder noch die Eltern, wenn der Frieden vorübergehend durch einen Konflikt getrübt wird. Konflikte gehören zum Familienleben in allen Entwicklungsphasen der Kinder, weil sie den Kindern ermöglichen, sich eigenständig und unabhängig von ihren Eltern zu erleben. In einer von Toleranz und Anerkennung bestimmten Familienatmosphäre dürfen Kinder Freude und Kraft, aber auch Trauer, Angst, Wut und alle anderen Gefühle erleben und lernen, damit umzugehen. Sie haben Zeit, auch durch Fehler zu lernen. In solcher Weise ermutigte Kinder können Konflikte und Grenzerlebnisse gut verarbeiten und dabei lernen, sinnvoll zu leben und zu handeln. Sie erleben in ihren Eltern liebevolle Entscheidungskraft, einen starken Willen und Lebensbejahung. Sie fühlen sich bei diesen Eltern geborgen. Die Kinder entwickeln Vertrauen in das Leben, Mut und Neugier auf sich selbst.

Anhang

Dank

Mein herzlicher Dank geht
- an alle, die mir Anstöße gegeben haben, dieses Buch zu schreiben,
- an alle, die sich anonymisiert in den Beispielen wiederfinden,
- besonders an Florian Beyer, Hamburg, Nora und Thomas Kessler, Augsburg, Thomas Bettermann, Hamburg, das Ehepaar Dr. Hans und Gisela Theede, Flintbek, die unermüdlich und zum Glück kritisch mein Manuskript Korrektur gelesen haben,
- besonders an Josefine Graf, Kiel, die die Grafiken erstellt hat und für das Layout und die Umschlaggestaltung des zunächst im Selbstverlag erschienenen Buches verantwortlich war,
- besonders an Katti Galsterer, Hamburg/Basel, die die ersten, wichtigen Entwürfe für die Grafiken gezeichnet hat,
- besonders an Sophie Pfeiffer von der Buchhandlung Cordes, Kiel, für ihre tatkräftige Unterstützung,
- besonders an Andreas Linder, Buchholz, den «Entdecker» meines Buches.

Quellen

Dieses Buch ist für Eltern und andere Erziehende geschrieben. Ich habe, um der besseren Lesbarkeit willen, auf Fußnoten, Zitate und Verweise auf andere Autoren weitestgehend verzichtet.

Für den interessierten Leser nenne ich hier, wie auch im Literaturverzeichnis, die Quellen, aus denen ich hauptsächlich schöpfe:

Die *Kommunikationswissenschaften*, vor allem die Schule von Palo Alto, (Konstruktivismus), G. Bateson, D. D. Jackson, J. W. Weakland, J. Haley, P. Watzlawick, sowie das Werk von V. Satir und von R. D. Laing.

Die *Sozialwissenschaften*, G. H. Mead, A. Schütz, N. Luhmann, J. Habermas u. v. a.; vor allem die *Reflexive Soziologie* (Symbolischer Interaktionismus), P. L. Berger, T. Luckmann, H. Garfinkel, E. Goffman u. v. a., sowie die Ethnomethodologie, die Soziologie des Alltagsbewusstseins, z. B. die Bielefelder Soziologen.

Die Schlussfolgerungen, die sich aus der *Individualpsychologie Alfred Adlers* ziehen lassen; vor allem die pädagogischen Erkenntnisse aus dem Werk von Rudolf Dreikurs und seinen Schülern.

Meine Erfahrungen mit der *Waldorfpädagogik* durch meine Ausbildung am Institut für Waldorfpädagogik in Witten-Annen, vor allem Dr. W. Rauer; meine Erfahrungen als Klassenlehrerin in der Freien Waldorfschule Kiel sowie die Arbeiten von H. Köhler, W. Goebel/M. Glöckler.

Die *Hypnotherapie* nach Milton Erickson, vor allem das umfangreiche Werk Milton Ericksons zur Familie; und seine Schüler, z. B. S. de Shazer, S. Gilligan u. v. a.

Die *Systemische Familientherapie und -beratung*, vor allem aus der Heidelberger Schule, Helm Stierlin, Gunther Schmidt, Gunthard Weber u. v. a.

Die *systemischen Strukturaufstellungen* von Insa Sparrer, Mathias Varga von Kibéd.

Literaturverzeichnis

Adler, A. (1983): Psychotherapie und Erziehung
Adler, A. (1992): Praxis und Theorie der Individualpsychologie
Bach, G. R. u. Goldberg, H. (2000): Keine Angst vor Aggression
Bach, G. R. u. Wyden, P. (1999): Streiten verbindet
Bateson, G. u. a. (1977): Schizophrenie und Familie
Bauer, J. (2005): Das Gedächtnis des Körpers
Baumert, J. u. a. (Hrsg.) (2001): Pisa 2000
Beudels, W. u. Anders, W. (2002): Wo rohe Kräfte sinnvoll walten
Biddulph, S. (2001): Das Geheimnis glücklicher Kinder
Davidson, J. (1999): The Joy of Simple Living
Dornes, M. (1997): Der kompetente Säugling
Dreikurs, R. (1990): Grundbegriffe der Individualpsychologie
Dreikurs, R. (1990): Selbstbewußt
Dreikurs, R. u. Soltz, V. (1976): Kinder fordern uns heraus
Ehrenberg, A. (1998): Das erschöpfte Selbst
Eliacheff, C. (1997): Das Kind, das eine Katze sein wollte
Erickson, M. H. (1996): Die Lehrgeschichten
Erickson, M. H. u. Rossi, E. (1997): Hypnotherapie
Furman, B. u. Hegemann, T. (4. Aufl.): Ich schaff's (Trainingsbuch für
  Kinder)
Gaschke, S. (2003): Die Erziehungskatastrophe
Gebauer, K. u. Hüther, G. (2002): Kinder suchen Orientierung
Geo Magazin (3/2000): Artikel über systemische Familientherapie
Geo Magazin (3/2004): Das aggressive Kind
Geo Magazin (3/2006): Kindheit und Erziehung
Gerster, P. u. Nürnberger, C. (2003): Der Erziehungs-Notstand
Gilligan, G. (1999): Liebe dich selbst wie deinen Nächsten
Gilmour, D. (2009): Unser aller bestes Jahr
Goebel, W. u Glöckler, M. (2008): Kindersprechstunde
Goffman, E. (1975): Interaktionsrituale
Goleman, D. (2001): Emotionale Intelligenz
Goleman, D., Kaufman, P. u. Ray, M. (2000): Kreativität entdecken
Gopnik, A., Kuhl, P. u. Meltzoff, A. (2005): Forschergeist in Windeln
Gordon, T. (1979): Familienkonferenz
Gottman, J. M. (2003): Die 7 Geheimnisse der glücklichen Ehe
Grossmann, K. u. Grossmann, K. E. (2001): Schriften zur Bindungstheo-
  rie und Bindungsforschung
Haley, J. (1996): Die Psychotherapie Milton H. Ericksons

Hegerl, U., Althaus, D. u. Reiners, H. (2006): Das Rätsel Depression
Hentig, H. v. (1994): Schule neu denken
Hüther, G. (2003): Die Evolution der Liebe
Hüther, G. (2005): Biologie der Angst
Jegge, J. (1994): Dummheit ist lernbar
Jong, P. de u. Berg, I. K. (2001): Lösungen (er-)finden
Jul, J. (2008): Das kompetente Kind
Jul, J. (2008): Grenzen, Nähe, Respekt
Kabat-Zinn, J. (2001): Gesund durch Meditation
Kandel, E. (2006): Auf der Suche nach dem Gedächtnis
Kast, V. (1991): Loslassen und sich selber finden
Keupp, H. u. a. (1999): Identitätskonstruktionen
Köhler, H. (1987): Die stille Sehnsucht nach Heimkehr
Köhler, H. (1994): Von ängstlichen, traurigen und unruhigen Kindern
Köhler, H. (2001): «Schwierige» Kinder gibt es nicht
Krens, J. u. Krens, H. (Hg.) (2006): Risikofaktor Mutterleib
Kummer, I. (1986): Beratung und Therapie bei Jugendlichen
Laing, R. D. (1976): Interpersonelle Wahrnehmung
Laing, R. D. (1977): Phänomenologie der Erfahrung
Laing, R. D. (1977): Das Selbst und die anderen
Miller, A. (1979): Das Drama des begabten Kindes
Moeller, M. L. (1998): Die Wahrheit beginnt zu zweit
Moeller, M. L. (1999): Die Liebe ist das Kind der Freiheit
Montagu, A. (1974): Körperkontakt
Montessori, M. (1987): Kinder sind anders
Mrochen, S. u. Holtz, K.-L. (2000): Die Pupille des Bettnässers
Parlow, G. (2003): Zart besaitet
Pennac, D. (2009): Schulkummer
Peter, B. u. Gerl, W. (1988): Entspannung (zu bestellen bei: M.E.G. München, Konradstr. 16, 80801 München)
Peter, B. u. Schmidt, G. (1992): Erickson in Europa
Pfeiffer, C. H.: Schriften des Kriminologischen Instituts Niedersachsen
Postman, N. (1997): Keine Götter mehr
Rogge, J.-U. (1998): Kinder brauchen Grenzen
Rosenberg, M. B. (2003): Gewaltfreie Kommunikation
Samuels, A. (1998): Im Einklang mit dem inneren Kind
Satir, V. (1994): Familienbehandlung
Satir, V. (1999): Kommunikation, Selbstwert, Kongruenz
Schirrmacher, F. (2006): Minimum
Schmidt, G. (2004): Liebesaffäre zwischen Problem und Lösung

Schnack, D. u. Neutzling, R. (1995): Kleine Helden in Not

Schulz v. Thun, F. (1997): Miteinander reden, 2 Bde.

Schwäbisch, L. u. Siems, M. (1998): Anleitung zum sozialen Lernen für Paare, Gruppen und Erzieher

Servan-Schreiber, D. (2004): Die neue Medizin der Emotionen

Shazer, S. de (1999): Der Dreh

Siems, M. (1997): Souling – Mehr Liebe und Lebendigkeit

Sparrer, I. (2004): Wunder, Lösung und System

Sparrer, I. u. Varga v. Kibéd, M. (2000): Ganz im Gegenteil

Spitz, R. A. (1967): Vom Säugling zum Kleinkind

Spitzer, M. (2000): Geist im Netz

Spitzer, M. (2003): Lernen

Steiner, R. (1982): Allgemeine Menschenkunde als Grundlage der Pädagogik

Stierlin, H. (1989): Individuation und Familie

Uhlemayr, U. (2008): Wickel & Co.

Veith, P. (1997): Eltern machen Kindern Mut

Voß, R. (Hrsg.) (1989): Das Recht des Kindes auf Eigensinn

Watzlawick, P. (1977): Wie wirklich ist die Wirklichkeit?

Watzlawick, P. (1999): Anleitung zum Unglücklichsein

Watzlawick, P., Beavin, J. H. u. Jackson, D. D. (2000): Menschliche Kommunikation

Stichwortverzeichnis

(Zahlen beziehen sich auf die Kapitel)